KB233846

좋은 숟가락

모든 인간은 하나님의 형상을 닮은 존엄한 존재입니다. 전 세계의 모든 사람들은 인종, 민족, 피부색, 문화, 언어에 관계없이 존귀합니다. 예영커뮤니케이션은 이러한 정신에 근거해 모든 인간이 존귀한 삶을 사는 데 필요한 지식과 문화를 예수 그리스도의 사랑으로 보급함으로써 우리가 속한 사회에 기여하고자 합니다.

좋은 숟가락

초판 1쇄 찍은 날 · 2007년 4월 3일 | 초판 1쇄 펴낸 날 · 2007년 4월 8일

지은이 · 김재억 | **펴낸이** · 김승태

편집 · 방현주, 이덕희, 최선혜 | **디자인** · 김규혜, 이은희, 정혜정, 이훈혜

영업 · 변미영, 장완철, 김성환 | **물류** · 조용환, 엄인휘

등록번호 · 제2-1349호(1992. 3. 31.) | **펴낸 곳** · 예영커뮤니케이션
주소 · (110-616) 서울 광화문우체국 사서함 1661호 | **홈페이지** www.jeyoung.com
출판사업부 · T. (02)766-8931 F. (02)766-8934 e-mail: jeyoungedit@chol.com
출판유통사업부 · T. (02)766-7912 F. (02)766-8934 e-mail: jeyoung@chol.com
제작 예영 B&P · T. (02)2249-2506~7 F · (02)2249-2580 e-mail:yeyoungbnp@hanmail.net

copyright©2007, 김재억

ISBN 978-89-8350-430-2 (03230)

값 10,000원

■ 잘못 만들어진 책은 교환해 드립니다.
■ 본 저작물은 저작권법에 의하여 한국 내에서 보호를 받는 저작물이므로 무단 전제와 무단 복제를 금합니다.

좋은 숟가락

김재억 지음

예영커뮤니케이션

치약을 몰래 먹던 소년 이야기

　낮은 자존감을 갖고 있었던 저는 가슴속 깊은 곳에 파묻혀 있었던 상처, 약점, 가시로 인한 아픔을 쉽게 동개하지 못했습니다. 그러나 저보다 저를 더 온전히 아시는 치료자 하나님을 만난 후 제 약점을 인정할 수 있었습니다. 약점을 기회 있을 때마다 드러내어 하나님의 영광의 도구로 사용하는 것을 도리어 자랑스럽게 생각합니다.

　제가 어릴적 기억 속의 부친은 6.25 전쟁 상이용사로 신체장애가 많으셨습니다. 한쪽 눈이 실명되어 늘 안대를 하고 다니셨고, 가끔씩 씻어내는 가제 손수건에는 피고름이 흥건히 배어 나오곤 했습니다. 어깨와 무릎의 차마 빼지 못한 여러 조각의 파편으로 인해 절룩거리며 걸으셨고, 심각한 전쟁 후유증으로 평생을 고통 가운데 보내야 했습니다. 뒤틀려진 육체만큼 그의 영혼도 큰 상처를 입었는지 늘 술과 담배에 쩔어 사셨습니다. 술을 탐하는 정도에서 심각한 알코올 중독자로 바뀌면서 점점 제 부친은 포악스럽게 변하였습니다.

　그로 인해 그의 아내와 2남 2녀의 자녀들은 험악한 악담을 일방적으로 듣는 푸념의 대상으로, 때론 우울한 기분을 푸는 샌드백으로 갖은 가정폭력에 고스란히 노출되어야 했습니다. 그가 남편으로

서, 아버지로서의 역할 대신 술에 취해 인사불성되는 횟수에 비례하여 가정은 점점 더 피폐해졌고 가족 구성원들은 더 많은 아픔을 피할 수 없는 운명처럼 받아들여야 했습니다. 커 가며 단 것이 너무 먹고 싶어서 어머니 쫓아 마실 간 이웃집에서 난생 처음 보았던 불소치약이 신기해서 살짝 맛을 보았더랬습니다. 톡 쏘는 불소 탓에 매운 감이 들었지만 달큰한 맛에 손가락 길이 만큼 눌러짜서 어금니 깊숙히 넣어 치약을 빨아 먹던 어린 시절을 아직도 기억합니다.

신체장애 때문에 변변한 직장생활을 할 수 없었던 부친이 간신히 운영했던 콩나물 가게에서 재래식 펌프 물을 오래도록 길어 올려 검은 천으로 덮은 붉은 화분에 흠뻑 주는 일은 제 차지였습니다. 소복히 자란 노란머리의 콩나물을 통째로 날라 배달하던 것도 팔목이 새다리같이 가느다랗던 열두 살 난 어린 제 일이었습니다.

시도 때도 없이 상한 눈에서 피고름이 심하게 나자 부친은 저를 데리고 안과에 다녀왔습니다. 의사는 상한 안구를 빼내고 주변 실핏줄을 인두로 지져 피고름을 멈추게 하고, 상처를 소독한 다음 덩그란히 큰 공간에 의안을 넣어 주셨던 것 같습니다. 부친은 한없이 서러우셨던지 돌아오는 길에 소주를 몇 병이고 비워 내신 후 측은히 바라보던 어린 저를 기절할 정도로 심하게 두들겨 팬 적도 있었습니다. 군대에서도 그런 매를 다시 경험하지 못할 정도로…. 이렇게 끔찍한 추억들이 어린 저의 영혼에 어지러운 군상으로 하나하나 굵은 상채기로 남아 있었습니다.

올망졸망한 자녀들이 아버지를 필요로 할 때 그는 간암으로 짧은 인생을 접어야 했습니다. 원망과 회한을 뒤로 한 채, 호구지책이 막연한 다섯 식구를 남겨두고 바람처럼 홀로 떠나가셨습니다. 사망의 그늘에 앉아 마냥 울고 있었던 저희 가족은 안양에서도 가장 가난한 피난민촌 달동네에 살았습니다. 1977년 여름, 안양에 쏟아 부었던 집중호우로 산자락 밑에 둥지를 튼 게딱지 같은 빈자들의 집이 산에서 쏟아져 내린 토사로 함몰되었을 때 저희 집도 매몰되었습니다. 거대한 천둥 번개가 연거퍼 산중턱을 치는 듯 싶더니 아차하는 순간에 산사태가 덮친 것입니다. 날렵하게 피해 구사일생으로 목숨은 구했지만 대학입시를 앞두고 한참 수험준비하던 교과서며 세간살이 하나 건지지 못한 채 홈리스로 전락하고 말았습니다. 좌우 양 옆에 살던 사십여 명의 이웃들의 시신이 진흙더미 아래서 한 구 한 구 복구되어 장례를 치를 때 저희 가족은 구세군교회 교육관에서 6개월을 교우들의 보살핌 속에서 홈리스르 살아야 했습니다. 고마우면서도 얼마나 불편하고 창피했던지 유약한 성품이 더 움츠러들었습니다.

이렇듯 역기능 가정에서 보냈던 청소년 시절의 제 모습은 많이 일그러져 있었습니다. 수줍음 많고 표현력이 부족했으며, 상처로 인해 쉽게 변덕스럽고, 화도 잘내고 신경질적인 성품을 갖고 있었습니다. 모태신앙으로 교회안에서 자란 저를 오랫동안 옥죄었던 낮은 자존감은 저를 모든 면에서 부정적이고 소극적인 모습으로 굳히는 듯 했습니다. 그러나 자비로우신 하나님께서 그런 저에게 여호와 라파로 다가오시며 나지막히 부르셨습니다.

교회 학생회장으로 여름성경학교를 이끌고 마무리하던 마지막 날, 기도하면서 하나님께 헌신하는 서원의 시간을 갖게 되었습니다. 그때 하나님께서 선명하게 부르셨습니다. 상처와 약점과 가시 많은 저를 목사와 선교사로 부르심을 확인하고 주의 종이 되길 약속하는 특별한 서원을 하나님께 드렸습니다. 그 후, 남미 선교지에서 도시빈민들과 헌신짝처럼 버려진 인디오를 적지 않은 세월 동안 섬길 수 있었습니다. 상처받은 영혼을 위한 일이라면 피곤한 줄 모르고 뛰어 다녔습니다. 파라과이 짜꼬에선 거지로 전락한 마까 아메리카 인디오를 보살펴 드렸습니다. 거치른 광야에 짐승처럼 방치되어 있던 불쌍한 인디오들이 가여워 거름더미 차를 얻어 타고 다니며 돌아보았습니다. 때로 예배와 치유사역이 늦어져 얻어 탈 차도 끊어졌던 심야엔 반딧불이 호위를 받으며 집으로 돌아오곤 했습니다. 얼기설기 야자수 잎으로 엮은 울타리 지붕 아래 맨 땅에서 피골이 상접한 채 폐결핵을 앓는 인디오들이 가여워 바나나를 심어주다 대상포진에 걸려 심한 아픔을 경험하기도 했습니다. 그리고 미국에서의 사역이 시작되었습니다.

굿스푼이라는 선교단체를 설립하여 일해 온 지난 3년은 하나님의 놀라운 사랑을 또 한 번 경험한 기간이었습니다. 3년 전 거리에서 아주 작게 시작했던 거리 예배와 급식을 통해 하나님께서는 도움이 필요한 분들만이 아니라 도움을 드릴 수 있는 분들도 모아 주셨습니다. 그리고 하나님께서는 도움을 드리는 분들이 상전인양 착각하며 교만하지 않고, 도움을 받는 분들도 도움을 받는다는 이유로 위축되지 않도록 하셨습니다. 하나님으로부터 온 것을 서로 나누는 굿스푼에는 존경과 사랑만이 있습니다.

그러한 하나님의 크신 사랑에 힘입어 굿스푼은 안과 밖이 같은 단체, 가까운 곳으로부터 인정받는 단체, 세상의 상식을 지키는 단체가 되기 위해 애써 왔습니다. 우리만이 특별한 일을 한다는 교만을 경계하는 가운데, 주변으로부터의 조언에 귀를 기울이며, 선교와 구제, 교육 분야의 전문가들을 세워 일하고 있습니다. 라티노 형제들과 함께 예배드리고, 먹으며 축구하며 우정을 다졌으며, 진정으로 타민족 종업원을 사랑하여 섬기는 선한 사마리아인 같은 한인업체를 선정하여 '굿스푼 어워드'를 시상하고 있습니다. 비가 오나 눈이 오나 약속을 지켜 행한 거리급식을 통해 2006년에만 해도 15,450인분 이상의 식사를 무료로 제공하며 복음을 전했습니다. 한 사람씩 그 날의 성구를 암송하고 식사를 하는 급식 현장은 어느새 지역의 명물이 되었습니다. 굿스푼이 모시고 가는 빈민 환자들을 무료로 치료해 주신 많은 의사 선생님들이 계셨습니다. 일일이 열거할 수 없을 정도로 많은 일들을 하나님께서는 굿스푼을 통해 하셨습니다.

앞으로도 굿스푼은 큰 일을 단기간에 하고자 애쓰지 않겠습니다. 작은 일이라도 신중히 준비하여 꾸준히 추진할 수 있도록 최선을 다하겠습니다. 굿스푼을 아껴 주신 후원자, 중보기도자 여러분께 진심으로 감사드립니다. 특별히 귀한 동역자된 김정수 총무, 조영길 선교사, 페어팩스 한인교회 양광호 목사, 이사장 김후남 장로를 비롯한 8명의 이사, 김영조 권사, 최정선 집사 부부, 김종택 집사, 김학영 장로 부부, 이동철 집사 부부, 장석란 권사 부부, 김철민 변호사, 홍윤성 자매와 연인원 600명 이상의 자원봉사자들에게 감사를 드립니다.

문재가 없어 글 쓸 때마다 하나님께 지혜를 구하며 3년간 매주 한 차례씩 선교현장에서 있었던 따뜻한 얘기들을 화려하지 않지만 솔직담백하게 담은 글들을 모아 책으로 발행하게 되어 감사합니다. 감히 책으로 엮을 지혜와 힘이 제겐 없었지만, 굿스푼의 보물 같은 동역자 김정수 형제, 허 왕 형제, 안성신 자매, 최윤덕 장로, 홍윤성 자매 등의 사랑어린 협조로 가능하게 되었습니다. 다시 한 번 감사드립니다.

2007년 3월
미국 버지니아에서

Contents

Contents

2장   굿피플의 환상적인 만남   *95*

Contents

Contents

제1장
라티노 황금어장

굿스푼 형제들의 집

무하마드 유누스(Muhammad Yumus)는 방글라데시의 경제학자이자, 세계적인 명성을 얻은 그라민은행의 총재이다. 1940년 지금의 방글라데시 땅인 옛 동벵골 치타공시의 유복한 가정에 태어났던 그는 치타공대학을 졸업한 후 미국 번더빌트대학에서 경제학 박사학위를 받고 치타공대학 경제학과 교수로 재직하게 되었다.

그는 돌아와서 방글라데시 사람들의 처참한 생활상을 목격하고 이들을 가난으로부터 구제하기 위해 문제점을 보기 시작했다. 그는 가난한 사람을 위한 소액 융자만이 사람들로 하여금 대를 물리는 가난의 질곡으로부터 벗어나게 해 주는 가장 효과적인 방법이라는 것을 깨달았다.

가난한 사람들에게 큰 금액이 아닌 적은 액수의 융자만으로도 새로운 삶을 줄 수 있을까? 소액 융자의 진정한 힘은 돈이 아니라 가난한 사람이 갖게 되는 새로운 자신감과 희망이라는 것을 알고 그라민은행을 설립하여 빈자들을 위한 구체적인 사역을 시작했다.

1976년 어느 날, 그는 치타공대학 주변 마을 아낙들이 하루종일 일해서 겨우 50센트밖에 못 번다는 사실을 알게 되었다. 그나마도 재료비를 빼고 나면 죽도록 일하고 번 돈이 단돈 2센트라는 사실에 놀랐다. 그 후 그는 고리대금업자에게 돈을 빌리는 바람에 죽도록 일을 하고도 돈을 모으지 못하는 사람들이 얼마나 되는지 알아보았다. 관심을 둔 주변의 42명의 사람들이 856타카(미화 27달러) 때문에 비참한 지경에서 살고 있는 모습을 보고, 가난을 떨치고 미래를 설계할 856타카를 아무런 담보없이 빌려 주었다. 대출기한은 형편이 나아질 때까지이며 그때 가서 돈을 돌려 받기로 했다. 이것을 시작으로 1983년 방글라데시 말로 '마을'이란 뜻의 '그라민은행'을 설립했다.

처음 은행을 시작하려고 했을 때, 방글라데시의 기존의 은행들과, 정부, 세계의 은행들은 그에게 냉소를 보냈다. 빈자들에게는 돈을 갚을 의지도 없고, 채무불이행 때는 뺏을 담보도 없어 은행은 수익을 내기 어렵고 빈곤은 계속될 것이란 비관적인 악담을 쏟아냈다. 그들은 빈곤 퇴치를 위해 소액 융자보다는 기업에 대한 과감한 투자로 고용창출, 공공건설, 도로공사를 통한 산업기반 마련이 더 시급하다고 밀어부쳤다.

그라민은행은 강한 모성애를 바탕으로 성실한 여성을 위해서만 융자를 해 주며 혼자가 아닌 그룹을 만들어서 그라민 정신을 가르쳤다. 서로 모여 그룹들 사이의 관계를 돈독히 하고 상부상조를 촉진시켰다. 그 결과로 지난 26년간 방글라데시 인구의 10%가 넘는 240만 가구가 그라민은행을 통해 희망과 용기를 가지고 가난을 탈출했으며, 전 세계 60여개국에서도 도입되어 수백만에 달하는 사람들이 가난탈출을 위해 노력 중이다.

작은 믿음이 큰 결과를 만들 수 있다는 확신을 가지고 워싱턴 일원의 도시빈민들의 가난을 퇴치하고 견고한 자립을 돕기 위하여 그라민은행같은 새로운 시도를 '굿스푼 형제들의 집'을 통해 준비한다. 대를 물리는 가난이 싫어 어렵사리 미국에 온 라티노 빈민들이 함께 기숙하며 신앙으로 훈련하고 사랑으로 상부상조하는 장소가 될 것이다. 아침에 성경을 열어 주의 인자하심과 성실하심을 보게 될 것이다. 밤에는 여호와 하나님을 방장으로 모시고 외기러기 같은 라티노들이 영적인 가족이 되어 서로 위로하며 세워져 가게 될 것이다. 그들이 영적인 지도자들로 훈련되어 솔로몬 성전의 야긴과 보아스처럼 가정교회를 이끌어가는 영적 거목으로 성장하는 꿈을 꾼다.

굿스푼 찬양제

출애굽기 15장 2절은 "여호와는 나의 힘이요, 나의 노래시며, 나의 구원이시로다, 그는 나의 하나님이시니 내가 그를 찬송할 것이요, 내 아비의 하나님이시니 내가 그를 높이리라"고 말한다. 하나님은 사랑하시는 자녀들을 토기장이가 진흙을 다뤄 맞춤 질그릇을 만들듯이 하나님 자신을 위해 만드셨다. 하나님과 인생이 영적으로 밀접하여 밀어로 속삭이며 주의 이름을 부르고 찬송케 하여 영광을 받으시려고 만드셨다. 만물의 영장인 인생들을 창조하신 목적이 바로 그것이다. 인애와 사랑이 풍성하신 하나님이 결단코 용납치 않으시는 몇 가지 중 하나는 하나님께 돌려드려야 할 영광과 찬양이 헛된 우상에게 향하는 것이다. 찬양과 영광이 오직 하나님께만 드려지길 기대하신다.

하나님의 영광을 위해 창조된 사람들은 구원의 하나님을 인해 기뻐하며 감사하며 새노래로 하나님을 영화롭게 해야 할 사명이 있다. 죄의 용서함을 받고 변화된 하나님의 자녀들이 거룩한 감사의 새노래를 불러야 한다. 단지 입술의 찬양만 아니라 삶으로, 섬김으로, 봉사로 찬양하는 삶을 병행해야 한다.

본래 영광(gloria)이란 의미의 히브리어 단어 '카보드'는 '무겁다'는 뜻을 갖고 있다. 영광을 받는다는 말은 부나 권력이나 지위 등으로 가득 채워져 무거워졌다는 의미이다. 하나님은 창조주이시며 만물을 다스리시는 자이기에 사람처럼 권력, 지위, 물질로 채워져 무거워지길 원치 않으신다. 도리어 하나님의 형상을 따라 만들어진 인생들이 구원의 감격으로 춤추며 찬송할 때 영광받으시고 흡족해 하신다.

하나님은 환란날에 힘이 되신다. 하나님은 절망 중에서 바라보아야 할 구원의 능력이 되신다. 이런 하나님을 개인적으로 만나고 경험한 감격이 찬양 속에 녹아 있을 때 하나님은 기뻐하신다. 찬양 중에 거하시며 치료하시고 새롭게 하시고 평안케 하신다.

하나님을 찬양하는 데는 아름다운 목소리와 고도의 훈련된 기교보다 창조주 하나님께 대한 신실한 믿음이 더 요구된다. 찬양은 자신의 진정한 신앙고백이 담겨져 있어야 한다. 오페라의 프리마돈나 같은 성악 실력이 없어도 좋다. 평범한 사람으로 평범한 음악적 소양을 갖고 있지만 하나님을 진심으로 찬양하고자 하는 열심이 있는 자는 누구든지 하나님을 찬양할 수 있다. 하나님은 소박한 찬양의 열심을 더 좋아하신다.

워싱턴 일원에 90여개나 되는 한인봉사단체들이 알록달록한 단풍처럼 저마다의 특색있는 사랑을 나누고 있다. 이민자로 열심히 일할 뿐만 아니라 주변의 가난한 이웃들에게 들어내지 않는 착한 손을 펼친다. 감사의 계절에 포근한 사랑이 가난하고 병들고 소외되고 힘든 이웃들에게 풍성히 나누어지길 소망해 본다. 구수하게 익어가는 가을에 한인교회와 라티노교회 성도들이 함께 어울려 글로리 글로리 할렐루야 찬양받으시기에 합당하신 주님께 영광을 돌리길 원한다.

라티노 황금어장

세계의 대도시들은 21세기 선교의 핵심적인 도전이다. 도시를 무시한 채 하나님나라 확장을 꿈꿀 수 없다. A.D. 2세기 전에 세상은 단 4%만이 도시화되어 있었고 단 하나의 대도시만이 있던 농촌사회였다. 1900년이 되자 이 수치는 14%로 늘어났으며 18개의 대도시와 2개의 거대도시 런던과 뉴욕이 생겨나게 되었다. 2000년이 되면서 도시화율은 51%까지 이루어지고 있고 20개의 초거대도시, 79개의 거대도시, 433개의 대도시가 있다. 이런 추세는 좀처럼 수그러들지 않고 2025년에는 도시화율이 59%로 예상되고 2100년에는 세계인구의 10%만이 농촌에 남아 있을 것으로 예상하고 있다.

브라질의 세계적인 미항 리오데자네이로(Rio de Janeiro)가 하나님의 통치 아래 있길 소망하듯이 꼬르꼬바도에 두 손을 벌린 채 서 계신 예수상처럼 하나님은 여전히 영혼에 대한 갈망을 가지고 선교에 박차를 더하신다. 잃어버린 영혼이 하나님께 돌아오기까지 쉬지 않고 일하시는 하나님에겐 두 손이 있다. 한 손을 펼치셔서 여전히 세계 도처에 숨어 있는 미전도 종족을 위해 특별히 훈련된 첨병을 세우셔서 개척선교를 하신다. 바울 사도가 남이 닦아 놓은 터는 굳이 사양하고 아직 복음의 처녀림으로 남아 있는 마지막 미전도 지역으로 나갔던 것처럼 새 부족을 얻기 위한 눈물겨운 씨뿌림이 있어야 한다.

이것은 마치 배를 든든하게 짓고 전문적인 항해사가 첨단 어군탐지기 시설로 무장하고 오랫동안 먹을 선식을 준비하여 먼 바다로 나가 희귀한 어종을 포획하는 것과 같다. 미전도 종족을 위해 복음을 전할 특수 선교사들의 파송이 계속되어야 하고 지속적인 선교강화가 있어야 한다. 그리하여 하나님 통치하시는 울타리 바깥에 있으며, 자력으로는 도무지 복음을 들을 수 없는 모든 열방과 족속들이 하나님께로 돌아올 수 있게 해야 한다.

그리고 남은 손을 펼치셔서 더 이상 등한히 하거나 무시할 수 없는 도시선교(Urban Mission, 황금어장)에 열심을 내야 한다. 세계 정치일번지라 불리는 이곳 워싱턴뿐만 아니라 아시아의 거대도시와 세계 대부분의 도시는 정치권력, 경제활동, 의사소통, 과학연구, 학문교육, 종교적 영향력의 중심지다. 도시복음화에 새로운 패러다임이 짜여져야 한다.

수도권 지역에 사는 중남미 라티노들의 수가 70만을 육박하고 미 전체적으론 흑인 인구를 훨씬 앞선 4천만에 달한다. 라티노들은 갈수록 깊어가는 빈부격차, 그로 인한 극한적 빈곤, 수십 년 계속되는 부패한 정치와 난무하는 폭력을 피해 천신만고의 어려움을 극복하고 몰려온다. 막상 더 나은 삶을 위해, 더 많은 일자리를 찾기 위해, 부와 향락과 질 좋은 교육을 위해 이주했지만 쉽지 않은 도시에서의 생활은 많은 문제를 야기하고 있다.

막대한 경비를 들여 먼 바다로 나가는 경비의 일부만 가지고도 한인사회 주변에 몰려와 황금어장을 이룬 중남미 라티노를 잘 섬길 수 있다. 모자 달린 차마라(Chamarra) 한 벌에 감격해 하며 혹시 남아 있을 일거리를 찾기 위해 돌아서가는 그들은 하나님이 한인교회에게 맡기신 고귀한 생명이다. 누구 없소? 라티노 황금어장에 함께 그물 내려 줄 자….

리베르다지 일요시장(Feira da Liberdade)

브라질 쌍파울로에 동양인 거리 리베르다지(Liberdade)가 있다. 이천만이 넘는 거대 인구가 살고 있는 쌍파울로의 지하철 노선은 서울처럼 복잡하지 않다. 단조로우면서도 깨끗한 지하철을 타고 리베르다지 역에서 내려 갈방 부에노를 따라 나서면 리틀 도쿄 같은 리베르다지 일본촌을 만날 수 있다. 축스지향주의 일본에서 수입한 아기자기한 선물용품과 가전제품들을 파는 상점이 즐비하다. 비스듬한 길을 따라 걷다보면 다양한 이름의 일본 식당들을 볼 수 있는데 사열을 받는 병사들처럼 들어서는 손님들을 반가이 맞는다.

브라질에만 일본계 브라질인(Japanese Brazilian)이 약 150만 명 정도가 살고 있다. 1908년 일본 정부의 적극적인 관여와 감독 아래 고베항을 떠난 일본인 830명이 브라질 쌘토스(Santos) 항에 도착했다. 광활한 대지에 농업 노동자가 부족하여 개간하지 못한 채 버려진 토지가 많자 브라질은 일본에 농업 이민문호를 대폭 열었다. 1900년대 초반에 벌써 25만 명의 '닛케이 브라질인(일본계)'이 유입되어 우직하게 땅을 개간했다. 손길 닿는 것마다 황금으로 변한다는 마이더스의 손처럼 쌍파울로 주변에 기거하며 땅을 일군 일본인들은 황금작물을 키워 브라질 사회에 기여했다. 남국에서만

볼 수 있는 신기한 과일, 알록달록한 야채, 특목 작물만 해도 수를 헤아릴 수 없을 정도로 대단한데, 일본인들의 뛰어난 농업기술은 동북아시아의 맛있는 과일과 작물들을 접목시켜 그 다양함을 더했다.

브라질 옥토에 하나님은 남국의 태양빛을 더하셨고, 부지런한 일본인들은 성실함의 땀을 더해 크고 맛있는 혼혈 과일들을 많이 두셨다. 오렌지같기도 하고 큰 만다리나 같기도 하지만 높은 당도와 부드러운 향기, 풍성한 과즙으로 사랑받는 뽕깡, 군고구마 향취 비슷한 이과수 까페, 사과처럼 당장 깎아 먹어도 떫지 않은 어른 주먹만한 단감, 꿀을 발라 놓은 듯한 후지사과.

일본인 특유의 근면성과 정직함, 그리고 온화함은 동양인의 이미지를 단연 돋보이게 하기에 충분했다. 멜팅 팟처럼 다양한 인종이 모여 구성된 브라질에서 엄지 손가락만 위로 세워 앞으로 내밀며 인사하는 것은 경우에 따라 '감사하다, 미안하다, 좋다'는 의미로 통상 사용된다. 동화되기 시작한 일본인과 대도시에서 봉제업을 경영하는 생김새가 비슷한 한인들을 향해 브라질인들은 엄지 손가락을 쑥 내어밀며 '오이~ 자뽕~ 가란찌도~ 일본인들은 믿을만 해'라며 따뜻한 환영을 표시했다.

매주 일요일엔 리베르다지 자뽕타운 광장 한쪽에 맛있는 장이 선다. 이른 아침부터 오후까지 일본인들의 포장마차가 진을 치기 시작하면 고소한 꼬치구이 냄새가 코를 찌르기 시작한다. 한인들한테나 브라질인들에게 제일 인기 있는 곳은 즉석 오방떡을 굽는 곳이다. 일가족 6명이 쉴새 없이 구워내는데 줄을 서서 한참을 기다려야 몇 개를 살 수 있다. 오목하게 만들어 놓은 쇠 판에다 엷은 밀가루 반죽을 붓고, 밤새 준비한 팥 앙금을 아깝지 않게 듬뿍 넣고 돌려 익혀내는데 방금 구워 뜨거운 속은 고소함과 달콤한 맛이 양갱 같다.

애난데일 라티노 노동시장에 일 주일에 세 번 한인들이 준비한 사랑스런 장이 선다. 70여 명의 중남미 출신 노동자들이 후줄근한 옷들을 겹겹이 둘러입고 모이면 몇 마디 한국말과 영어가 강의된다. 이어서 찬송과 설교가 마쳐지면 밥구절 성구 암송이 실시된다. 그런 후 오방떡보다 맛있게 지은 밥과 영양가 높은 수프가 도시빈민들의 언 손을 녹인다.

"그라시아 꼬레아노(한인들께 감사합니다)"

잠시 추위를 이기고 편안하게 돌아간 거리급식소엔 차가운 겨울 바람만 남는다.

물댄 동산 같은 삶

폭염이 한창이던 2005년 8월 1일, 23년간 사우디아라비아를 통치하던 파드 국왕이 서거했다. 23년간 사우디를 통치한 파드는 사우디 최고의 번성을 이룬 왕이다. 석유정책을 잘 관리하여 큰 부를 거머쥐었고, 미국을 비롯한 서방세계와 선린 외교정책을 펼쳐 아랍 형제국가들 중 국위도 상당하게 높았다. 사망소식을 접하자 이슬람 형제국가의 최고 통치자뿐만 아니라 서방국가의 주요 정치인들이 조문하기 위해 앞을 다투어 사우디 수도 리야드 그랜드 모스크로 몰려들었다.

파드의 시신은 육중하고 화려한 관에 누여지지 않았다. 다만 갈색

예복에 싸여져 모스크에서 간단한 기도예식을 마치자 건장한 왕자들의 어깨에 메어져 묘지로 옮겨졌다. 우상숭배를 철저히 배격하는 와하비즘을 따르기 위해 그의 무덤 역시 여느 이슬람 촌부의 무덤과 다르지 않았다. 묘비나 묘석도 두지 않고 단지 묻혔다는 표시만 가진 채 흙으로 돌아가기 위해 땅에 누여졌다.

이슬람의 율법은 엄정하다. '알라 외에는 다른 신은 없다'고 쓰여진 녹색의 사우디 국기는 비록 국왕의 서거를 애도하는 국장 때에도 반기로 내려지지 않았다. 국기를 내리는 것은 신성모독으로 간주되기 때문이다. 다만 엄숙할 뿐, 곡소리도 금하고, 식당과 상점은 여전히 영업을 계속했다. '알라후 아크바르'(신은 위대하다) 참배객들의 우뢰같은 함성을 끝으로 불과 몇 분 만에 장례식은 조촐하고 검소하게 마쳐졌다. 부와 권세를 마지막 가는 길에도 마음껏 자랑하고 호사를 누릴 수 있었지만 파드는 공수래 공수거의 진리를 보여줬다. 충격에 가까운 이슬람의 장례 장면은 가슴에 오래 여운으로 남았다.

지존하신 하나님의 섭리 아래 인생 모두가 생로병사의 길을 걷고 있다. 한평생을 사는 동안 언제나 물이 넉넉한 동산같고, 아무리 가물어도 물이 마르지 않는 샘과 같은 은혜가 풍성한 삶을 고대한다. 물댄 동산같은 삶의 비결을 구약성경 이사야서 58장 7-11절은 이렇게 말한다.

"불쌍한 이웃에 대하여 탄압을 중지하고, 손가락질하면서 조롱하지 말라. 악평을 그치고 나쁘게 말하는 버릇을 고쳐라, 도리어 가난한 이웃에게 구제와 사랑을 적극적으로 실천하라."

"굶주린 자에게 양식을 나눠 줘라, 집없이 떠돌아 다니는 자들을 네 집에 맞아들이라, 입을 옷이 없는 자들에게 옷을 입혀 주라, 어려운 처지의 동족을 보고 모른체 하지 말라."

배고픈 자에게 음식을 주고, 고통당하는 자의 마음을 만족시켜주라고 명하신 후에 부르짖으면, 하나님은 즉각 응답하시고 도와주시겠다고 약속하셨다. 아침 햇살처럼 밝게 열리게 하시고, 상처가 빨리 치료될 것이라고 하셨다. 여호와 하나님이 어디서나 직접 인도하시는데, 메마른 땅에서조차 배불리 먹이실 것이다. 언제나 물이 넉넉한 동산같고, 아무리 가물어도 물이 마르지 않는 샘과 같이 은혜가 풍성할 것이다.

방꼬 데 알리멘또스(Food Bank)

만나(manna)는 이스라엘 백성이 노역에 시달리던 이집트를 떠나 약속의 땅 가나안으로 행군할 때 하나님께서 내려 주신 신비한 음식이다. 본래 '만나' 란 말은 "이것이 구엇이냐?"라는 뜻인데 자고 일어나면 광야 캠프촌 주변에 이슬처럼 풍성히 내려져 있는 것을 처음 보고 '만나' 라고 부른 것에서 기인한다.

만나는 하늘로부터 비같이 내린 양식이다. 모양은 흰 깟씨같고, 맛은 꿀 섞은 과자같다. 이스라엘 백성들은 만나를 거두어 맷돌에 갈기도 하고 절구에 찧기도 하고 가마에 삶기도 하여 과자를 만들었는데 그 맛은 기름 섞은 과자맛 같았다. 매일 한 사람이 한 오멜씩 모을 수 있었고, 다음날까지 보관하는 것은 금지되었다. 그러나 안식일 전날은 두 오멜씩 거두어 안식일까지 먹을 수 있게 하였다.

이러한 만나가 광야생활 40년간 지속되다가 천신만고 끝에 요단 강을 건너 가나안 땅에 이르러 길갈에 진치고 가나안 땅의 소산물을 먹게 되었을 때 멈추었다. 하나님께서 자기 백성들을 위해 광야에서 베푸신 풍성한 식탁이었다.

겨울철 비상식량을 라티노 노동시장인 애난데일과 컬모지역에서 나누고 있다. 이 두 지역은 매일 노동력을 팔려는 라티노들이 많게는 수백 명씩 모이는 곳이다. 라티노 노동자들은 겨울 들어 좀처럼 주어지지 않는 일자리 때문에 극심한 생계의 위협을 느끼고 있는데 이들을 위한 비상식량 공급이 절실하게 필요했다.

이와 같은 방꼬 데 알리멘또스(Banco de Alimentos, 푸드뱅크) 사역을 할 수 있었던 배후에는 알렉산드리아 벤돈 플라자에 위치한 대형 식품점 세이프웨이의 매니저로 일하는 최정선 집사의 따뜻한 섬김을 통해서 가능했다. 세이프웨이에서 오랫동안 매니저로 일하던 최 집사는 1년 전 인벤토리 콘트롤 매니저로 자리를 옮겨 수만 가지 아이템의 입출고를 담당하고 있다.

"매일 물건이 교체되는 것을 주관하면서 가난한 이웃에게 나눌 수 있는 많은 식료품이 무조건 쓰레기통으로 들어가는 것을 보고 마음이 아팠다."며 "자신의 작은 수고로 겨울철 도시빈민들의 먹거리를 해결하는데 조금이나마 도움이 된다면 그것으로 감사하다."며 겸손해 한다.

이미 시작된 푸드뱅크 사역은 월·수·토요일은 애난데일 노동시장에서 기존의 급식사역과 함께 비상식량을 공급하는 한편, 화·목요일은 컬모지역에서 푸드뱅크로 가난한 도시빈민들을 따뜻하게 품으려고 한다.

한인이 경영하고 있는 슈퍼마켓, 그로서리, 제과점, 음식점 등에서 나온 음식물도 도시빈민들을 위한 귀한 만나로 쓰임 받을 수 있다. 영하의 날씨에 눈비를 맞으며 생활의 겸려에 지친 이웃들의 몸과 마음을 따뜻하게 녹여 줄 수 있다.

어떻게 교회와 크리스천들이 세상에서 그리스도의 증인이 될 수 있을까? 쉽고 간단하게 시작할 수 있는 것들로 배고픈 사람을 먹이고, 헐벗은 사람들을 입히며, 외로운 사람들을 찾아가고, 버림받은 사람들의 말을 들어 주고, 조건 없는 사랑으로 예수님의 사랑을 보게 할 때 가능하다. 길다란 급식 행렬에 가난한 이들과 함께 서 계신 예수를 보라.

선생님, 나 뭐든지 잘 해요

라티노 노동자들이 모이는 애난데일은 다른 곳과 달리 길게 분포되어 있다. 허머 로드가 지나가는 세븐일레븐 앞에서 시작한 노동시장은 세이프웨이를 지나 페인트 재료상이 있는 곳까지 어림잡아 800m에 걸쳐 길게 펼쳐 있다. 부지런한 몇몇 라티노들은 한인들의 성실함 못지않게 동트기 전부터 노동시장에 나와 의욕적으로 일자리를 찾는다. 오전 내내 오가는 차량, 일 찾는 사람, 일꾼 구하는 사람들로 북새통을 이루다 점심 때쯤부터는 한가해진다.

며칠 전 바람이 심하게 불고 기온이 쌀쌀해진 날 큰 사고가 세븐일레븐 앞에서 있었다. 밥을 지어 거리급식소 앞에 차려 놓고 노동자들을 부르러 나가는 길이었는데 경찰이 세븐일레븐 앞 일대를 노란 테이프로 두르고 통제했다. 사건사고가 많은 곳이라 성급한 마음은 금새 '한인에게 또 무슨 문제가 생겼나' 가슴이 콩닥거렸다.

웅성거리며 서 있던 몇몇이 달려와 "꼬레아나(coreana, 한국 여성)가 세븐일레븐에서 나와 차를 후진하다 가속기를 잘못 밟아 뒤에서 일자리를 구하려 서 있던 라티노 두사람을 치었다."는 것이다. 쏜살같이 들이닥치는 차량에 피할 겨를 없이 치인 라티노는 가슴언저리를 심하게 다쳐서 급히 병원으로 후송되었다는 내용이다. 소문이 구구했지만 나중에 밝혀진 사실은 가해자가 한인이 아니라 필리핀 여성이라는 것이었다.

점심을 받으려고 모인 70여 명의 라티노들이 그늘진 시멘트 바닥에 쭈그려 앉는 것이 벌써 춥게 느껴져, 비스듬하게 경사진 주차장 아래쪽에 앉게 했다. 음식을 실어 나르는 차량으로 바람을 막고 햇볕쪽에 옹기종기 앉으니 더 친근감이 갔다. 카우보이 모자를 쓴 김영조 권사가 인도하는 한국어와 영어 한 마디 시간은 실제 라티노들을 돕는 시간이다.

지난 8월에 굿스푼 자원봉사에 합류한 김 권사는 한국외대에서 스페인어를 전공하고, 브라질 쌍파울로에서 무역진흥공사(KOTRA) 관장으로 12년을 살다온 남미통이다. 언어 감각이 남달리 탁월한 그는 스페인어 외에도 포르투갈어와, 영어도 잘한다. 하얀 칠판과 알루미늄으로 된 삼발이 이젤이 준비되면 밝고 우렁찬 목소리로 거리 한국어 강좌 시간이 시작된다. "안녕하세요, 감사합니다." 기초적인 인사말과 예의범절을 실연해 보이며 가르치는 시간은 라티노 노동자들이 가장 재미있어하는 시간이다. 남을 배려하고 손위의 어른들을 공경할 줄 아는 한인들의 예의범절을 배우기 위해 라티노들이 모자를 벗고 고개를 숙인다.

"선생님, 나는 일이 필요해요.", "나 뭐든지 잘해요.", "나 페인트일 잘해요.", "나 목수일 잘해요." "하나, 둘, 셋, 넷, 열, 스물, 서른, 마흔."

한글 음절마다 스페인어 알파베토(alfabeto)로 토를 달아 쉽게 읽도록 준비한 강의안과 스페인어 성경구절, 찬송가는 소중하게 라티노들의 주머니에 보관된다. 온두라스에서 온 마르빈(20세)은 머리가 영리해서 배운 한국어를 기억했다가 자랑스럽게 말한다. 몇 마디 말을 배워 고용해 줄 한인들의 눈에 들고 싶어하는 저들의 배움은 자못 진지하다 못해 코끝이 찡한 감동이 있다.

써 주는 사람이 있어야 일을 하죠

395 N. 하이웨이를 타고 워싱턴 D.C. 방향으로 가다가 셜링턴 싸인을 보고 접어드는 길에 라티노, 흑인, 소수의 백인들이 함께 모이는 다인종 인력시장이 있다. 예전엔 셜링턴도 흑인 밀집지역이었다는데 요즘은 이 지역이 중남미 출신의 라티노들로 인종분포가 급격히 바뀌고 있다.

고가도로와 이어진 길을 따라 반대편으로 완전히 가로 지르면 커다란 게이트웨이 빌딩이 나오고, 오른쪽으로 끼고 돌면 금새 신호등이 나온다. 작은 하천을 건너자마자 왼쪽 모퉁이에 수십 명의 라티노들이 언제나 몰려 있는 인력시장이 있다.

건장한 노동자 수십 명이 모이기엔 비좁아 보이는 그곳엔 알링턴 카운티에서 보조를 받는 라티노 비영리단체가 작은 쉘터를 만들어 놓고 일자리를 찾아 나온 이들이 비를 피할 수 있게 한다. 노동시장 근처를 흐르는 좁은 하천엔 생활하수가 흘러가는지 한껏 오염된 물이 흐르고 있고, 그 근처에 놓은 두 개의 간이 화장실은 항상 악취가 풍기지만 그래도 급한 용무를 보기에 감사한 배려다.

아침 6시면 몇 개 안 되는 나무 벤치는 사람들로 꽉차고 매일 대하는 익숙한 얼굴들이 왁자지껄 떠들며 하루가 시작된다. 일거리를 찾아 수십 명의 라티노들이 하루 종일 서성거리며 목을 빼고 기다려 보지만 변변한 일거리를 찾아 나서는 이는 잘 볼 수 없다.

모여든 노동자들로 북적대던 인력시장이 점차 오후가 되면서 썰물 빠지듯 한산해지면 몇 명 남지 않는 라티노들이 돈 따먹기 놀이를 하는지 상기된 채 쉘터 벽에 동전을 튕겨가며 저들만의 시간을 갖는다.

과테말라 산 마르꼬에서 올라온 로메오(33세)와 리까르도(33세)는 친구 사이로 노동시장 근처에 산다. 이왕이면 마음에 맞는 친구끼리 일도 하고 신앙생활도 하길 기대하지만 형편은 그렇지 못하다. 멕시코와 과테말라 국경 근처인 찌아빠스 지역에 동갑내기 아내와 세 아이를 두고 올라 온 리까르도는 자신을 고용해 줄 한인을 찾는다.

출근을 감시하는 사람이 없고, 또 책임감 있게 업무 수행하는지를 점검당하는 스트레스가 둘에겐 없지만 그래도 소속된 직장이 있어 꾸준한 일거리 갖기를 소망한다. 일년 넘게 비가 오나 눈이 오나 노동시장에 나와 벤치를 따뜻하게 덥히고 있지만 경쟁만 치열할 뿐 실제 노동하는 날은 드물어 걱정이다. 이미 가까이 인사하고 지내던 동료들 중 많은 라티노들이 독주어 쩔어 인사불성이 되가고, 심지어 마약에 손을 대어 하루가 다르게 낙오되어 홈리스가 되가는 모습을 볼 때 가슴이 아프다.

하나님을 철저하게 신앙하는 로메오와 리까르도는 매일 가족 사진을 보며 꿈과 소망을 잃지 않도록 하나님께 기도함으로 하루를 시작한다. 가끔씩 전화로 안부를 묻고, 일자리를 소개해 달라는 그들은 자신들을 가족처럼 데려다가 고용하여 일도 가르쳐 주고 따뜻하게 서로 의지하며 축복해 줄 다정한 한인이 있는지 소개해 달란다. 일하고 싶어도 써 줄 사람이 없어 안타까워하는 건실한 과테말라 청년을 이끌어 줄 선인의 출현을 고대한다.

움직이는 포인세티아(poinsettia)

크리스마스의 꽃 포인세티아(poinsettia)는 멕시코가 원산으로 원래는 크리스마스와 관계가 없는 식물이었다. 마귀를 피하는 포인세티아의 빨간색을 크리스마스에 장식하는 풍습이 미국과 유럽에서 이용하게 된 것은 19세기 후반부터였다.

애난데일 라티노 인력시장에 100여 거의 빨간 포인세티아 꽃이 활짝 피었다. 움직이는 빨간 포인세티아는 한인들의 사랑으로 라티노에게 입힌 사랑의 상징이다. 빨간 오리털 파커에 흰색으로 선명하게 쓰여진 '예수 그리스도는 당신의 구세주' 라는 값진 방한복이 예수태풍선교회를 통해 라티노 도시빈민들에게 전해졌다. 지난 11월 10일 오전 도시선교를 시작한 이래 최고로 모인 100여 명의 중미 출신 라티노들이 함께 한 자리에서였다.

시장기를 달래 줄 구수한 해물 잡탕밥과 감칠맛 나는 김치가 김경 자매를 통해 준비되었다. 가벼우면서도 보온성이 뛰어난 춤빠 데 뿔루마 데 빠보(chumpa de puluma de pavo, 오리털 파커)가 100벌, 그리고 힘들고 위험한 일 탓에 갖은 질병에 시달리고 있지만 높은 병원 문턱을 넘어보지 못한 저들을 꾸준히 돕고 있는 박민성 한의사가 대령했다.

세상 그 무엇보다 더 소중한 예수 그리스도를 가난한 심령에 그리기 위해 예수태풍을 섬기는 지상원 목사는 단 위에 섰다.

"예수 그리스도를 구주로 고백하고 모셔들이기만 하면 하나님의 자녀가 되는 권세를 얻게 됩니다. 그러면 영생을 얻고, 천국의 시민권자가 되며, 절망이 희망으로 바뀝니다."

목청을 높이며 상처입은 심령들을 향해 외치는 지 목사의 설교는 굵고 간결하다. 말씀 가운데 역사하신 하나님의 은혜가 낯선 이방인 저들의 마음을 열었다. 추위에 까칠한 100여 명의 건장한 라티노 모두가 예수를 구세주로 모시는 헌신의 시간이 있었고, 구체적으로 영접기도까지 마치게 되었다.

성구암송은 굿스푼이 준비한 모든 물품을 나누는 중요한 열쇠다. 혈기왕성한 청년으로 중남미에 식구를 남겨 두고 홀홀단신 이곳에 와서 무엇으로 자신을 지키며 죄의 유혹에서 깨끗케 할 수 있는가. 주의 말씀을 따라 삼가할 수밖에 없기에 매번의 성구암송은 진지하고 철저하게 시행된다.

주께 범죄치 않게 하기 위해 하나닏의 말씀을 가슴에 각인하는 시간이다. 철썩같이 자기만 바라보는 중미에 남겨 둔 가족들과 언약한 순결한 결심이 깨지지 않도록 하나닏의 말씀을 가슴에 두는 시간은 자못 엄숙하기까지 하다.

젊은 청년들의 문맹률이 심각하다. 줄 밖에 선 채 엉거주춤 서 있는 라티노들은 거의 글을 읽고 쓸 줄 모른다. 문맹자도 떳떳이 사랑받도록 성구를 읽어 주고 따라하게 한다.

질 좋은 한국산 오리털 파커가 가난한 라티노들에게 전달되기까지는 한 달이 넘는 산고의 고통이 있었다. 하나님의 기적적인 역사를 간구하자 필요한 물질이 감동된 사람들을 통해 공급되었고, 나누기로 약속한 시간에 한 치의 오차도 없이 허락하셨다. '예수가 구세주'이심을 전하는 빨간 포인세티아 꽃이 겨울을 재촉하는 묶은 비 아래서 더 빨갛게 타오른다.

애난데일 루께리아(Peluqueria)

허리케인 '이반'의 영향 때문인지 연일 짙은 비구름이 잔뜩 덮은 날 롯시니(Rossini G. Antonio)의 대표적인 오페라 '세빌리아(Sevilla)의 이발사' 서곡을 경쾌한 파이프올갠과 관현악 협주곡으로 듣는다.

엘 살바도르 레온에서 온 페르난도(60세, 애난데일 거주)는 미국생활 26년째다. 미국에 거주한 연수에 비해 영어는 거의 모르거나 하지 않았고, 변변한 합법적인 신분증조차 만들지 못했다. 어떤 사연이 있는지 모르지만 그는 혼자 사는데 이골이 났다.

작고 초라한 외모에 검게 그을린 피부, 노동력을 팔기 위해 하얗게 쉰 머리를 염색하고 모자를 눌러 썼지만 탈색된 머리는 어지러워 험난한 인생사를 말하는 듯하다. 굿스푼 거리급식에 단골 손님인 그가 급식에 빠진 날은 거의 없다. 그의 듬성듬성한 치아 사이로 나오는 어눌한 말로는 아직 결혼하지 못했다는데 앞으로 희망사항이란다.

팔팔 뛰는 젊은이들이 모이는 인력시장에서 사오정(45세 정년)도 인기가 시들한데 환갑을 넘긴 나이는 아무래도 무리인 듯하다. 마음은 아직도 집채만 한 바위를 옮길 것 같은데 좀처럼 그의 노동력을 사 주는 사람이 없다. 지난 2주간은 공치고 돌아간 날이 허다하다. 보름 동안 이틀 일한 사람이 상당수다. 노동절 연휴에다 간간히 내리는 빗줄기에 라티노 인력시장은 벌써 한산한 겨울처럼 일거리가 많지 않다.

그래서인지 가뭄에 콩나듯 인력을 구하는 자동차가 서면 삽시간에 수십 명이 에워싸고 서로 자기를 지명해 달라고 큰 소란이 난다. 급기야 밀치고 당기다가 언성이 높아지고 금방까지 비슷한 처지에 웃고 지내던 사이가 험악한 분위기로 돌변하고 만다.

애난데일에 거주하는 페르난도는 지난 2주간에도 매일 아침 가방을 어깨에 멘 채 배회했지만 일거리를 찾지 못해 걱정이 태산같다. 득달같이 다가오는 월세에다, 줄여 쓴다 해도 적지 않은 생활잡비들이 부담되어 온다.

연일 내리는 비를 피해 이리저리 옮겨 다니는 저들을 위해 비오는 날 거리급식이 계속된다. 불고기와 김치, 새로 지은 밥과 샐러드를 준비하여 후줄근하게 비에 젖은 라티노 불체자 노동자들을 풍성히 접대한다. 거리급식소 한쪽 구석에 준비한 루께리아(Peluqueria, 이발소)는 막 식사를 마친 라티노들에게 인기 만점이다. 폼나게 비춰 줄 거울도 없고, 깎고 난 머리를 감겨 줄 세면대도 없는 거리의 이발소다. 그렇지만 10여 명의 장발족들이 앞을 다투어 머리를 디민다. 정성껏 머리를 다듬어 주는 한인 자원봉사자의 손길에 지긋이 눈 감은 채 머리를 맡기고 앉은 폼은 영락없이 세빌리아(Sevilla)의 이발소 못지 않은 풍경이다.

그날 살바도레뇨 페르난도 영감도 염소털처럼 길다랗게 모자 사이를 비집고 나온 탈색된 머리를 보기 좋게 잘랐다. 한 20년은 젊어 보인다. 잘린 머리카락을 정리하며 기분 좋게 인력시장으로 돌아가는 페르난도를 위해 기도한다. "이번 주엔 젊은이에게 밀리지 말고, 더도 말고 덜도 말고 4일만 일해서 그동안의 시름이 덜어지길 소망합니다."

폭력의 현장에 서다

남미 여러 나라에서 매년 2월이면 환상적으로 펼쳐지는 까르나발(Carnaval)이 있다. 그중 세계적인 규모와 행사의 현란함으로 백미처럼 꼽히는 까르나발은 브라질 리오 데 자네이로(Rio de Janeiro) 삼바 까르나발이다.

까르나발(축제)은 두 단어의 합성어다. 까르네(Carne, 고기, 육체)와 바알(Baal 팔레스타인 지역의 바알 우상, 왕상 18장) 즉, '바알신께 바치는 고기' 라는 뜻이다. 바알은 생산의 신이다. 당시 가나안 사람들은 바알을 그 지방에 풍년을 가져다 주는 신으로 생각하였다. 농산물의 풍요는 바알과 배우자신인 아스다롯(Ashtaroth, 쾌락, 풍요의 여신)의 성적 교섭의 결과라고 믿는 것에서 출발한다. 까르나발 축제가 벌어지는 동안 소돔과 고모라 같은 영적, 성적 타락이 부산물로 이어지는데 사탄의 눈부신 활약도 함께 펼쳐지는 기간이기도 하다.

인간끼리의 피 튀기는 잔인한 폭력을 사람들은 가장 두려워 한다. 볼리비아의 안데스에 사는 잉카의 후예 에이마야 인디오들에게 매년 개최되는 유혈 축제는 으시시하다. 인디오들은 삶은 끊임없는 투쟁이며, 좋은 땅을 차지하기 위해 불가피하다고 여기고 특별한 패싸움 축제를 벌인다. 풍요로운 추수에는 노련한 경작법과 좋은 날씨 외에 땅을 주관하는 신의 은총이 필요하다고 생각한다. 패싸움을 통해 인간의 피가 땅에 뿌려지고, 승리한 팀이 가장 센 신을 얻게 되어 그 해의 풍요를 확신하게 된다.

파종기에 시작하는 패싸움 축제 팀푸는 먼저 참가자들을 위해 풍성한 음식과 독주를 준비하여 농산물을 주관하는 신에게 보상받도록 준비한다. 전사들을 강하게 하기 위해 패싸움에 앞서 연회를 베푸는데 술이라기보다는 알코올에 가까운 독주를 마신다. 그 다음 흥을 돋구기 위해 마을 사람들은 띵꾸(tinku)란 음악을 연주하며 마을을 돈다. 거나하게 술에 취한 인디오 남자들이 맨주먹으로 서로 얼굴을 치고 받는다. 코가 내려 앉고, 피가 튀고, 이가 부러져 나간다. 다음엔 덩치가 큰 여자 인디오들끼리 치고 받을 차례다. 오랜 축제 경험으로 싸움에 이골이 났는지 여자들의 원, 투 펀치가 제대로 상대방 얼굴에 꽂힌다. 그 다음엔 길게 땋은 머리채를 잡고 뒹굴며 혼전투구를 벌인다. 일부는 싸움 중에 죽기도 하고, 심각한 후유증으로 회복할 수 없는 중태에 빠지기도 한다.

유혈 축제인 패싸움의 마무리는 마치 재미난 게임을 즐겼다는 표정으로 웃으며 서로 다정하게 하는 포옹이다. 다음날, 참가자들이 얼굴에 피멍을 한 채 술집에 다시 모여 싸움 축제에 대해 얘기하고 자축한다.

워싱턴 수도권 지역에서 라티노 최고 밀집지역으로 손꼽히는 곳은 프린스 조지 카운티 랭글리 파크(Langley Park)이다. 근처의 타코마 파크와 길게 이어지는 라티노 노동시장엔 무서운 폭력의 그늘이 드리워져 있다. 얼마 전 MS-13(마라 살바뚜루차-13) 엘살바도르 청소년 갱그룹에 의해 과테말라 쎄싸르와 온두라스 청년의 목이 잘려서 살해당한 끔찍한 곳은 쇼핑센터 토로스 앞이다. 노동시장 한쪽켠 작은 화단에 조악스런 플라스틱 꽃으로 장식된 작은 나무 십자가 둘이 객지에서 비참하게 죽은 당한 이들의 넋을 기리고 있다. 영하의 쌀쌀한 날씨에 떨고 있던 약 50여 명의 라티노 도시빈민들이 다가선다. 그 폭력의 현장에 굿스푼 푸드뱅크 차가 사랑으로 문을 활짝 열었다. 강한 겨울 바람에 온통 빨갛게 얼어가던 라티노들이 강물처럼 흐르는 사랑에 잠시 흠뻑 취한다.

하염없이 서 있는 사람들

화씨 100도를 넘나드는 불볕 더위가 연일 계속되자 속절없는 생각이 슬그머니 치민다. 빈민선교를 하기엔 여름이 더 좋을까? 아니면 겨울이 더 좋을까? 유치한 비교와 의문을 품으며 더위먹은 생각을 몇 번 이어보다 접는다.

난방이 안 되는 선교관에서 차거운 물로 밥 짓고 설거지할 땐 어서 여름이 와서 추위를 거둬 갔으면 했다. 힘차게 끓어 오르던 국밥조차 싸늘하게 식어질 땐 온기를 잃어가는 밥그릇을 라티노 노동자들에게 내 주기가 안스러웠다. 그랬던 겨울이 요 며칠 사이 더 좋게 느껴지는 것은 간사한 마음 때문이리라.

중남미에서 올라온 라티노들이 노동시장에 나왔다고 늘 일자리를 얻는 것은 아니다. 일자리 숫자가 겨울보다야 훨씬 나아졌지만 한 번도 수월하게 주어지는 법은 없다. 일찌감치 선택된 소수의 사람들이 떠나고 나면 남은 자들은 땡볕을 피하여 손바닥만 한 그늘 아래서 하염없이 시름만 깊은 채 서 있어야 한다.

번뜩이는 생존경쟁의 현장에서 비교적 일 주일에 3-4일의 일자리를 잡아 노동품을 팔려면 몇 가지를 갖추어야 한다. 물에서 막 건져낸 생선처럼 팔팔 뛰는 젊은 패기가 있어야 한다. 술, 마약, 도박 등 중독적인 유혹에 노출되어 있지 않아야 한다. 전문적인 노동력을 가졌던지, 거기에다 이왕이면 호감을 줄 만한 곱상한 외모와 다소곳한 성품이 있으면 기회는 더 많아질 수 있다. 이것도 저것도 없으면 살벌하기까지 한 노동시장에서 늘 소외될 수밖에 없고, 땡볕 그늘에 서서 하릴없는 잡담이나 나누다 터덜터덜 집으로 돌아가는 날이 늘어갈 뿐이다.

굿스푼 거리급식소에 단골 손님이 된 안타까운 도시빈민들이 있다. 그들은 지난 겨울에도 황량한 거리 한 켠에 하염없이 서 있었고, 무더위 아래서 여전히 서 있지만 일자리를 잡아 호기있게 나가질 못한다. 알코올 중독자로 전락한 피텔 산체스(54세, 엘 살바도르)는 회복이 어려운 노숙자가 됐다. 앞니가 훤하게 빠져 나간 인디오 혼혈인 산체스가 곁에 서면 술과 소변냄새가 섞여 코를 쥐게 한다. 간에 손상이 갔는지 얼굴색이 점점 흑달로 변해 간다. 취중에 경찰한테 건 시비탓에 곤봉과 발끝으로 걷어차여 헉헉거리며 가시지 않은 피멍에 손을 대고 아파한다.

셜링턴 노동시장에 마리아 자매(22세, 니카라과)는 마약으로 몸을 가누지 못한 채 몸이 망가져 가고 있다. 산발을 하고 초점 없는 눈으로 음식을 받는 모습에서 마약의 해악스런 모습을 본다. 도박의 유혹에 빠져 힘겹게 노동하여 번 돈으로 복권에 털어 넣는 라티노들도 점점 많아진다.

당뇨로 오른쪽 눈을 잃은 까를로스(37세, 엘 살바도르), 사고로 한쪽 팔을 절단한 채 노동시장에 나와 기웃거리는 구스따보, 아직 앳띤 소년 오또(17세), 돋보기를 쓰고 구부정하게 한 켠에 서 있는 루이스(65세)는 좀처럼 일자리를 얻을 수 없다. 비스듬히 서 있는 빈민을 차별하지 않으시는 하나님의 사랑이 뭉게구름처럼 피어나길 소망한다.

한 · 라티노 우정이란 공을 찬다

브라질 쌍파울로에선 매주 수요일, 토요일은 어김없이 열광적인 삼바 축구경기가 있다. 경기가 있는 날은 똥 마려운 강아지처럼 안

절부절 못하다가 드디어 일찌감치 일을 마쳐 놓고 서둘러 이른 저녁을 먹는다. 선호하는 축구팀의 유니폼을 갈아입고 축구 전용구장으로 향하는 브라질 사람들은 축구를 통하여 커다란 에너지를 충전받는다.

수십 년 전통을 갖고 있는 유명 클럽들이 격돌하는 정규리그 말고도 일 년 내내 계속되는 갖가지 타이틀을 내건 경기는 이루 헤아릴 수 없을 정도로 많고, 흔한 동네 축구조차 식을 줄 모르는 열기를 거대한 제국에 쏟아 놓는다.

브라질 국내 리그에서 단연 최고의 경기는 쌍 파울로와 리오데자네이로 패자 간의 라이벌전이다. 인구 2200만의 거대한 인구가 살고 있는 남미 최대의 상업도시 쌍 파울로의 패자와 한때 포르투갈의 왕궁이며 수도였던 세계적인 미항 리오 데 자네이로 패자 간의 라이벌전이다. 마치 현해탄을 사이로 이웃한 한국과 일본이 벌이는 숙명적인 대결과 같다.

두 도시 간의 자존심이 걸린 경기에는 가히 선수들이 죽기살기로 공을 찬다고 해도 과언이 아니다. 리오 데 자네이로와 쌍 파울로 간의 거리는 서울-부산 간 거리(약 400 Km)와 엇비슷한데 극성스런 브라질판 '붉은 악마' 들은 일이고 뭐고 다 제쳐 놓고 수십 대의 버스를 대절하여 광란의 응원을 펼치기 위해 달려간다. 몸과 영혼을 사로잡는 신앙같은 축구의 열기가 너무 지나쳐 가끔씩 응원팀 간의 피를 부르는 폭력과 살인이 심심치 않게 벌어지기도 한다.

지난 2002년 월드컵 3-4위전에서 자랑스런 리베로 홍명보가 수비에서 잠시 주춤거리는 바람에 터키의 스트라이커 하칸 슈퀴르에게 월드컵 사상 가장 단시간인 경기시작 11초만에 골을 빼앗긴 적이 있다. 세계에서 최단시간 득점기록은 시작을 알리는 휘슬이 울린 후 3.5초만이었다. 브라질 쌍파울로 주니어컵 축구대회에서 아메리까 벨로팀에서 뛰고 있는 프레지(18세)라는 선수가 센터 서클 부근에서 장거리 슛을 쏘아 올렸는데 빨래줄처럼 똑바로 날라가더니 거짓말같은 첫 골이 되었다. 프레지의 벼락골에 놀란 상대팀 빌라 노바는 이후 투지를 불살라 5대 1로 경기를 승리하였다.

한·라티노간 친선을 도모하는 축구경기가 작년에 이어 두 번째 벌어진다. 일년 중 기후가 가장 좋은 날. 넓다란 사우스 런 축구장에 두 커뮤니티 간 아름다운 화합을 든독히 하려고 여섯 팀이 모인다. 군대스리가에서 군화와 야상을 입고 연마한 성산, 열린문, 페어팩스한인교회가 나오고, 라티노팀으론 글로벌마켓, H-마트, 알렉산드리아 주님의 교회가 출전한다.

누가 이기고 지는가는 중요하지 않다. 다만 두 인종 간에 날카롭게 세워진 대립각이 있었다면 둥근 공처럼 다 날려 버렸으면 한다. 사랑으로 하나 되길 소망하시는 하나님의 준비하심 속에서 두 커뮤니티 간 벌이는 축구경기는 우정과 사랑이라는 공을 차는 뜻 깊은 시간이 될 것이다.

라티노에게 통하는 카레덮밥

간밤에 몇 시에 잠자리에 들었던 것과는 상관없이 첫 새벽에 잠에서 깨는 습관은 까까머리 중학교 때부터 길들여졌다. 가난한 여섯 식구가 단칸방에 죽 누웠는데 선친의 해소 기침은 유난히 새벽에 심했다. 기침도 시간을 맞추는지 쿨럭거리는 소리에 실눈을 떠서 괘종시계를 볼라치면 어김없이 똑같은 새벽 언저리다. 숨을 고르지 못할 정도로 쿨럭거리던 선친이 "재억이 일어나 세수하고 공부해라." 오장육부가 흔들릴 정도로 바튼 기침을 하던 어른이 안타깝기보다는 꿈마다 펼쳐지던 멋진 세계가 탄탄한 마무리 없이 번번히 설 익은 채 깨지는 것이 야속하기만 했던 때다.

오래 길들여진 새벽시간은 전능자 하나님과 만나는 시간이다. 하나님이 굿스푼을 시작하셨다. 지난 시간 동안 이끌어 오시고 또 앞으로도 이끌어 가실 주님께 하루의 일과를 소상하게 여쭙는다. 돌아서면 다시 외롭고 배고픈 빈민들의 서글픈 영혼을 위해, 그들을 겸손히 섬기는 손길들을 위해, 준비하고 있는 행사들을 위해, 그리고 지붕 없는 거리에서 펼쳐 놓은 밥상에 비바람이 섞이지 않도록 기도를 마치고 나서 시작하는 하루는 복되다.

연일 계속되는 찜통 더위는 급기야 폭염주의보까지 발령하고 노약자들의 일사병에 대해 경고하고 있다. 도시빈민들의 여름철 보양식으로 뭘 할까 고민하다 100인분 가까운 음식을 만들기도 용이하고 더위에 영양도 만점인 카레라이스를 떠오르게 하신다. 카레의 원조는 물론 인도이지만, 전 세계에 알려진 것은 18세기 말 한 영국인이 인도에서 자기나라로 가지고 가면서부터다. 19세기 초에 여러 가지 스파이스를 섞은 카레가 개발되고 상품화 되면서 오늘날 같은 세계적인 요리가 되었다.

카레에는 쿠르쿠민(curcumin)이라는 노란색 물질이 들어 있는데 과잉의 알코올 섭취로 인한 간장의 손상 과정을 중단시키는 항산화 효과가 있다. 체내에서 종양의 성장을 촉진하는 단백질 생성을 억

제하는 항암 작용이 있을 뿐만 아니라 항염증 및 상처 치료 효과와 다발성 경화증 치료에도 탁월한 효능이 있다. 신선한 돼지 살코기를 작게 저며 넣고, 감자, 애호박, 양파, 당근을 얕은 불에 살살 돌려가며 익힌 다음 카레 가루를 넣어 서서히 끓여 낸다. 향긋한 카레 냄새가 고기와 야채에 알맞게 밸 때쯤 옥수수 녹말가루를 물에 개어 부어 놓으면 먹음직스런 카레라이스가 완성.

매운 것을 좋아하는 라티노들을 위해 약간 톡쏘는 매운맛으로 준비한 카레를 갓지은 쌀밥에 얹는다. 접시 한편에 케사르 소스로 버무린 신선한 야채 샐러드, 그리고 간장, 식초, 설탕으로 조림한 계란 장조림은 더운 날 땀이 뚝뚝떠서 후줄근한 도시빈민들의 빼앗긴 입맛에 생기를 불어 넣는 영양소가 된다.

입김을 후후 불면서 맛있게 먹던 마리오(엘살바도르, 37세)는 "이 음식이 도대체 뭐냐?"고 묻는다.

"무차스 그라시아쓰(Muchas Gracias, 대단히 감사합니다)" 인사하며 노동시장으로 돌아가는 그들을 위해 몇 번 더 끓여야겠다.

전자레인지식 기도

호세 바레라(Jose Barrera, 36세) 목사는 과테말라와 온두라스 국경 근처인 후띠아빠(Jutiapa)가 고향이다. 쿠바의 피델 까스뜨로(Fidel Castro)처럼 얼굴 가득히 수염이 많은 그는 젊고 활기차다. 건장한 호세 목사와의 만남은 지난해 11월말 애난데일 거리급식소에서다.

과테말라 동남쪽 후띠아빠에 사모와 세 아이를 두고 올라온 그는 미국 생활 4개월째다. 허름한 흙바닥 집에 남겨 두고 온 네 식구가 뼈저리게 그립다. 특별히 생후 40일째 되는 막내가 어찌나 눈에 밟히던지 미열같은 아픔을 갖고 있다. 가족에 대한 그리움뿐만 아니라 그가 목양하던 1700여 명의 후띠아빠 오순절교회 양무리를 보고싶어 매일 가슴앓이를 하고 있다. 그가 모처럼 시간을 내서 만들어 먹는 과테말라식 음식은 프리홀레스(Frijoles)다. 물에 불린 새까만 콩에다 마늘가루, 소금, 베이컨, 옥수수 기름을 넣는다. 기호에 따라 당근 잘게 썬 것, 양파 다진 것, 토마토 소스를 넣고 30분 이상 끓여 낸다. 구수하게 프리홀레스가 준비되면 거친 옥수수 가루를 반죽하여 두툼하게 만든 또르띨랴(Tortilla)를 후라이팬에 굽는다. 과테말라식 해물 잡탕에다 또르띨랴에 넣어 먹는 프리홀레스는 그리움에 지친 마음을 가끔씩 위로하는 고향의 맛으로 남는다.

애난데일 거리에서 두 달 동안 변변한 일자리를 찾지 못하다가 유대인 건축업자에게 발탁되어 친구인 앙헬, 홀리오 챙, 알레한드로 등과 함께 꾸준히 노동일을 한다. 매주 월요일 새벽이면 큼지막한 옷가방을 들고 볼티모어 흑인 재개발지역으로 향한다. 금요일 오후 늦게까지 일하다가 주말에 파김치가 되어 돌아와서 토요일, 주일 굿스푼 사역을 돕는다.

「목적이 이끄는 삶(The Purpose Driven)」의 저자인 릭 워렌(Rick Warren) 목사는 '전자레인지식 기도'가 있다고 말한다. 마이크로 오븐이 주방용품으로 빼놓을 수 없는 장점은 즉각적으로 작동하는 편리성 때문이다. 하나님께서 응답하시는 기도에도 마이크로 오븐 같은 기도가 있다. 눈에 보이지 않는 마이크로파가 음식물을 빙글빙글 돌려가며 외부와 내부, 그리고 위와 아래를 녹이며 덥혀서 당장 허기진 배를 채워 주는 것처럼 하나님의 응답하심도 즉각적으로 이뤄진다. 상황이 너무 긴박하여 '악' 소리조차 지르지 못할 정도로 긴급할 때 하나님은 문제 위에 은혜의 마이크로파를 풍성히 비추셔서 즉각 응답하신다.

메릴랜드 랭글리 파크에서의 사역은 아직 어려움이 많다. 복음을 전하며 준비한 음식물과 옷가지를 펼칠 장소가 마땅치 않다. 늘 득달같이 달려드는 프린스 조지 카운티 경찰은 냉정하게 장소를 폐쇄시킨다. 그런 중에 '여호와 이레' 준비하시는 하나님의 즉각적인 기도응답을 목요일에 경험했다. 도시빈민들이 진을 치고 일거리를 찾는 한복판에 합법적으로 사역을 펼칠 수 있는 예비된 장소와 우리를 이해하는 라티노 경찰까지 하나님은 마련해 놓으셨다. 진지하면서도 열정적인 호세 목사와 함께 굿스푼이 하나님께 드리는 몇 가지 기도제목들을 갖고 있다. 갖가지 사연과 함께 빼곡하게 기록된 제목들 위에 하나님께서 마이크토파를 풍성히 부으시도록 정성껏 전자레인지에 넣고 버튼을 누른다. 신실하신 하나님께서 은혜의 마이크로파를 강렬하게 비추실 것이다.

빠가 메(Paga Me)

애난데일의 한인교회 주차장에서 급식사역을 겸한 선교사역이 있는 날은 가슴이 설랜다. 그 설램이 얼마나 강렬한지 전신에 닭살처럼 소름이 돋는다. 벌써 2년째 진행하고 있는 빈민선교 사역이지만 매번 일일 노동자 라티노들과의 만남의 시간은 새롭다. 하나님께서 모아 주신 70여 명의 라티노 도시빈민들과 가끔씩 방문하는 백인 홈리스들이 모이는 자리는 사랑이 그리워 모이는 자리며 따뜻한 음식이 필요한 자리다. 흡족하게 급식을 받고는 화가 출신 예쁜 미용사로부터 이발 서비스를 받고, 한의사의 자상한 치료가 뒤를 잇는다. 새벽부터 오후까지 일자리를 찾아 이리저리 옮겨 다니던 노동자들이 풀이 죽고 어깨가 굽은 채 급식소에 닿으면 따뜻하게 맞이하여 정을 나누는 양과 목자의 만남의 시간이 된다.

한인과 라티노라는 인종과 언어와 문화 차이라는 벽을 뛰어 넘어 가슴으로 정을 나누는 축복의 시간이다. 겨울 추위에 마음까지 얼어가는 빈민에게 펼쳐지는 최고의 식탁은 따뜻한 밥과 치킨 누들 수우프, 샐러드, 찐계란, 햄 조림이 당연 호평을 받는다. 이를 담아 내기 위한 도구로 접시, 국그릇, 포크, 스푼, 냅킨, 소다, 물, 쓰레기 봉지 등 다양한데 이 중 한 가지라도 빠지면 응급조치가 필요한 상황이 되어 봉사자들의 가슴을 졸이게 한다. 정신을 차려 수십 가지의 준비물을 점검한다고 해도 가끔씩은 중요한 물품을 꼭 빼먹고 와서 어찌나 당황스러운지 등줄기에 땀이 흥건히 배일 때가 많다. 급식 줄이 길다랗게 또아리를 틀었는데 덜어 줄 도구를 깜박 잊었던 일, 음식 담아 줄 접시를 잊어 버려 벌건 손바닥만 쳐다보던 일.

식사 전에 거리에서 찬바람 맞아가면서 드리는 예배지만 찬송이 있고 기도가 있고 하나님 말씀의 선포시간도 있다. 그러고 나서 밥 구절을 외워야 하는데 복음의 핵심을 전하는 구절을 암송해야 급식 테이블로 나갈 수 있다. 한인들에게서 일거리를 얻으려는 라티노 노동자들에게 이왕이면 몇 마디 의사소통이라도 하도록 다양한 한

글 교육이 펼쳐진다. 교육을 위해 스페인어, 영어, 한글로 만든 교
재를 가지고 강의를 하는데, 인사말과 감사의 표현들, 그리고 다양
한 호칭과 예절교육까지 겸한다. 페루 출신 라티노 형제 하나가 '빠
가 메(Paga Me)'를 한국어로 어떻게 하느냐고 묻는다. '나에게 갚
아 주세요'라고 소개하자 한인에게서 아직 받지 못한 노임이 있다
며 머리에 담는다.

　최근 3월 중순 워싱턴 지역에 사는 약 75만의 라티노들에게 가장
영향력이 있는 신문(엘 띠엠뽀 데 라티느, El Tiempo de Latino)
에 한인 건축업자가 라티노 종업원에게 갚지 않은 체불노임에 대한
심각한 기사가 실렸다. 오천 달러의 노임을 받지 못한 라티노가 여
러 번 한인 건축업자를 찾아가 '빠가 메'를 외쳐 보았지만 공허한
메아리처럼 받을 길이 없게 되자 기자에게 알렸다. 라티노 신문 일
면에 톱 기사로 다뤄진 기사 내용 중에는 "라티노 배후에도 도와줄
변호사들이 많다."며 섬뜩한 내용까지 등장한다. 다음 주 애난데일
에서 라티노 노동자들의 체불노임 문제 해결을 위한 협의체 구성을
위한 중요한 모임이 있다. '빠가 메' 성난 외침이 자칫 한인과 라티
노의 중요한 인종적 갈등의 시발점이 되지 않도록 해야 한다.

씨 쎄 뿌에데(Si Se Puede)

　구약성경 속에 나타난 인종차별 최고 악법 중 하나는 최고 권력자
하만이 전 페르시아 제국에 내린 유대인 학살명령이다. 티그리스
강과 유프라테스 강 주변의 메소포타미아 지역에서 발흥한 바벨론

제국이 페르시아의 고레스 왕에 의해 멸망하고 페르시아는 인도에서 이디오피아까지 이르는 대제국을 형성한다. 아하수에로 왕에 의해 총리대신에 오른 아각사람 하만은 자신에게 꿇지도, 절하지도 않는 유대인 모르드개 때문에 열을 받는다.

대부분의 바벨론 포로 유대인들이 멸망한 성읍 예루살렘으로 귀환한 것과 달리 수산성에 남아 있던 모르드개의 꼿꼿한 처신이 하만의 비위를 건드렸고, 유대인 대학살 명령을 왕으로부터 받아 낸다. 최고 꼭지점 권력자 하만이 유대민족을 사지로 몰아 넣으려 한 근본 원인은 권력에 아첨하지 않는 모르드개에 대한 개인감정 때문이다. 제비를 뽑아 정한 4월 13일. 하만의 홀로코스트(holocaust, 대학살) 계획안에 반지를 빼서 인친 아하수에로의 명령은 가혹하다.

"페르시아 제국안에 살고 있는 모든 유대인을 죽이되 남녀노소를 가리지 말고 무참하게 도륙하여 진멸시키고 그들의 재산을 다 탈취하라."(에스더 3:13)

죽느냐 사느냐 기로에 선 유대인들이 금식하고 대성통곡하며 만유의 주재 되시는 하나님 앞에 문제를 내어 맡기고 애원했다. 희생적 신앙인 에스더가 아하수에로에게 만찬을 베풀며 자기를 비롯한 모든 유대인의 가여운 삶을 호소했다.

"나와 내 민족이 팔려서 죽임과 도륙함과 진멸함을 당하게 되었나이다." (에스더 7:4)

역사의 주인되시는 하나님이 교만한 하만을 그대로 두시지 않고 낮추셨다. 모르드개의 목을 매달려고 준비한 높이 25 m 되는 장대에 하만이 대신 달렸다. 그리고 그의 열 아들 또한 줄초상을 당하고 말았다. 대학살 직전까지 몰렸던 유대인의 생존권이 다시 부여된다. 하마터면 참혹하게 끝났을 뻔한 운명의 시간을 하나님이 주관하셨다. 그리고 다시 쓰여진 왕의 조서는 이렇게 바뀌었다.

"유대인을 치려고 획책했던 하만과 같은 자와 처자는 도리어 죽이고 도륙하고 진멸하고 그 재산을 탈취하라."(에스더 8:11)

연방 하원 법사위원장 제임스 센센브레너(공화. 위스콘신)와 국토안보위원장 피터 킹(공화. 뉴욕) 의원이 공동 발의한 '센센브레너 킹' 법안(HR-4437)은 하만의 살벌한 칙령처럼 날이 서 있다. 명백한 반이민법이자 악법이다. 미국 경제 발전을 위해 음지에서 적은 보수로 온갖 궂은 일과 위험한 일을 마다하지 않는 천이백만의 서류 미비 불체자들을 중범죄자로 간주하여 형사처벌 하겠다는 내용이다.

뿐만 아니다. 법안이 통과되면 선한 마음으로 돕는 종교단체와 선교사, 사회복지사들까지 줄줄이 굴비 엮이듯이 위법자가 되는 초강경 반이민 법안이다. 청교도 신앙과 이민자의 개척정신을 바탕으로 세워진 미국 땅에 배타적인 반이민법 법안들은 하만이 세워 놓은 장대만큼이나 높고 수가 많다. 4월 10일. 1970년대 베트남 전쟁 반대 시위 이후 최대인원인 200만 명이 ㅁ 전국 주요 도시들에서 "씨 쎄 뿌에데(Si, Se Puede, Yes, We Can, 예, 우리는 할 수 있다)." 격렬한 함성으로 외쳐졌다.

아하수에로 앞에 애통하는 유대인의 통곡처럼 하얀 티셔츠를 입고 성조기를 든 20만 명의 중남미 출신의 라티노와 한인들이 모여 간절한 애원을 모았다. '센센브레너 킹' 법안이 아니라 '힘센 브레너 왕'의 횡포로 보이는 인간차별정책같은 법안은 철회되어야 한다. 도리어 포괄적인 수용정책을 단계별로 적절하게 펼쳐 불체자들을 껴안고 함께 '샐러드 볼' 같은 아름다운 미합중국을 만들어야 한다. 에스더의 죽기를 각오한 결단과 용기가 우리 모두에게 가득할 때 하나님 안에서 "씨 쎄 뿌에데", 우리는 할 수 있다.

스기하라 치우네처럼

스기하라 치우네를 처음 만난 것은 2001년 겨울이다. 지미 카터 대통령의 특별한 배려로 워싱턴 D.C. 내셔널 몰 근처 스미소니언 박물관이 즐비한 곳에 위치한 유대인 대학살기념관(Holocaust)에 서다. 나찌 독일에 의해 6백만 명의 유대인이 살해 된 대학살을 추모하는 기념관은 이스라엘 예루살렘의 서부 언덕에 있는 야드 바셈과 폴란드의 아우슈비츠(Auschwitz) 수용소에 있다. 그러나 규모와 소장한 증거 자료들, 잔인한 사진과 동영상 필름 등이 많기로는 워싱턴 D.C.에 있는 홀로코스트 대학살 기념관을 제일로 친다. 비행기 탑승 전 철저한 폭발물 검색대를 지나야 하는 것처럼 앞뒤로 나있는 출입구엔 삼엄한 검색대가 있어 얌전한 관람객임이 증명되어야 들어갈 수 있다.

건물로 오르는 엘리베이터부터 예사롭지 않다. 아우슈비츠 수용소에서 3백만 이상을 태우던 시커먼 화덕처럼 어둡고 침울하게 도색된 엘리베이터는 4층으로 관람객을 옮겨 놓는다. 나치의 유대인 학살이 1935년부터 얼마나 조직적으로 독일을 비롯한 폴란드, 체코, 전 유럽에서 자행되었는지 수많은 자료들로 빼곡하다. 유대인 문제 총책임자인 나찌의 히믈러의 철저한 촬영과 엄격한 단속으로 소멸되지 않고 고스란히 담겨 있는 만행의 흔적들이 나누어져 전시되고 있다. 과거사를 속죄하는 심정으로 독일정부가 기증한 사진과 동영상들은 감히 눈 뜨고는 볼 수 없는 장면들로 전율을 금치 못하게 한다. 유럽 전역의 유대인 게토에서 대학살 현장으로 실어 날랐던 객차의 모형이 있는가 하면, 공포에 질린 채 끌려와 무더기로 벗겨진 신발들이 작은 구릉을 이루고, 앙상한 고철로 남아 한쪽에 쌓여 있는 우산대가 한더미. 여인들의 아리따운 머리채가 송두리째 뽑혀져 모아 놓은 것이 또 한더미를 이룬다. 전신에 스며든 잔인함 때문에 나른한 현기증이 나기 시작하는데 살아 있는 유대인 죄수를 생체실험하는 동영상을 보고선 참았던 눈물을 쏟아 내지 않을 수 없다. 장장 네 시간 동안 지옥을 경험한 몽롱한 충격은 지하 전시실 한 켠에 놓여진 스기하라 치우네의 아름다운 이야기로 잠시 진정을 얻는다.

1940년 7월 27일. 발틱해의 작은 나라 리투아니아(Lithuania) 카우나스(Kaunas)에 있는 일본 영사관 앞에 수백 명의 유대인들이 문전성시를 이룬다. 먹이를 찾는 사냥개처럼 눈에 불을 켠 게슈타포의 추적을 피해 소련과 일본을 경유하여 미국과 이스라엘로 도망치려는 폴란드 출신 유대인들의 처참한 행렬이었다. 독일, 이태리, 일본 삼국 동맹이 강화되고 있던 터에 유대인을 위한 경유비자 발급은 불가능한 조치라고 수차례 본국 외무성의 반대가 있었지만, 자신의 손끝을 바라보며 애절하게 떨며 서 있는 가련한 이들을 외면하지 못한 스기하라. 식음을 전폐하고 꼼꼼히 사증을 발행하길 2000장째였다. 리투아니아에 소련군이 진군해 오자 마지막 피신하는 호텔에서 경유 증명서를 써주고, 베클린으로 옮겨가기 위해 오른 기차에서 발행한 것을 합친 것이 6천 장이었다. 집단주의 행동 양식에 익숙한 일본 직업 외교관이 자신과 자녀들에게 들이닥칠 비난과 신상의 불유익을 뻔히 알면서도 정의편에서 펼친 그의 의로운 행위는 6천 명의 고귀한 영혼을 살렸다.

전쟁이 막을 내린 1946년. 귀국한 스기하라에게 기다리고 있는 것은 명령 불복종으로 인한 면직이었다. 생활고로 인해 이러저러한 일들에 종사하며 이름 없는 들꽃처럼 잊혀졌던 휴먼드라마는 구사 일생의 복을 안은 유대인들의 집요한 추적으로 세상에 드러났다.

중남미 출신 라티노 불체자가 미 전국에 1200만 명 가량 된다. 대를 물리며 계속되는 가난과 끝이 보이지 않는 사회전반에 만연된 부패의 늪, 오랜 내전과 처참한 생활 환경을 견디지 못해 탈 중남미 러쉬를 이루어 미국으로 스며들고 있다. 눈망울이 선한 라티노 빈민들이 한인 주변에 몰려와 따뜻한 정을 호소한다. 반이민법 논란으로 가뜩이나 불안한 그들이 한인들의 손끝을 바라보며 애절하게 곁에 선다. 친형제처럼 다정하게 품어 스기하라표 같은 사랑을 강물같이 쏟아 주고 싶다.

삶에 대한 감사(Gracias a la vida)

아르헨티나의 자랑이자 라틴 아메리칸 모두에게 어머니같은 사랑을 받는 메르세데스 소사(Mercedes Sosa)의 노래에는 안데스의 깊은 산울림이 깃들어 있다. 대부분의 중남미 국가의 인구 구성이 인디오 원주민과 백인과 흑인 등이 다수를 차지하는 것과 달리 라틴 아메리카 속의 유럽으로 불려지는 아르헨티나는 90%의 백인과 10%의 원주민으로 구성되어 있다. 1870년대부터 시작된 인구유입이 20세기 중반까지 계속되어 350만 명이나 되는 대규모 유럽 이민자들로 구성된 나라다.

1935년 아르헨티나 북부 뚜꾸만(Tucuman)에 있는 싼 미겔(San Miguel)에서 태어난 그녀의 조부는 께추아(Quechua) 인디오이고, 조모가 프랑스 출신 백인이다. 둥글 넓적한 모습이 영락없는 안데스 인디오 모습을 띄고 있는 메르세데스 소사의 음악 속에는 몸속에 흐르는 원주민의 피와 유럽인의 피가 함께 흐르듯 인종과 민족, 국가와 언어를 초월하는 감동이 묻어난다. 아르헨티나에 군부 독재가 1976년부터 1983년까지 이어지고, 영국을 상대로 포클랜드 전쟁(아르헨티나에선 말비나스 전쟁으로 불림)에서 참담하게 패배하여 정치, 경제, 심리적으로 공황 상태로까지 번졌을 때, 소사는 누에바 깐시온(Nueva Cancion)의 대표 주자격인 아따왈빠 유빵끼(Atahualpa Yupanqui)와 칠레의 비올레따 파라(Violetta Para)의 곡을 강렬하고 힘 있는 특유의 목소리로 풀어 암울한 현실에 처한 라티노들을 위로했다. 군부 독재자의 탄압을 피해 스페인에서 망명 생활을 하다가 다시 밟은 고국땅에서 비올레따 파라의 곡 ‘삶에 대한 감사’(그라씨아쓰 아 라 비다, Gracias a la vida)를 감사와 눈물로 섞어 노래했고, 그녀의 떨리는 속울음은 깐시온(Cancion)을 듣는 아르헨티노들의 마음을 적시고 삶에 대한 감사를 다시 한 번 불러 일으켰다.

고령의 나이와 심장병력이 있는데도 호안 바에스(Joan Baez)와 함께 아메리카 대륙 곳곳에 다니며 ‘그라씨아 아 라 비다’를 전하는 소망의 전도사로 사용되고 있다. 프란시스 까브랠과 함께 부른 '조 벵고 아 오프레쎄르 미 꼬라손'(Yo Vengo a ofrecer mi Corazon, 당신께 내 마음을 전하기 위해 왔어요)와 인디오의 애절한 싼뽀냐 플룻 소리와 통키타의 반주에 맞춰서 불려지는 '깜비아 또도 깜비아'(Todo Cambia, 모든 것은 변해요) 등은 한인들에게도 익숙한 선율로 다가와 있다.

"Cambia lo superficial, Cambia tambien lo profundo, Cambia el modo de pensar?

피상적인 것은 변하지요, 심오한 것 역시 변하구요 생각의 방법도 변해요… 그러나 내 사랑은 변치 않아요. 내 살던 동네와 사람들 그들과 함께한 추억과 아픔 그것들이 아무리 멀리 내곁을 떠나있어도."

메이 데이 시위가 지난 5월 1일 워싱턴 D.C. 북서쪽 16가 메르디안 공원에서 있었다. 과격한 파업 대신 평화적이고 질서정연한 시위를 택한 라티노들이 다시 만여 명 넘게 모였다. 워싱턴 메트로폴리탄 지역의 중남미 출신의 라티노들이 얼마나 많은지, 만사 제쳐놓고 일사불란하게 모여 뜻을 모으고 함성을 모아 파워와 조직력으로 호소하는 모습에 마음이 짠하게 젖어 온다. 알라스카 인디오와 멕시코 국경 근처의 라티노, 뉴저지와 캘리포니아 거주 라티노들이 섞인 15명의 마라토너들이 반이민법 저지 염원을 담고 지난 3월 초 캘리포니아를 출발하여 여지껏 대륙을 횡단하고 당일날 도착하여 단상에서 큰 환호와 갈채를 받았다.

"부시, 잘 들으세요, 우리는 여기 시위하기 위해 모였습니다,"

"오늘은 시위만 하지만, 내일은 유권자로서 투표할 겁니다,"

"예, 우리는 할 수 있습니다."

무르익어가는 신록의 그늘 아래 모인 불안한 저들이 라티노판 '아침이슬' 같은 '그라씨아쓰 아 라 비다'를 부르며 성조기와 중남미 국기를 흔드는데 거대한 물결을 이룬다. 깐시온이 싱그러운 바람에 실려 공원 아래로 퍼질 때 저들을 간절히 축복한다.

개에 물리고 받은 돈

온두라스 떼구시갈파(Tegucigalpa, Honduras)에서 버지니아로 온 엑또르 레시노스(Hector Recinos, 39세)는 키가 작달막하지만 떡벌어진 어깨가 다부지게 보이는 거리 노동자다. 코밑에 짙은 수염을 달고 있어 나이가 더 들어 보이는 그의 타향살이 경력은 벌써 8년째다. 아내와 세 자녀를 온두라스에 두고 미국에 올 땐 부지런히 돈벌어 돌아가리라 기약을 했지만 아직 거리 노동자 신세를 면하지 못하고 있다. 열심히 영어를 섞어 말하며 의사소통을 하는 그는 지난 일 년 동안 애난데일 굿스푼 거리 급식 단골 손님이다. 본래 성품이 온순하고 따뜻한 면이 있어서 동료들과도 무난하게 어울리는 그는 부평초같은 자신들의 딱한 처지를 이해하고 돕는 한인들에게 특별히 친근하게 대한다.

대부분의 라티노 도시빈민들은 밥 숟가락 놓자마자 덥수룩한 머리를 손질하려고 펼쳐 놓은 이발의자에 앞을 다투며 앉는다. 그런 후엔 노동기회가 좀처럼 없어선지 단빵들이 담긴 비닐 봉지를 들고 줄행랑을 치듯이 다시 기다림의 현장으로 돌아간다. 감사함을 잊지 않는 엑또르는 끝까지 남아 쓰레기를 정리하고, 세팅했던 급식 도구들을 정리하는 일도 돕는다. 그에게서 형제같은 친근함과 책임감 강한 성품을 보곤 한다. 엑또르의 소박한 소원 중 하나는 거리에서의 일거리가 불규칙적이라 한인이 경영하는 식당에서 종업원으로 일하는 것이다. 우선 먹는 것이 해결돼서 좋고, 기후 따라, 계절 따라, 정치적인 이슈 따라 늘 부침이 심한 거리 노동을 접고 고정적인 일에 종사하고 싶어 한다.

지난 5월 13일 토요일 오전. 알렉산드리아 싱글홈에 정원 가꾸는 일을 나갔다가 일을 시작하기도 전에 주인집 난폭한 개에 왼쪽 장딴지를 물리고 말았다. 날카로운 이빨 자국이 선명한 상처부위에서 한동안 피가 흘렀고 금새 부어오르며 통증이 다리를 찌른다. 지혈이 되자 집주인은 이십 불을 집어주면서 "자기도 몇 번 개에 물렸지만 괜찮았다"며 걱정하는 엑또르의 등을 밀어냈다. 하루 품삯은 커녕 개에 물린 채 정신나간 사람처럼 집으로 돌아와 통증을 완화시키는 약과 환부에 연고를 바르고 누웠지만 걱정이 태산같다.

"병원에서 공수병 방지 주사라도 맞았어야 했는데."

불길한 생각과 함께 개주인 꼬레아노(한인)의 알량한 처신에 화가 치밀었다. 이틀 후, 월요일 거리급식에 근심스런 얼굴로 나온 엑또르가 다짜고짜 바지가랭이를 걷어 보이며 아직 붓기가 빠지지 않은 상처를 보여 주었다. 꼬레아노 집 개가 물었으니 "제발 주사 좀 맞게 해달라"고 통사정을 한다. 도움을 줄 만한 여러 의사들에게 선처를 호소하였지만 반응이 냉담하다. 결국 수소문한 끝에 알렉산드리아 소재 베트남 의사의 도움으로 치료 받았다. 무조건 물고 보는

'개성 강한 개'를 애지중지하는 주인에게 일갈하고 싶어 알렉산드리아 주변을 찾아 나섰다. 개의 주인은 베트남계 이민자. 엑또르의 눈엔 아시안 출신 미국인은 전부 한인처럼 생각되는가 보다.

다시 나타난 엑또르를 보는 베트남 이긴자들의 눈에 적개심으로 빨간불이 켜 있다. 식구들조차 골고루 물어 뜯었는지 웃도리를 들쳐 보이며 물린 자리를 내보이는 중년 가장, 자기 장딴지에도 문신처럼 남아 있는 개 이빨 자국을 보라며 악을 쓰며 달려드는 딸이 윽박지른다.

"우리 식구들도 여러 번 물렸지만 아직 건재 하쟌냐고." 이번엔 주인에게 마음을 심하게 물린 엑또르가 절뚝 거리며 노동현장으로 돌아간다.

셜링턴 헝그리 축구팀

호주의 시드니, 이태리의 나폴리와 더불어 세계 3대 미항이라 불리는 리오데자네이로에는 병풍처럼 바닷가를 두른 섬이 있다. 그 사이를 연인들의 속삭임처럼 흐르는 강처럼 잔잔한 바다가 있다. 도시와 그 속에서 부대끼며 살아가고 있는 친절하면서도 피가 뜨거운 포르투갈 이민자들을 축복하듯 서 있는 산이 절묘하게 조화를 이루는 곳이다. 아름다운 미항 리오의 뒷골목에서 자란 호나우도의 어린 시절은 불우했다. 술주정뱅이 남편과 이혼한 그의 어머니는 리오에서도 가장 가난한 벤투리 베이루토 호나우도와 함께 스며든다. 리오의 할렘 골목길에서 맨발로 공을 차던 것이 유일한 희망이던 호나우도의 어린 시절은 가난으로 얼룩져 있다. 허기진 채 잠들었다 축구공을 끌어안고 잠에서 깬 적이 한두 번이 아니었다. 콜라와 감자칩을 실컷 먹여 준다는 친구들의 솔깃한 스카웃에 죽기 살기로 공을 차던 그가 브라질 국가 대표였던 자일징요(Jairzinho)를 만나자 빛나는 축구인생의 전기를 갖게 된다.

스페인 프리메라 리가에 소속된 레알 마드리드의 브라질 출신의 세계적인 스트라이커 호나우도의 본명은 호나우도 루이스 나자리오 다 리마(Ronaldo Luiz Nazario da Lima)다. 서른 살의 나이, 탄탄한 체구, 말끔히 삭발한 머리, 새까만 아래 턱수염, 그리고 천진난만하게 웃을 때 입술 사이에 들어나는 치아는 살짝 새가 떠 있어 귀엽기까지 하다. 성질이 온순하고 욕심이 없어 동료들의 사랑을 한몸에 받는 호나우도의 선수 경력은 눈부실 정도로 화려하다.

브라질 1부 리그 꾸루제이로 벨로 호리즌찌(Cruzeiro Belo Horizonte)에서 십대 청소년 시절 일찌감치 골잡이로 두각을 나타냈다. 네덜란드 PSV, 이탈리아 인터밀란, 스페인 F.C.바르셀로나, 그리고 현재는 레알 마드리드에서 천문학적인 개런티와 이적료를 받는 스타 반열에 오른 그는 펠레 이후 '신 축구황제'로 군림하기에 손색이 없다.

패스를 받을 때 총알처럼 튀어나오는 순간 스피드는 먹이를 쓰러뜨리는 사자의 마지막 앞발질과 같고, 타고난 골 감각은 상대 수비수의 철빗장을 뚫는다. 골키퍼까지 황당하게 따돌리는 천부적인 드리블에 이어 대포알처럼 쏘아대는 슛은 수억 명의 축구애호가들의 가슴을 시원하게 한다.

셜링턴 라티노 인력시장 한켠에 일자리를 잡지 못한 노동자들이 심심풀이로 공을 치고 노는 작은 잔디밭이 있다. 반나절이 넘도록 목이 빠져라 기다려도 일자리를 잡지 못하면 노동자들이 두 패로 나뉘어 한풀이 축구경기를 벌인다. 멕시코, 과테말라, 온두라스, 엘살바도르, 콜롬비아, 페루 출신 다국적 외인부대같은 노동자들이 뒤엉켜서 축구인지 럭비인지 구분이 가지 않는 경기로 남은 하루 해를 보내곤 한다. 셜링턴 헝그리 축구팀이 한·라티노 친선축구대회에서 준우승을 차지했다. 조직력은 엉성했지만 화려한 개인기로 기염을 토하더니 끝내 일을 저질렀다.

헝그리 팀엔 있는 것보다 없는 게 더 많다. 대회에 참석한 여섯팀 중 모든 면에서 가장 엉성하고 어설프다. 감독과 코치가 없으니 팀웍이 있을 리 없다. 전술 대신 마구잡이 임기응변만 있다. 대회 규정상 반드시 착용해야 하는 정강이 뼈 보호대와 축구화를 신은 라티노는 11명 중 3명밖에 없다. 아래 위 유니폼은 빌려서 입고 나왔지만 운동 팬츠는 알록달록하다. 날이 더워 오면서 점점 더 오줌 지린내가 코를 찌르는 허름한 노동시장에 느루하게 모인 라티노 빈민들이 잠시 축구애기로 소망을 갖는다. 호나우도가 할렘 뒷골목에서 자일징요를 만나 인생 대역전을 경험한 것처럼 셜링턴 헝그리 팀도 그러기를 기대해 본다.

굿스푼 좋은 가게

2002년 실시한 센서스에서 남미 파라과이 전체 인구는 약 600만 명이고, 그 중 현존하는 인디언(Amerincian)의 숫자는 17개의 인디언 부족에 약 85,000명으로 보고됐다. 열악한 환경에 처해 있는 인디언의 숫자가 매년 감소하는 추세다. 이들은 각기 다른 5개의 언어를 사용하고 있는데, 과라니어를 사용하는 여섯 그룹과, 마스꼬이어, 구으꾸루어, 마따꼬어, 사무꼬어를 각각 사용한다.

파라과이의 공식적인 언어는 과라니(Guarani)어와 까스떼쟈노(Castellano, 스페인어)이다. 국민의 50%는 이 두 언어를 사용할 줄 안다. 7%는 스페인어만 사용할 수 있으며, 37%는 과라니어만 사용할 수 있다. 보통의 파라과조들은 과라니어와 스페인어를 섞어서 느리고 부드러운 억양으로 말한다.

리오 파라과이가 국토를 남북으로 갈라 놓듯이 흘러 아르헨티나로 빠져 나간다. 강 남쪽은 땅이 비옥해서 작물과 축산업이 풍성하다. 어른 주먹 만한 망고가 얼마나 흔한지 나무 그늘에서 나뒹굴며 악취를 내도 아무도 거들떠 보지 않는다. 냉면그릇 만한 뽀멜로(Pomelo, 자몽)는 작열하는 태양빛에 농익어 진하디 진한 향기를 발하는 풍성한 땅이다. 그러나 강 북쪽 짜꼬 지역은 저주 받은 땅처럼 황량한 벌판이 이어질 뿐이다. 대부분의 인디언들은 수도 아순시온 북쪽 짜꼬 지역에 거주하고 있는데 비참한 빈민의 삶을 살고 있다. 정글에서 축출당하고, 사람들에게 잊혀진바 된 인디언들은 짜꼬에 흩어져서 한많은 인생살이를 고통 속에서 보내다 간다. 온갖 흡혈 곤충들에 시달리며 거친 땅바닥에 눕는 영혼들의 아픔이 깊게 배어 있는 곳이다.

땟국물이 졸졸 흐르는 용모와 허름한 옷매무새. 자랄대로 자란 긴 머리. 소수의 가진 자들에게 천대받다가 대통령 선거철이 되면 찌빠(옥수수 빵) 몇 개와 표를 맞바꿔 주는 거수기로 이용되고 다시 버려진다. 짜꼬에서 견디다 못해 아이들을 들쳐 엎고 아순시온 거리로 나선 그들은 영낙없는 홈리스다. 골목을 누비며 조악한 인디언 민속용품을 팔거나 구걸하여 연명한다. 깸꾸껫 마까 인디오 마을에서 주일 예배가 마쳐지면 인디오들의 가슴설래는 기다림이 줄로 이어진다. 의학을 공부한 적이 없지만 선교사들은 안타까움에 어쩔 줄 몰라 하며 약을 바르고, 먹이고, 쿨이며 정으로 인디오들을 진료한다. 모기에 수북히 물려가며 진료를 마치면 일 주일치 양식을 나누기 위해 다시 줄이 세워진다.

옥수수가루, 밀가루, 설탕, 식용유, 소금, 커피, 인디오 식구수대로 분량을 정해 나눠 주지만 변변히 담을 만한 플라스틱 그릇 하나 없다. 급한 김에 애기 귀저기를 풀어 한 덩이씩 물품을 묶어 보지만 흘리고 삐져 나오고 난리도 아니다. 꼬깃 꼬깃 주머니에서 꺼내 펼쳐 놓는 비닐봉지에서는 돼지 오물 썩는 것 같은 역한 냄새가 코를 찌른다. 소박한 음식에 고마워하는 인디오들이 듬성 듬성 남은 치아를 보이며 모처럼 환하게 웃으며 손을 내민다.

자원과 식량의 부국 미국에서 먹고 잔반으로 버려지는 음식이 얼마나 많은지 모른다. 유통기한이 임박했다고 쓰레기통으로 쓸어 넣는 음식만으로도 가난한 나라 도시빈민들이 배불리 먹고 살 수 있다. 간염을 방지하고 실용성과 편리함 때문에 사용되는 일회용 용품들은 아까운 자원들이다. 인디오와 도시빈민들에게 운반할 수 있다면 훌륭한 그릇들로 재 사용될 수 있다. '굿스푼 좋은가게' 가 아나바다 (아껴쓰고, 나눠쓰고, 바꿔쓰고, 다시쓰고) 운동을 선도하려고 기치를 높이 세운다. 하나님 나라 확장과 도시빈민 구제와 섬김을 위해 사랑이 끓는 냄비로 사용되고 싶다.

대책 없는 라티노 낙오자

으슥한 밤. 인적이 점점 드물자 이윽고 거나하게 취한 라티노 노숙자들이 하나둘씩 모여들기 시작한다. 한인과 라티노 노동자들의 왕래가 빈번한 리틀 리버 턴 파이크 선상의 한 교회. 앞 뜰에 주차장이 있고, 주유소와 경계한 나무 담벼락 근처에 작은 창고가 있다. 옆 모퉁이에는 여러 승합 차량들이 나란히 줄세워져 있다. 교회의 커다란 두 쪽 철망문은 항시 열려 있어서 출입이 어렵지 않다. 다들 갈지자로 뒤뚱 거리며 오는 폼이 오늘도 코가 삐뚤어지도록 걸쳤나 보다. 나무 울타리와 주차된 차량 틈바구니에 카톤 박스를 얼기설기 찢어 매트리스를 대신하고 하늘을 이불삼아 눕는다. 초저녁에 걸친 술기운 탓인지 풀 모기가 뜯어도 가렵지 않고, 무심하게 군무를 선보이는 반딧불이의 형광불 쇼도 무덤덤하다.

예년에 비해 금년 여름은 비가 적고 날씨가 무더워 덮을 것 없이 쓰러졌어도 추위 때문에 몸을 사리지 않아 다행이다. 교회의 허락 없이 밤이면 스며들어 난장을 치며 잠자리를 한 라티노 낙오자 노숙자는 5명이다. 40대 중반의 더벅머리 더글라스. 애난데일 노동시장을 전전하며 열심히 일자리를 찾던 그가 지난 겨울의 노한기를 견디지 못하고 고주망태가 되어 길거리를 배회한다. 경찰에 연행되기를 몇번. 이젠 재활이 불가능하게 보이는 노숙자가 되었다. 계속되는 술타령에 피골이 앙상한 채 키만 뻘쭘한 오스카. 두론 페인트 상가 앞에서 가끔씩 일거리를 챙기던 머리 허연 까를로스. 십대 라티노 갱그룹 MS-13로부터 정글 치는 칼 마쩨떼(Machete)에 왼쪽 어깨죽지를 심하게 다쳐 손이 오그라든 알렉스. 그리고 똥인지 된

장인지 구분을 못할 만큼 교회 주차장 한쪽에 나자빠진 프란시스 꼬. 비정한 노동시장엔 젊음, 패기, 상품 가치가 있는 건강한 몸만이 상종가를 칠 뿐이다.

시퍼런 독기를 품고 달려 들어도 일자리를 얻기가 별따기처럼 어려운 때다. 나이들고, 몸이 불구된 데다 술에 인 박히기까지 하면 낙오하는 것은 시간문제. 하루종일 노동시장을 배회하는 것은 자유지만 단 몇 시간짜리 단타성 일거리도 찾을 수 없는 게 노가다 시장의 엄격한 불문율이다. 애난데일 뿐만 아니라 컬모, 워싱턴 D.C. 맥퍼슨 스퀘어, 메릴랜드 랭글리 파크 등엔 라티노 노숙자들이 점점 늘어나는 추세다.

메노나이트 교도이면서 저명한 기독고 사회 윤리학자인 로널드 사이더(Ronald Sider) 교수는 그의 저서에서 건강한 교회의 네 가지 범주(Categories)의 사역에 대해 말한다.

첫째는, 구호(Relief) 사역이다. 대열에서 낙오한 가난한 이웃에게 다가가 먹을 것과 생필품을 공급하는 사역을 말한다. 둘째는, 개인 발전(Individual Development)을 돕는 사역으로 알코올, 마약, 자포자기 상태의 비관적 자아관을 재활 치료를 통해 다시 복귀할 수 있도록 돕는 사역이다. 셋째는, 커뮤니티 개선사역 (Community Development)으로 주변 여건을 개선시키는 사역이다. 낙오된 사람들이 다시 빠져 들지 않도록 환경을 개선시키는 일이다. 넷째는, 법과 사회 제도와 구조를 개선(Structural Change) 시키는 사역이다.

하나님이 기뻐하시는 참다운 구제와 나눔과 선교는 치열한 인생 대열에 낙오한 자들을 대하되 가엾은 영혼에만 관심 두는 것이 아니라 그가 처한 삶의 처참한 현장의 실제적인 모습을 보아야 한다.

그리고 그들에게 영향을 미치는 문화와 제도와 법과 질서까지 보아야 한다. 그런 후, 겸손한 마음과 성실한 손으로 준비한 구제와 선교적 접근은 진정 이웃과 시대의 아픔을 끌어 안을 수 있게 된다.

야심한 밤에 어지러운 보금자리에 불쑥 나타난 나를 보고 배고프다고 보채는 주정뱅이 노숙자들이 어린아이같다. 오물 냄새를 풍기며 팔을 붙잡는 그들에게서 아픔이 묻어난다.

행복한 고물장수

굿스푼의 도시빈민 선교는 매주 가난한 도시빈민들과 오붓한 만남을 계속하고 있다. 새벽기도를 마치고 선교회 사무실에 도착하는 시간이 오전 7시 30분경. 그때부터 오후 2시까지는 선교사로서 푸드뱅크(foodbank), 급식선교와 영혼을 구령하는 일로 눈코 뜰 새 없이 하루 해의 절반을 보낸다. 그리고 남은 반나절은 행복한 고물장수(secondhand dealer)로 중고 물품을 수집하는 사역이 시작된다. 기증하려는 한인이 사는 곳이라면 버지니아, 메릴랜드 어디든지 거리와 상관없이 달려가서 라티노 봉사자들과 찬송을 흥얼거리며 고물을 줍는다.

8월초에 오픈한 '굿스푼 좋은가게'는 헌던, 스털링에 사는 라티노 일일 노동자들이 집중적으로 모이는 올드 옥스 로드(Old Ox Rd) 노동시장 앞에 위치해 있다. '좋은가게' 주인장은 앨라배마 주립대에서 사회사업으로 석사 학위를 마친 사회복지사 김정수 형제이고, 고물 수집상은 선교사 경력 17년째인 김 목사다.

기증할 물품을 가지런히 박스에 담아 편안히 실을 수 있도록 배려한 가정, 구슬땀을 흘리며 물품을 나르는 모습이 애처로왔는지 시원한 냉수를 가져와 위로해 주는 가정, 식구들의 온기가 아직 스며 있는 가구, 소파, 부엌용품, 가전제품, 장난감 등 고물 종류가 얼마나 다양하고 많은지 카고 밴이 금새 가득하다. 최근에 기증된 고물 중 최고로 신기한 것은 권총과 애완견을 들 수 있다. 정교하게 만들어져 실제 권총과 똑 같은 모형의 비비탄 권총 두 자루. 무개와 색상이 얼마나 진품과 똑 같던지 막 꺼내어 가격표를 붙이기도 전에 라티노 청소년 손 안으로 들어가 버렸다.

외톨이로 만들면 정신이 불안정해져 버릴 만큼 사람을 몹시 그리워하는 강아지 미니어처 슈나이저(miniature schnauzer)와 알라스카 이그루 모양의 개집까지 선물로 받았다. 세 살 된 비비는 약 30-35 Cm 키에, 몸무게 7Kg정도로 특별히 눈이 귀엽다. 기증한 물품이 변변치 않아 죄송하다며 도리어 손을 부끄러워하는 한인들. 소중한 이민생활의 추억이 담겨 있는 물품을 선교를 위해 내놓는 그런 정겨운 사랑 때문에 고물장수가 된 목사와 떨거지 행동대원들은 행복해 한다.

'좋은가게'에 옮겨져 삽시간에 만물상을 이룬 물품들은 페어팩스 헌던 거주의 중남미 출신의 가난한 라티노 도시빈민들, 라우든 카운티 거주 인디아, 방글라데시, 파키스탄, 이집트 등에서 온 아시아계 이민자들의 가난한 삶을 보조하는 사랑스런 물품이 된다. 쾌쾌앉은 먼지, 사방으로 드려진 거미줄에 칭칭 감아진 채 한동안 버려진 중고품이 제 주인을 만나는 장소가 '굿스푼 좋은가게'이다.

낯선 주인과의 만남의 장소엔 항상 설레이는 기쁨이 있다. 하마터면 쓰레기 하치장에 버려질 뻔했던 자신의 존재가치가 다시 회복되어 사랑받기 시작하기 때문이리라. 매일 오후마다 고물을 줍는 행복한 고물장수의 작은 소망이 하나님께 드려진다.

선선한 바람도 잠시. 길위에 뒹구는 낙엽도 다하면 긴 겨울을 맞이 할 텐데…. 이번 겨울엔 거리 나그네들이 따뜻하게 몸을 녹이며 음식과 함께 하나님의 말씀을 들을 수 있는 아담한 실내 공간이 마련되었으면 한다.

만나와 메추라기를 이스라엘 진 사면에 두셔서 광야를 지나 가나안으로 행군하는 당신의 백성의 일용할 양식을 준비하신 하나님이 가난한 도시빈민을 위해서도 풍성히 준비하시길 기대한다.

고슴도치와 여우

수필 '고슴도치와 여우' 에서 이사야 벌린(Isaiah Berlin)은 그리스 우화를 토대로 세상 사람들을 고슴도치와 여우로 나누었다. 그리고 이 '고슴도치' 컨셉은 콜로라도 주 볼더에서 경영연구소를 이끌고 있는 스텐포드대학 출신의 짐 콜린스(Jim Collins)의 책「좋은 기업을 넘어서 위대한 기업으로(Good to Great)」에 인용되면서 널리 알려지게 되었다.

여우는 교활할 정도로 많은 것을 알지만, 고슴도치(Hedgehog)는 우직할 정도로 한 가지만 안다. 여우는 민첩하고 늘씬하고 잘 생기고 발빠르고 간사할 정도로 영리하지만 고슴도치는 웅크리는 재주 외에는 다른 방법을 모른다. 고슴도치를 저녁 식사거리로 잡아챌 복잡한 전략들을 하루 종일 무수히 짜낼 수 있는 영리한 동물이 여우인 반면, 고슴도치는 눈치코치도 없다. 여우가 고슴도치 굴 주변을 빙빙 돌며 한순간에 덮쳐 요절을 낼 완벽한 순간과 전략을 강구해 보지만 매번의 위기 때마다 고슴도치는 하나님이 주신 본능대로 몸을 말아 엎드릴 뿐이다. 동그란 공처럼 엎드린 것 밖에 없는데 송곳처럼 뾰족한 가시에 허영과 자존심을 찔린 여우는 혼쭐이 나서 줄행랑을 치고 만다.

미국에서만 100만부 이상 팔린 초 베스트셀러「좋은 기업을 넘어서 위대한 기업으로」는 좋은 기업을 넘어 어떻게 위대한 기업으로 진입하여 매년 성장의 상승곡선을 그리며 나갈 수 있는가를 담고 있다. 제네럴 일렉트릭(GE), 쓰리 엠(3M), 코카콜라 등 최고를 꿈꾸는 기업인들의 필독서로 읽혀지고 있다. '포천 500'에 등장한 1435개 회사 중에서 위대한 기업 11개-애벗(Abbott), 서킷 시티(Circuit City), 패니 매(Fannie Mae), 질레트(Gillette), 킴벌리 클라크(Kimberly Clark), 크로거(Kroger), 뉴커(Nucor), 필립 모리스(Philip Morris), 피트니 보즈(Pitney Bowes), 월그린즈(Walgreens), 웰즈 파고(Wells Fargo)-를 선정하고, 그 11개 회사에 비교 기업으로 역시 좋은 기업 11개를 뽑아 비교한다. 한때는 좋은 기업이었으나 비교 분석시 실패한 6개 기업 등 총 28개 기업을 중심으로 50년간 기업의 전략, 기술, 리더십, 기업문화, 재무 제표 등 모든 사항을 분석하고 정리해서 많고 많은 기업들 중 단 11개 회사만을 선별하여 '좋은 기업'을 넘어 꿈의 고지인 '위대한 기업군'에 선정할 수 있었다.

미국내 수백, 수천의 기라성 같은 기업 중 '위대한 기업'이란 찬란한 금자탑을 이룬 11개 회사의 공통적인 몇 가지 사항은 의외로 단순하고 신선한 요지를 선사한다. 위대하고 탁월한 회사의 리더는 하나같이 겸손한 리더들이다. 클라이슬러 회장이었던 아이아코카 같은 걸출한 유명 인사가 아니라, 나서지 않고 조용하며 조심스럽고 심지어 부끄럼까지 타는 겸손한 리더였다. 개인적으론 한없이 겸손하면서도 직업적 의지에 있어선 전문성과 열의를 용광로처럼 한없이 뿜어낼 줄 알았던 리더였다. 그런 리더들은 새로운 비전과 전략을 짜기보다는 먼저 필요한 일에 적합한 사람을 버스에 태우고 부적합한 사람을 가려내 버스에서 내리게 하며 적임자를 적합한 자리에 앉히는 일부터 시작했다. 그리고 나서 버스를 어디로 몰고 갈지 생각했다. '사람이 가장 중요한 자산' 이란 말보다는 '적합한 사람이 더 중요하다' 는 신념을 잃지 않았다.

 가장 좋고, 가장 편리한 약국, 방문 고객당 이윤이 가장 높은 약국을 이룬 월그린즈의 최고 경영자 코크 월그린은 '어려움이 있어도 결국 성공할 것이다.' 라는 흔들리지 않는 믿음을 유지하면서 눈앞에 직면한 냉혹한 현실을 직시하며 인내하였던 리더였다. 겸손하면서도 의지가 굳고, 변변찮게 보이면서도 두려움이 없는 이중성을 가진 최고 리더. 위험이 닥쳐올 때 동원할 수 있는 사람, 전략, 과거의 경험을 의지하기보다는 고슴도치처럼 웅크리며 하나님 앞에 간절히 부르짖고 외치는 리더. 위기 속에서도 하나님의 도우심을 잠잠히 바라는 믿음, 단순하면서도 끈질기게 겸손을 잃지 않고 최선을 다하는 리더가 위대한 일을 경험할 수 있다.

단계 5의 리더

　유리컵에 남은 물을 같은 눈으로 보면서도, '아직도 반잔이나 남 았네' 라고 말하는 긍정적인 사람이 있는가 하면, '반잔 밖에 남지 않았다' 고 푸념하는 부정적인 두 부류의 사람이 있다. 위대한 기업 의 총수, 절로 고개가 숙여지는 지도자 대부분은 겸손하며 의지가 굳고, 모든 것을 긍정적으로 보는 눈을 갖고 있다. 뿐만 아니라 자 신에게 쏟아지려는 찬사와 박수갈채를 과감히 동역자들과 협조하 는 주변 사람들에게 돌리기를 주저하지 않는다.

　필립 모리스의 CEO 조셉 컬먼 3세(Joseph F. Cullman 3rd)는 회사 성공의 모든 공을 동료들과 후계자, 전임자들에게 아낌없이 돌린다. 「나는 운 좋은 놈(I'm a Lucky Guy)」이라는 그의 자서전 에서 "사람과 부대끼면서 만남을 이뤘던 팔십 평생이 늘 행복했 다."고 고백한다. "감사의 눈으로 바라코면 세상과 사람은 화원처 럼 아름답고 소중하다."고 역설한다.

　짐 콜린스는 그의 책 「좋은 기업을 넘어서 위대한 기업으로(Good to Great)」에서 위대한 기업을 이룬 11명의 총수들을 '단계 5의 리 더' 로 부른다. 존경과 찬사를 받기에 손색이 없는 위대한 지도자들 은 겸손하면서도 직업적 사명감이 투철하였다. 그들은 때때로 창밖 을 물끄러미 볼 때가 있고, 또 가끔씩은 거울을 바라보며 조용히 상 념의 시간을 갖는 자들이었다고 한다. 회사가 상승곡선을 구가할 때, 마치 샘 근원 곁에 심겨진 나무가 무성할 뿐만 아니라 담장을 넘도록 풍성하게 열매 맺을 땐 창밖을 본다. 인내심 많은 동료들, 외부 요인들, 성공의 기운을 불어 넣어 주신 전능자께 공을 돌리며 고마워할 줄 아는 인간미 있는 리더의 모습이다. 결과가 나쁠 때는 창문밖의 애꿎은 사람들을 보며 탓하지 않고, 거울을 들여다보며 자신에게 책임을 돌린다. 다른 사람이나 외부 요인들, 전능자의 외면 때문에 불운했다고 원망하지 않는다.

그러나 대부분의 리더들은 정반대의 행동양식을 갖는다. 성공할 때에는 거울을 들여다보며 찬사와 갈채를 독식한다. 우쭐해서 축배를 들고 자화자찬하기에 바쁘지만, 결과가 실망스러울 때면 창문밖을 내다보며 외부에 책임을 떠넘기고 비난을 퍼붓기에 하루해가 모자란다.

'위대한 리더'(레벨 5)는 조용하며 겸손함을 잃지 않는다. 자기 자신이 아니라 주변사람들과 회사를 위해 신명을 바치는 사람이다. 회사를 키우는데 필요한 일이라면 죽을 힘을 다해 무엇이든 할 결의에 차 있다. 아울러 차세대 후계자들이 더 훌륭한 성공을 쌓을 수 있도록 기틀을 마련해 주는데 인색하지 않다. 우러러 봄직한 '위대한 리더'(단계 5의 리더)는 훈련으로 가능하다. 고상한 덕목을 쌓기 전 오물같은 이기적인 욕구, 야망, 명성, 부, 권력에 대한 무한 갈망을 버려야 한다. 오욕칠정같은 더러운 씨앗 제거를 먼저 한 후, 먼저 자기 안에 가장 잘 할 수 있는 것이 무엇인지 파악하라. 어떤 일을 하면 최고의 성과를 남길 수 있는 지를 확인하라. 그리고 남을 중시하며 그들과의 조화를 이루며 협력하기 위해 변화하라.

그런 후 겸양과 투철한 직업의식으로 무장하고 실현 가능한 목표들을 정하여 환경에 굴하지 않는 투지를 갖게 되면 하나님이 인정하시고 세인을 유익하게 하는 거목 같은 지도자로 성숙하게 된다. 창문밖에 서성거리는 사람들을 가슴으로 품는 추수의 계절이 되도

록 하라. 짙어오는 오색 가을처럼 사랑과 칭찬이 노릇노릇 구워지
게 하라. 올 가을엔 사랑을 굽자.

까막눈 호세를 위하여

지난 8월 컬모에 위치한 라티노 비영리단체 버지니아 저스티스
센터(Virginia Justice Center)는 의욕적으로 라티노 도시빈민들
을 위한 영어교육 청사진을 만들었다. 컬럼비아 파이크에 위치한
메이슨 디스트릭트(Mason District) 정부 청사 강의실을 빌려 기
초 생활영어와 각 직업별(목수, 페인트, 지붕, 마루 등) 전문 영어를
강의하겠다는 당찬 계획이었다. 애난데일 굿스푼 거리급식소가 마
련해 준 자리에서 그 단체의 간사로 일하고 있는 아놀드 보르하씨
는 몇 번이고 유인물을 준비하여 홍보했다. "미국에서 영어 습득은
필수다. 항구적인 직업을 갖고, 보다 나은 정착을 하기 위해선 영어
교육이 절대적이다"라면서 핏대를 올리며 영어 습득의 필요성을 역
설한 바 있다. 한 달 보름쯤 지난 후 저들의 강의 계획은 시작도 못
해 본 채 그냥 좋은 플랜으로 끝나고 말았다. 이유는 두 가지였다.
도시빈민의 경제 상황을 고려하지 않은 벅찬 수업료와 자동차가
없는 수강자들의 왕복 교통편에 대한 자상한 배려가 없어서였다.
실제로 주말과 휴일엔 메트로 버스의 운행이 급격히 부실해져서 빈
민들의 이동에 상당한 어려움을 주고 있다. 아무리 의도가 좋고 거
창한 계획을 마련했을지라도 수혜자들이 처한 실제 상황을 고려하
지 않으면 백날 헛구호에 불과하다는 것을 여실히 증명한 사례다.

엘살바도르 출신 호세(40세)는 문맹자(Analfabetizacion)다. 스페인어 회화는 유창하지만 검은 것은 알파베또고 하얀 것은 종이라고만 알고 평생을 지냈다. 눈뜬 장님처럼 읽고 쓸 수 없는 답답함은 굿스푼 거리급식소에서 다시 확인되곤 한다. 까막눈 호세는 동료들이 막힘없이 스페인어 성경구절을 암송한 후 밥을 받는 모습에 부러움을 갖는다. 밥줄 후미에서 맴돌다가 드디어 암송순서가 되면 기어 들어가는 목소리로 "조 노 뿌에도 레에르"(Yo no Puedo leer) "난 읽을 줄 몰라요" 라며 부끄러워한다. 함께 손으로 짚어가면서 성구를 복창하면 그나마 움츠러들었던 자신감이 일어나는지 싱그러운 미소로 밥을 받고 한쪽 귀퉁이에서 후다닥 치우고 일어선다.

굿스푼 안에 본격적인 문맹퇴치와 빈민을 위한 영어강좌 계획안이 세워져 실행되고 있다. 3년째 접어 드는 구제와 선교사역 현장에서 매번 간단한 생활영어와 한국어를 강의하던 노하우도 쌓여 있다 그리고 일요일 오후엔 라티노들이 밀집한 애난데일 페어몬 가든 웨지웃 아파트 단지에 마련한 아담한 강의실에서 빈민을 위한 무료 어학강좌를 꾸려 가고 있다. 빈민들이 쉽게 찾아 올 수 있도록 저들 생활 근거리에 마련한 강의실. 경제적 어려움을 고려하여 무료로 참가할 수 있는 수강기회. 도리어 학습에 필요한 책, 공책, 연필 교육자료 등도 무상으로 공급되고 있다. 휴식시간엔 간단한 음료와 간식까지 준비해서 라티노 도시빈민을 위한 야학을 성실하게 꾸려 가고 있는 현장엔 수십 명의 남녀노소 라티노 빈민들이 눈에 불을 켜고 공부 삼매경에 빠지는 곳이다.

어림잡아 페어팩스 거주 라티노 도시빈민들 중 30% 이상이 호세처럼 읽고 쓸 줄 모르는 까막눈 신세다. 문맹자의 괴로움과 답답함은 이루 헤아릴 수 없을 만큼 크다. 정치적인 혼란, 가난과 교육환경의 열악함 때문에 평생을 반소경처럼 지내다 이곳까지 온 중남미 출신의 도시빈민들은 문맹퇴치에 목달라한다. 눈에 오래도록 씌여 있던 문맹이란 콩깍지를 털어내고 모국어를 쓰고 읽을 줄 알길 그들은 고대한다. 한걸음 더 나아가 영어와 한국어로 의사소통할 수 있는 날이 속히 오길 소망하며 야학에 참여한 그들에게서 소망이란 아름다운 싹을 본다.

빈민을 위한 마이크로 크레디트

2006년에 서울평화상과 노벨평화상을 수상하게 되는 방글라데시 치타공대학 경제학 교수 무하마드 유누스(66)는 사회사업가 겸 그라민은행 총재이다. 풀브라이트 장학생으로 테네시주 네쉬빌 소재 밴더빌트 대학에서 경제학 박사과정을 마치고 귀국한 그의 조국 방글라데시(Bangladesh, 벵골의 나라)의 경제적 열악함은 여전하였다.

1947년 인도가 영국으로부터 독립하자 인도는 동파키스탄, 서파키스탄으로 조각났다. 전쟁을 거쳐 1971년 갠지스 강(ganges)과 브라마푸트라 강(brahmaputra)이 광활하게 만든 델타 삼각지역 평탄한 저습지대에 방글라데시 공화국을 설립하였다. 독립 이후 꼬리를 잇는 여러 번의 쿠데타와 군부 독재는 끊임없는 시련으로 이어져 하루 2달러 미만으로 간신히 생명을 유지하는 빈민이 82%가 넘었다. 국민 대부분이 회교도(86%)이고 나머지는 힌두교(12%)와

불교를 믿고 있다. 네팔, 미얀마, 동티모르와 더불어 아시아 최빈국에 속하는 방글라데시는 남북한 국토면적의 2/3에 해당하는 작은 나라지만 1억 4430만 명의 조밀한 인구는 세계 7위에 해당한다. 인구밀도에 있어선 세계 1,2위를 다툰다. 북회귀선이 국토 중앙을 지나는 아열대 지역에 속한 방글라데시는 연중 1,500-2,000mm 이상 쏟아 붓는 몬순 홍수에 국토 대부분이 침수되곤 한다. 가끔씩 벵골만(Bay of Bangal)에서 불어 닥치는 사이클론은 끊임없이 사회 기관시설을 파괴하고 고귀한 인명을 무더기로 살상하는 열악한 지역이다. 실제로 1991년 4월 몰아닥친 끔찍한 사이클론으로 13만 8천명이 수장된 적도 있다.

치타공대학 경제학교수로 재직하던 어느 날, 무하마드 유누스는 조국의 여인들의 열악한 삶의 모습을 보고 경악한다. 식구들의 먹거리를 위해 하루 종일 대나무 의자를 만들어 시장에 내다 팔지만 고작 이익으로 남긴 돈은 몇 십센트. 그 수입으론 대식구들의 입에 풀칠하기조차 빠듯하다. 그는 뼈마디가 앙상한 빈민들의 참상을 보고 획기적인 구상을 내놓았다.가난한 빈민들에게 담보없이 대출한다는 것은 '호랑이 입에 날고기'라는 인식이 당시나 지금이나 매일반이다. 크레딧 점수가 바닥이거나 담보가 변변치 않으면 융자는 '그림의 떡'이고 감히 접근할 수 없는 영역이다.

그러나 유누스 총재와 그라민은행은 빈민을 믿기로 했다. 같은 지역에 살지만 서로 다른 5명의 빈민 여성이 상부상조하기 위해 창업 계획을 갖기만 하면 원하는 대로 대출을 허락했다. 1976년 '그라민(마을)' 은행을 설립하여 빈민에게 무담보 소액 대출 (micro credit, 162 다카, 미화 27달러)을 받게 하여 연 1700만명 이상이 빈곤의

순환고리를 끊고 경제적으로 자립할 수 있게 되었다. 신뢰는 신용으로 나타났는데 마이크로 크레디트 대출상환률은 90%를 웃돌고 그중 58%는 실제로 지긋지긋한 가난에서 벗어나 건강한 시민으로 설 수 있게 되었다.

수요일 애난데일 굿스푼 거리급식소엔 약 70명의 라티노 도시빈민들이 허기진 배를 붙잡고 선다. 연이틀 비가 내려 일자리를 잡지 못했고, 계속되는 경기침체로 한 달 등안 일자리를 잡은 날이 며칠도 안 된다며 딱한 하소연을 늘어놓는다. 무담보 신용대출은 워싱턴 일원의 도시빈민들을 위해서도 절대 필요하다. 건실하면서도 신앙심이 투철한 빈민들 중 재활 의욕이 남다르게 강한 그룹들이 주변에 많이 있다. 빈곤 퇴치를 위해 정원관리, 허리케인에 쓰러진 나무 벌목사업, 페인트일과 집수리를 할 수 있도록 기본적인 도움을 요청하던 그들이다. 재정규모가 큰 메가 처치들과 독지가들이 기금을 모아 소액 신용대출을 할 수 있다면 빈민이 자립할 수 있다. 사막에 오아시스처럼 빈민들의 생명을 살리는 젖줄기가 될 것이다. 겸손한 독지가의 출현을 기대한다.

TJ 공부벌레들이 이끄는 야학

일요일 오후 4시. 애난데일 굿스푼 '형제들의 집'은 도시빈민 라티노들과 한인봉사자들로 북새통을 이룬다. 애난데일 웨지우드 아파트에 위치한 형제들의 집은 올네이션스 교회(홍원기 목사)가 마련해 준 빈민 공동체 쉼터이다. 반지하 아파트에 마련된 이 '금녀의 집'은 여름 내내 습기가 차서 썩 상쾌하지 못한 냄새를 풍긴다. 깔끔하지 못한 남자들만의 공간이다 보니 청소와 위생은 낙제점을 면치 못한다. 아파트 전체의 문제점이자 형제들의 집 애로사항은 굵은 바퀴들과의 지저분한 공생이다. 주방 싱크대는 물론이고, 뜯어 놓은 과자봉지, 주일에 한 번씩 쓰는 헌금바구니와 찬송가 바인더 사이에, 심할 땐 자고 있는 형제들의 목줄기를 타고 대담한 달리기를 즐기는데, 왕성하게 번식하고 있어 골치거리다. 슬리퍼 뒷굼치로 후려치고 싶은 바퀴들이 밤낮으로 암약하는 곳이다. 주일 오후 형제들의 집에 모이는 약 40여명의 사람들은 각기 나라가 다르다. 다양한 문화와 인터내셔널 언어가 만나는 예배와 교육 현장이다.

중남미 여러나라와 한국과 미국에서 온 다양한 사람들로 넘쳐난다. 그런 이유로 형제들의 집에선 스페인어, 영어, 한국어가 공용어이고, 나머지 다른 언어가 가끔씩 섞인다. 오후 4시부터 한 시간은 스페인어로 예배가 진행된다. 조영길 목사 가족, 김후남 장로, 한인 방문자, 페루에서 온 길레르모 가족, 항상 친형제처럼 붙어다니며 일자리를 찾는 과테말떼꼬 레오넬과 알레한드로, 살바도레뇨 꾸르스, 페루아노 아드리안과 윌리, 웃음기가 떠나지 않는 다니엘, 넓적한 얼굴의 또바르 등이 고정 멤버이고 가끔씩 기타를 멋지게 연주하는 넬슨과 친구들이 방문하곤 한다. 예배 후엔 김후남 장로가 마련해 준 간식이 풍성하다. 가끔 솥단지째 안기는 카레에는 야채와 고기가 풍성하다. 카레 덮밥은 라티노에게 익숙하지 않은 음식이지만 맛과 영양이 유별나서 코를 빠뜨리며 먹는다. 향긋한 카레에 흠뻑 빠져 든 도시빈민들은 '잘 먹었으니 공부하자' 고 성화다.

오후 5시부터 6시 30분까지는 버지니아 최우수 과학영재들이 이끄는 영어 강좌가 진행된다. 토머스 제퍼슨 과학고(Thomas Jefferson High School for Science & Tech) 학생 중 기특하게도 야학에 관심을 가진 몇 명이 뜻을 모아 시작한 영어강좌는 왕초보반과 초보반으로 나누어진다. 스페인어와 영어를 잘하는 마이클이 왕초보반 담임이고, 라이언이 초보반을 이끈다. 앞으로 11학년 현수와 몇몇의 자원봉사자들이 보강되면 짜임새 있게 강의가 진행되고 학사행정도 일률적으로 보완될 것이다. 굿스푼과 TJ 과학고 공부벌레들이 의기투합에서 이끌어가는 야학의 시작은 어설프고 부족한 것 투성이지만 도시빈민들의 삶의 자리에서 저들의 눈높이에 맞춘 맞춤식 강의로 자리매김하게 될 것이다.

나이 많은 라티노 수강자 중엔 문맹자도 여럿이 있다. 간신히 그림 그리듯 알파벳을 시작하는 이부터 영어 발음이 어설프지만 상당한 회화를 구사하는 학생들도 있다. 저들은 눈치코치로 때려잡던 바디 랭귀지에서 벗어나 떠듬떠듬 '아이 니드 어 잡'(I need a job)을 말하는 수준으로 옮겨가길 원한다. 눈에 총기가 가득한 아들같은 선생님에게서 배우려는 도시빈민들의 향학열은 뜨겁고 진지하다. 생존을 위한 영어습득에 강한 집착을 볼 수 있다.

굿스푼은 야학뿐만 아니라 도시빈민을 종합적으로 섬길 수 있는 공간을 애난데일에서 찾고 있다. 아침에 한인들을 위한 매일 영어강좌, 늦은 오후까지 도시빈민 자녀들을 위한 무료 탁아소, 오후에는 방과후 청소년들을 위한 학습지도, 마일 저녁엔 영어와 스페인어 문맹자를 위한 어학강좌, 주말에는 영어와 스페인어로 강의되는 성경 신학교 운영에 대한 꿈이 영글고 있다.

'L.A 폭동'에서 얻는 소중한 교훈

14년 전인 1992년 4월 29일. 로스앤젤레스 역사상 최대 규모의 폭동(Los Angeles riots)이 '사우스 센트럴' 지역에서 발생하여 장장 5일간 계속되었다. 약 60여명이 폭동 중 살해되었고, 코리아 타운의 90%가 파괴되었다. 폭동으로 인한 L.A시 전체의 피해액은 7억 1천만 달러로 집계되었는데, 이중 한인의 피해액은 3억 5천만 달러로 전체 피해액의 절반에 달한다. 아직도 L.A 거주 한인들에게 '사이구'로 불려지는 폭동의 뼈아픈 기억은 경제적, 정신적 큰 상처로 남아 있다.

L.A 폭동의 발단은 '로드니 킹 사건'으로 1991년 3월 3일 LAPD 소속 백인 경찰관 4명이 흑인 청년 로드니 킹을 집단 구타한 사건이다. 하이웨이에서 과속으로 달리던 킹의 흰색 차를 6대의 경찰차가 뒤쫓은 후 정지시켰다. 이윽고 킹을 차에서 끌어내린 후 경찰봉과 주먹, 발길질로 구타하여 킹의 왼쪽 다리를 부러뜨리고, 피로 범벅이 된 얼굴의 상처는 20바늘이 넘게 꿰매야 했다.

경찰의 과잉 검문 검색과 지나친 구타를 심사하기 위해 시미 벨리 지방법원에서의 1년이 넘는 심의 기간을 마치고 12명의 배심원(백인 10명, 라티노 1명, 아시안 1명)이 내린 결론은 3명의 백인 경찰의 무죄와 1명에 대한 재심사였다. 평결에 분노한 흑인과 라티노 청년들은 거리로 뛰쳐나와 시위를 시작했고, 급기야 당일 저녁부터는 방화, 폭동, 약탈, 살인으로 번져 흡사 전쟁터를 방불케 했다.

흑인 폭동의 진원지인 '사우스 센트럴' 지역 식품점의 90%를 차지하는 450여개 한인 상점들은 폭도들의 일차 공격 대상이 되어 처참하게 유린되었다. '로드니 킹' 사건과 전혀 관련이 없던 한인들, 피땀흘려 일궈논 삶의 근거지가 흑인 폭도들과 라티노 도시빈민들의 공격을 받아 일거에 쑥대밭이 되고 말았다.

4.29 L.A 폭동 10주년 기념 설문 조사에서 응답자 한인 65.5%가 '폭동의 재발 가능성'에 두려워한다고 답하고 있다. 향후 우리가 인종관계 개선에 가장 신경을 써야 할 인종으로 '라티노'를 답한 응답자가 57.4%로 가장 많았으며, 다음으로 흑인 26.8%, 백인 9.7% 순으로 나타났다. 설문 중 특기할 만한 내용으론, 폭동의 직접적인 원인을 한인이 제공하지 않았지만 인종차별과 커뮤니티를 돌아보지 않는 교만한 태도들은 간접적 원인이 되기에 충분했다고 자성하고 있다.

1991년 3월 오렌지 주스를 훔쳐 달아나는 흑인 소녀를 향해 총을 쏴서 숨지게 한 두순자 사건과, 흑인과 라티노들을 무시하는 언어, 불친절하고, 돈 있는 체 과시하고, 커뮤니티에서 번 소득을 환원하지 않는 여러 문제점은 폭동의 최대 피해자가 되기에 충분한 이유였다고 말한다. 한인들의 라티노와 흑인, 주변 이웃들과의 인종화합에 남다른 노력을 기울여야 함을 폭동 후 값비싼 교훈으로 얻었다.

인종화합 장애요인들은 결코 큰 것부터 시작되지 않는다. 인격을 존중해 주는 따뜻한 말 한마디, 미소 짓는 친절, 남을 염두에 둔 예의범절의 작은 실천에서부터 시작해야 한다. 폭동이 지난 지 14년이 지났지만 한인들의 피해의식은 아직도 앙금으로 남아 있다. 백인들의 흑인과 소수인종 차별의 불똥을 고스란히 뒤집어쓰고 잿더미에서 다시 일어서려는 한인들의 아픔은 아직도 진행형으로 남아 있다.

피부색의 차이, 남녀의 성별차이, 장유의 차이, 빈부의 차이, 가방끈이 길고 짧은 차이. 이러저러한 차이는 사람과의 관계 속에서 늘 갈등이 되고 아픔을 배태하고 있는 차별적 요소다. 그러나 만유의 주재 하나님은 차별 없는 사랑을 각 사람에게 기울이신다. 하나님 앞에선 누구든 차별이 없다. 단지 사랑받기 위해 태어난 아름다운 존재라는 것만 진실이다. 그런 은혜를 입은 사람들 사이에서도 '차별'이라는 가시채를 걷고 서로 유무상통하며 풍성하길 하나님은 기대하신다.

복음이든 사랑이든 가득히 담아 나눌 수 있는 굿스푼, 빅스푼이 되고 싶다. 자애로운 주님 손에 오랫동안 들려져 배고픔에 눈물짓고, 정에 굶주린 이웃이면 누구에게든 풍성히 나누는 스푼으로 사용되고 싶다.

'샤인 홈'의 특별한 라티노 사랑

지난해 제정된 '굿스푼어워드'는 타민족 종업원을 고용한 기업으로서 인종화합의 모범이 되는 업체에 수여하는 상이다. '굿스푼어워드'의 4인 선정위원회는 지난 11월 30일 버지니아 로턴(Lorton)에서 건축업을 하는 '샤인 홈'(Shine Home Improvement Inc.) 건축의 김 씨(38세)를 수상자로 선정했다. 한인사회로부터 추천받은 6개 업체로는 세탁업 두 곳, 건축업, 안경점, 식당 및 제과업이 각각 하나씩이었다. 하나같이 라티노 종업원을 가족처럼 극진히 사랑하는 업체들이었지만, 선정위원들이 오랜 숙의 끝에 '샤인 홈'을 수상자로 선정한 데는 남다른 특별한 이유가 있다.

규모는 작지만 건실한 '샤인 홈'은 전체 직원 21명 가운데 18명이 중남미 출신의 라티노들이다. 그들은 하나같이 애난데일 거리 노동자 출신이다. 건축에 특별한 전문성이 없는 비숙련자들을 몇 년 간 정성을 기울여 기술 교육을 실시했다. 직업 훈련을 통하여 자기개발을 도왔고 인종 및 출신 국가를 가리지 않고 공정한 급여와 성과급을 지급해 한 · 라티노간 유대관계를 강화한 것에 선정 이유를 들 수 있다. 매년 백만 불 이상 일할 물량을 수주하는 건축업 오너로 성장한 김 씨가 라티노 도시빈민들을 형제처럼 따뜻하게 품게 된 데는 애틋한 사연이 있다.

그의 십대 청소년 시절은 불우했다. 가출하여 홈리스로 모진 고생을 할 때 라티노 천사의 따뜻한 보살핌과 헌신적인 사랑을 받았던 김 씨는 여지껏 그 은혜를 잊을 수 없다. 김 씨가 14살 되던 해, 비정한 아버지는 새 어머니와 결혼한 후 친모와 3형제를 버렸다. 감수성이 예민한 청소년 시절 부모의 이혼과 새 어머니의 싸늘한 태도에 대한 반항으로 무작정 가출했다. 세상물정을 몰랐던 그에게 기다리고 있었던 것은 모진 냉대와 시련뿐이었다. 한인 타운을 방황했지만 그의 가녀린 손을 잡아 줄 한인을 만나지 못했다. 5일간 밥 한 톨 입에 넣지 못해 현기증으로 쓰러졌던 때도 있었다. 악취가 코를 찌르는 쓰레기통에서 3개월을 숨어지냈다. 그 후엔, 버려진 폐차에서 3년간 홈리스로 지냈다. 지금은 어찌 먹었을까 싶은 39센트짜리 햄버거가 당시는 꿀맛같았던 시절이었다.

18세 되던 해, 주유소에서 허드렛일을 하고 있을 때 멕시칸 로베르또(Roberto) 씨를 만난 것은 극적인 인생의 전환점이 되었다. 아버지뻘 되는 라티노 천사는 후덕한 인심으로 오갈 데 없는 김씨와 친구를 위해 방 한 칸을 내주고 의식주를 1년간 무상으로 보살펴 주었다. 부정적이고 반항적인 꼬레아노 청년을 위해 자동차까지 내어 준 그는 집을 나선 후 처음 만난 하나님의 축복의 손길이었다.

공사현장에서 라티노 종업원들과 함께 땀흘리며 호흡을 맞추는 김씨의 얼굴은 구릿빛이다. 한솥밥을 먹은 지 평균 4-5년씩 되다보니 눈빛만 봐도 서로 통할 정도란다.

"요즘은 라티노들이 커피도 사고, 식구들이 모이는 저녁에도 초대해 준다."며 서로 신뢰하는 인간관계를 맺게 되어 기쁘다는 김씨. "공사현장에서 일할 땐 시어머니처럼 깐깐하게 챙기지만, 일을 떠나면 격의 없는 좋은 친구로 만나고 있다."며 소박한 웃음으로 수상 소감을 대신한다.

굿스푼의 구제와 선교사역, 그리고 매해 회수를 거듭할수록 한인 사회의 호응과 참여가 깊어가는 '굿스푼어워드'는 사랑을 실천하고 서로 화합하는 커뮤니티를 만들어가는 장을 열기 위해 시작되었다. 앞으로 더 많은 한인 기업들이 타인종 종업원들과 함께 평화와 사랑의 하모니를 이루길 소망한다. 한인과 타인종이 차별의 벽을 넘어 함께 어깨동무하며 만드는 아름다운 지저스토피아 (Jesustopia)가 이뤄지길 고대한다.

길 모퉁이 카페

많은 커피 종류처럼 커피에 얽혀 있는 이야기들도 다양하다. 커피

가 대중화되기 시작한 것은 예멘의 이슬람 종교의식 때 사용되면서
부터다. 이슬람의 종교의식이 밤 늦은 시간까지 계속될 때 잠을 피
하기 위해 이슬람들이 커피를 음용했다. 후에 아라비아 반도에 널
리 퍼졌다고 한다.

커피란 단어는 에티오피아의 커피를 생산하던 카파(kaffa) 지역
으로부터 따온 것으로 여겨진다. 커피 시초의 정설로 여겨지는 '칼
디' 이야기는 더욱 흥미롭다. 아프리카 에티오피아의 양치기 소년
칼디가 숲속의 빨간 열매를 먹고 흥분하는 양을 발견했다. 호기심
에 칼디도 빨간 열매를 따 먹어 보았는데 힘이 솟고 기분이 상쾌해
지는 느낌을 받았다. 이후 에티오피아에서 커피가 재배되기 시작했
고, 아랍반도 전역, 자메이카, 하와이, 인도네시아, 멕시코, 브라질
등으로 퍼져 나갔다. 음악가, 문필가, 철학자, 정치가 등 역사속의
수많은 명사들도 커피를 애호했다. 바흐, 베토벤, 슈베르트, 카프
카, 발자크, 헤밍웨이, 피카소, 고흐, 루소, 칸트 등.

나폴레옹은 하루 10잔 이상을 마셨고, 루이 15세는 궁전에서 직
접 커피를 재배하여 손님에게 대접했다. 심지어 교황 클레멘스 8세
는 커피에 세례를 주기도 했단다. 한국어 커피가 소개된 것은 1800
년대 중반 유럽 선교사들에 의해서인데, 1895년 고종 황제가 러시
아 대사관에서 커피를 처음 대접받았다. 커피는 '커피벨트'라고 불
리는 북위 25도-남위 25도 사이에 위치한 나라에서 주로 생산된
다. 세계 제1의 커피 생산국은 단연 브라질, 2위는 콜롬비아, 베트
남이 다음을 잇는다.

최상급 커피로는 블루마운틴(자메이카), 코나(하와이), 케냐, 에티
오피아를 꼽지만 개인적으로 꼴 까페(콜롬비아)와 브라질 이과수

(Iguacu) 까페의 군고구마처럼 구수한 맛을 선호한다. 브라질 쌍파울로 빠울리스타(쌍파울 사람)들은 길 모퉁이 카페에서 가르송(커피 전문점 웨이터)이 눈앞에서 직접 원두를 갈아 만드는 카페 엑스프레소(Cafe Espresso)를 즐긴다.

이목구비가 뚜렷한 포르투갈계 백인 가르송은 흡사 정종 잔 비슷한 작은 카페잔에다, 그라인딩한 카페 원액을 추출하고, 뜨거운 수증기로 거품을 낸 우유를 섞어 내놓는다. 거기에다 뺑지 께조(치즈빵)나 믹스또 껜치(햄과 치즈를 뜨거운 철판에서 구운빵)를 카페와 먹는 맛은 일품이다.

애난데일 길 모퉁이 카페가 새로 오픈했다. 예수사랑 매니아들이 빈민을 섬기기 위해 오래 전부터 기도하고 꿈꾸던 일을 매주 화요일, 목요일 아침 두 번 여는 것으로 시작됐다. 카페 손님은 모두 라티노 도시빈민들이다. 새벽잠을 깨어 달려온 한인 가르송들이 맨먼저 준비하는 것은 5갤런 통 가득히 커피를 내리는 일이다. 섬기고자 하는 뜨거운 마음만 있지 실제로 전문 가르송이 되기엔 아직 서툰 탓인지 지난 목요일 커피맛은 보리차 맛처럼 엷었다.

일자리를 찾기 위해 알렉산드리아, 알링턴, 워싱턴 D.C, 심지어 덤푸리에서 몇 번씩 버스를 갈아타고 달려온 빈민들이 장사진을 치면 커피와 머핀, 크로아상이 육신의 만나로 펼쳐진다. 길거리 카페답게 모든 게 엉성하다. 의자가 당연히 있을 리 없다. 우왕좌왕하는 가르송들이나 방한복으로 무장한 채 나타난 빈자 손님들 모두가 엉거주춤 서성이며 커피와 요기거리를 먹고 황급히 떠나는 곳이다. 일거리를 잡아챌 수 있는 가능성이 농후한 아침시간이라 길게 시간을 가질 수 없어 설교 대신 스페인어 전도지를 전달하고, 복된 하루

되길 기원하며 배웅하는 카페에 엑스프레소 커피향처럼 구수한 사랑이 더해진다.

'알 카에다' 만큼 위험한 '라티노 갱'

라틴계 국제 범죄 조직인 마라 살바뚜루차 'MS-13'(Mara Salvatrucha)과 'MS-18', 사우스사이드 로꼬스(SouthSide Locos)등은 한인상가가 즐비한 애난데일에서도 왕성하게 세를 확장시키며 암약하고 있다. 새해들어 첫 번째 토요일인 지난 1월 6일 저녁 9시, 한인상가가 무려 6개나 입주한 리틀 리버 센터 쇼핑몰 옆 메드포드 드라이브(Medford Dr.) 길에서 일명 '마라스' 로도 불리는 'MS-13' 조직원이 살바도리안을 칼로 난자해서 살해했다.

당시 메이슨 청사에서 긴급 출동한 경찰차 10여 대와 헬리콥터가 주변 일대를 막고 샅샅이 수색했지만 이렇다 할 단서를 잡지 못하고 미궁으로 빠져 들고 있다. 사고가 있은 후 한 시간 뒤인 저녁 10시. 링컨리아와 뷰리가드가 만나는 앞 길에선 30대 초반의 라티노가 길을 건너던 51세, 39세 행인에게 욕설을 퍼부으며 달려들어 칼로 얼굴과 손을 찌르고 도주한 사건이 발생했다. 피해자들은 사고 직후 이노바 병원으로 실려가 치료를 받았지만 생명엔 지장이 없다. 페어팩스 경찰은 5피트 8인치 정도의 키에, 130파운드 가량의 라티노 칼잡이를 찾고 있다.

미국 내 여타 카운티보다 부유하며 교육환경이 좋기로 소문이 자자한 페어팩스도 더 이상 라티노 갱의 영향력 밖에 있지 않다. 주택

경기의 하향, 일년 중 도시빈민이 가장 힘겨워하는 겨울철 경기하락은 범죄의 빈도나 양상이 대담하고 잔인하기 그지없다.

라틴계 폭력 조직 마라스가 워싱턴 D.C., 버지니아, 메릴랜드, 메사추세추, 텍사스, 캘리포니아를 포함하여 미국 전역 33개주로 그 활동 영역을 넓히면서 미 연방수사국 FBI에 비상이 걸렸다. 미국 내에만 약 3만 명의 조직원이 있고 중미 엘살바도르, 온두라스, 과테말라, 멕시코 등에 10만여 명의 악명 높은 폭력 조직을 형성하고 있다. 대부분이 엘살바도르인이며 중미의 과테말라, 온두라스, 멕시코 출신의 라티노와 최근엔 흑인, 백인 청소년까지 조직원으로 속속 가담하고 있다. 현재 북버지니아에는 3000여 명의 갱이 활동 중이며, 이중 가장 세력이 큰 'MS-13'은 2000여 명에 이른다. 이들은 얼굴, 몸, 손가락 등에 'MS-13, 18'을 변형한 문자와 숫자, 병원, 감옥, 묘지 등을 의미하는 상징물을 문신하여 서로를 식별한다. 들짐승이 영역표시를 하기 위해 주요 포스트마다 마킹을 하는 것처럼 라티노갱들 역시 공공건물 담벼락과 교통표지판, 교각 등에 검은색 스프레이로 암호를 그리고 채색까지 일삼는다. 실제로 알렉산드리아 듀크 스트리트가 시작되는 뷰리가드 앞에서부터 495 벨트웨이 직전에 있는 리틀 리버 턴 파이크 약 7마일의 도로 양옆에는 10여 개의 크고 작은 '마라스'의 영역표시 사인이 새겨져 있다.

라티노 갱들이 소지하는 무기로는 AK-47 자동소총에서부터, 칼이 길고 날의 폭이 넓은 정글치는 칼 마체떼(Machete) 등이 있고, 휴대용 재크 나이프 등 살상무기들로 사람을 상해하거나 죽이는 것에 죄의식을 전혀 느끼지 않는다. 최대 라이벌이기도 한 'MS-13'과 'MS-18'은 서로 충돌하기만 하면 가차없이 상대방의 손목이나 목을 자르고 있다. 새로운 폭력배가 팀에 합류를 기념하는 신고식에는 13초간의 무차별 린치가 가해지는데 떼를 지어 주먹으로 치고 발로 차며 입단식을 치른다. 심지어 조직에의 충성도를 확인시키기 위해 겁 없이 경찰을 습격해서 살해하는 것도 서슴치 않는다. 이외에도 마약밀매, 강도, 살인, 매춘 등 종류를 가리지 않고 범죄를 저지르지만 경찰의 단속을 교묘히 피하며 추적 불가능한 휴대폰을 사용하고, 인터넷 홈페이지를 개설하여 조직원을 관리하고 있다. 조직을 늘여 세를 과시하기 위해 물정 모르는 9살 어린아이부터 중미에서 갓 도착한 라티노 중고교 청소년들을 조직에 가담시키려 무차별적인 유치를 벌이고 있다. 평일보다는 금, 토요일 저녁이 더 사건 사고가 빈발한다. 이유는 노동자들이 주급을 받아 현금이 있고, 주말 휴일 기분에 들떠 술과 마약, 성매매, 유흥장, 음식점, 쇼핑센터나 극장가를 왕래하는 일이 빈번하기 때문이다.

독버섯처럼 짙은 범죄의 냄새를 풍기며 점차 한인사회 가까이 접근하고 있는 라티노 갱들의 표적이 되지 않을 묘책은 없을까? 평소에는 물론이거니와 주말 저녁 늦게까지 타운을 배회하는 것을 현저히 줄여야 한다. 또 라티노 빈민을 사랑으로 포용하는 한인사회의 다양한 기부문화는 미래에 있을지 모르는 인종혐오 범죄를 현저히 막을 수 있는 좋은 투자가 될 것이다.

한인교회들이 교육관 한쪽을 열어 라티노 청소년 학습지도와 태권도 훈련, 따뜻한 마음이 나눠지는 현장으로 사용할 수 있다면 더할 나위 없이 좋을 것이다. 한 라티노가 함께 협력하고 교류하여 경제 성장을 탄탄히 이뤄 가난을 극복하고 서로 유무상통하며 문화를 존중하는 것만이 갱단을 막을 수 있는 유일한 해법일 것이다.

누가 프레디를 아시나요?

라티노 20여 명과 함께 큰 단위의 상업용 지붕 사업을 하고 있는 한인건축업자 김씨와 함께 일하던 온두라스 청년 프레디 가르시아(Fredes Garcia, 31세)가 실종된 지 벌써 18일째다. 지난 1월 16일 애난데일 세이프웨이 앞에서 잠시 배회하는 것을 본 라티노 동료 목격자가 있었으나 지금까지 행방이 묘연하다. 굿스푼과 라티노 비영리단체인 버지니아 저스티스 센터가 공조하여 애를 쓰고 있지만 하늘로 솟았는지 땅으로 꺼졌는지 프레디의 생사확인이 되지 않고 있다. 그의 형과 사촌, 온두라스 테구시갈파에 남아 있는 친지들이 발을 동동 구르며 안타깝게 행방을 찾고 있다.

프레디와 그의 친형 아를레스 가르시아(Arles Garcia, 32세), 그리고 사촌 노엘비(Noelby, 27세)는 온두라스 테구시갈파가 고향이다. 5년 전 밀입국해서 애난데일에 살며 날품팔이로 노동판을 전전했다. 지난해 연말까지 훼어몬가든 아파트에서 살다가 세이프웨이 앞 스퀘어 콘도 아파트로 이사온 것은 몇 달 전이다. 아를레스가 굿스푼에 동생의 실종 사실을 알리며 찾아 달라고 달려온 것은 연락이 두절된 지 8일이 지난 1월 23일 오전이다. 실종되기 전 일거리를 잡지 못해 애난데일을 배회할 때 가끔씩 굿스푼 거리급식 현장에 단골로 방문하던 그들이었다.

처음엔 며칠째 행방이 묘연한 동생이 밤에라도 불쑥 나타나겠지 하는 생각에 일 주일을 별 불안감 없이 보냈다. 실종 8일이 지났는데도 경찰서, 유치장, 병원 등 어느 곳에서도 연락이 없자, 다급해진 아를레스는 여러 가지 불안한 생각을 갖고 찾기 시작했다. 이미 페어팩스 경찰서 유치장을 방문해서 동생을 찾았지만 헛수고였다. 동생을 고용해 주고 각별히 보살펴 준 한인 건축업자 김씨와 전화를 시도해 보았지만 의사소통이 어려워 답답한 심사를 다 알릴 길이 없자 연락을 해 온 것이다. 체격이 왜소하고 마른편인 프레디는 얼굴색이 검고 곱슬머리다. 실종되기 전 작년 12월 중순부터 프레디는 척추를 크게 다쳤다며 굿스푼 거리급식 현장을 찾았다.

셔츠를 걷어 살펴본 프레디의 등허리는 소복하게 부어 있었고 흡사 곱사등이 등처럼 굽어 있었다. 일하다가 사다리에서 떨어져 허리가 아파 잠도 제대로 잘 수 없다며 왜소한 등을 보인 것이다. 통증 완화제를 바른 후 척추를 중심으로 좌우편에 타일처럼 촘촘히 파스를 붙이고 헬스 포인트로 지긋이 눌러 주었다. 그리고 속히 낫도록 여호와 라파 하나님께 간절히 함께 기도했다. 프레디는 말수가 적다. 다른 라티노처럼 더벌더벌 떠들지도 않는 조용한 성격이다.

왜소한 체격이지만 일을 보면 불같이 달려들어 성실하게 마쳤다. 프레디를 고용하여 지붕일을 1년 이상 같이 했다는 한인 건축업자 김씨는 "프레디는 평소 말수가 적었으나 일을 성실하게 하는 편이라 자주 불러서 일을 했다."며 행방불명이 의아하다고 말한다. 실종된 프레디의 형인 아를레스는 "한인 건축업자의 사랑을 받았던 동생이 한달 가까이 행방불명이라 딱이 하소연할 길이 없어 한인사회에 도움을 요청한다." "별 탈 없이 지금이라도 돌아와 주길 소망한다."며 초조감을 감추지 못한 채 며칠째 좌불안석 하고 있다.

굿스푼은 지난달 23일부터 실종된 프레디 찾기에 총력을 기울이고 있다. 아를레스의 집을 방문하여 행방불명된 경위를 자세히 듣고 실종 전 찍은 사진을 갖고 페어팩스, 알렉산드리아, 알링턴 등 인근 경찰서와 구치소를 탐문하고 있다. 마침 페어팩스 유치장에서 교도관으로 일하는 한인청년의 도움으로 북버지니아 여러 유치장 재소자들을 확인하고 있다. 불길한 여러 가능성이 아를레스의 속을 까맣게 태운다. 최악의 시나리오부터 열거하자면, 죽어 사체가 매장됐거나, 불체자 신분으로 체포되어 가족과 단절된 채 추방을 기다리고 있거나, 유치장에 있으나 이름을 바꿔버려 얼굴과 이름이 혼돈된 상태이거나, 심각한 폭력 후유증으로 병원에서 인사불성으로 연고자를 찾고 있지는 않을까? 한인의 가까운 이웃으로 함께 일해 온 순박한 온두라스 청년 프레디가 어서 돌아오기를 기다린다.

고마움으로 보고하는 굿스푼의 2006년

도시빈민을 대상으로 구제, 사회복지서비스, 선교사역을 3년째 꾸준히 펼치고 있는 굿스푼의 2006년 결산과 사업 실적이 지난 2월 24일 이사회를 끝내고 공개됐다. 엄정한 감사를 마치고 통계로 정리해 본 굿스푼의 지난 한해는 하나님의 은혜로 가득했다.

일회 단기 봉사자가 약 450명을 차치하고, 고정적으로 참여하여 사역을 도운 남녀노소 한인봉사자들이 줄잡아 138명. 그들이 연간 모아준 봉사의 시간이 4,300시간이 넘는다. 굿스푼의 보배로운 봉사자들의 경력이 다채롭다. 매주 월요일이면 반나절을 수고하는 파월 비둘기부대 사령관을 지낸 80세 노부부, 도시빈민들의 영양과 입맛을 꽉 잡고 있는 시내 유수한 한인음식점 주방장 출신의 아줌마부대, 영어 ESL, 스페인어, 한글 강의를 맡아 봉사하는 다국적 언어 봉사자들….

산더미처럼 쌓아진 쓰레기를 수거하고 뒷정리를 돕는 레오넬, 알레한드로 등 라티노 봉사자 20여 명도 포함됐다. 굿스푼의 보물같은 자원봉사자들의 수고와 협력에 힘입어 2006년 한 해 동안 즐겁게 섬길 수 있었다. 결코 적지 않은 총 52만 달러에 달하는 결산을 한인사회에 고마움으로 보고한다. 2005년 결산이 37만달러였던 것에 비하면 괄목할 만한 성장이 아닐 수 없다. 이 모든 것이 가능할 수 있었던 것은 굿스푼의 CEO 되시는 하나님의 전적인 은혜이며 묵묵히 신임하며 기도와 물질로 후원해 준 한인커뮤니티와 봉사자들의 섬김에 기인한다.

현금 20만 7천 달러, 음식물, 생필품, 옷, 약품, 성경 등 31만 5천 달러의 물품이 답지됐다. 개인 후원자 180명이 8만 3천 달러, 워싱턴 지역의 33개 한인교회와 성도들이 3만 9천 달러, 한국 대사관, 한인연합회를 비롯한 다양한 한인단체들, 세이프웨이와 지구촌마켓, 웰빙웰던 같은 대형 비즈니스들이 모아 준 금품, 그리고 굴지의 한인 언론사들이 앞을 다투며 자세히 사역현장을 보도해 준 사랑이 아름답고 풍성하게 영글었다. 애난데일, 컬모, 콜롬비아 하이츠, 셜링턴, 랭글리 파크, 리치몬드 하이웨이 등 다섯 군데의 15,450명의 라티노, 흑인, 아시안 도시빈민들이 감사로 그 열매들을 따서 먹으며 행복해 했다.

2007년도 사업계획과 실천 예산을 75만 달러로 잡았다. 변함없이 빈민구제, 선교사업, 문화교류, 한·라티노 인종갈등 완화 등 창립 초기부터 근간으로 삼고 있는 사역들은 계속 내실을 기하며 더 심도있게 진행될 사업이다. 2007년에는 한인커뮤니티를 더 챙기고, 더 돌아보며 다양한 혜택을 돌려드리려고 한다. 이를 위해 선교 열정으로 헌신된 목회자와 전문 소셜워커를 확충해서 육체적, 사회적, 영적 아픔이 있는 곳이라면 어느 곳이든지 차별을 두지 않고 찾아가려고 한다.

또 한인과 불가분리의 관계에 있는 라티노, 아프리칸 아메리칸, 아시안 도시빈민들의 상처받은 심령들을 주의 이름으로 싸매 주고 따뜻한 손길로 잡아 주려고 한다. 연중 변함없이 한인타운 길 모퉁이에서 벌이고 있는 도시빈민선교에 더 많은 주의 은총이 가득하길 기대한다. 아울러 한인커뮤니티의 다양한 봉사자들의 참여도 염원한다.

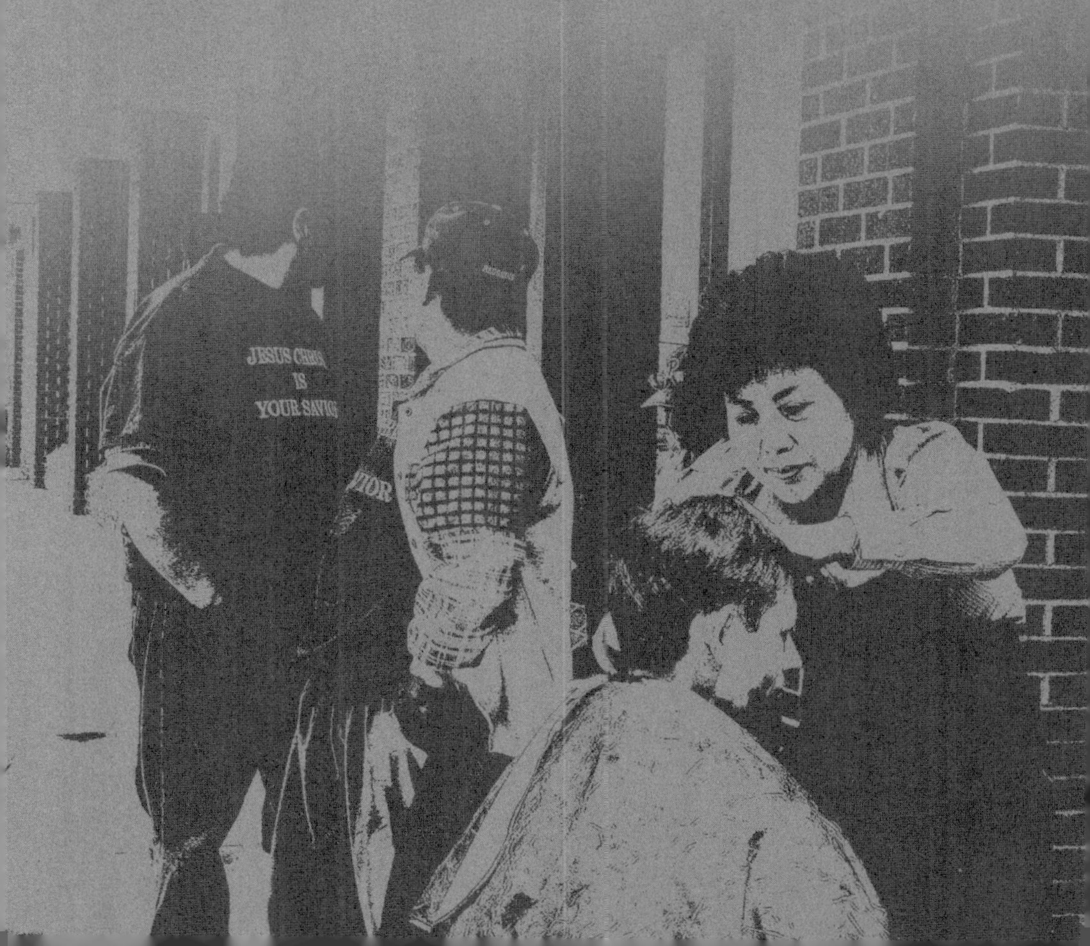

제 2 장

굿피플의 환상적인 만남

거리에서 받은 생일상

중남미에서 15세 생일인 뀐세 아뇨스(Quince Anos)는 성대하게 치뤄진다. 머리 꼭지에 아직 뭐가 남아 있는 줄 알았던 아이가 15세가 되면 이때부터 공식적으로 성인으로 인정받기에 때맞춰 중요한 행사를 갖는다. 성인식(뀐세 아녀라, Quinceanera)과 겸하게 되는 15세 생일에는 많은 사람들을 초청하여 풍성하게 준비한 음식을 나누며 행사를 크게 치뤄 성인으로 인정하고 축하하는 예식을 갖는다.

형편이 여의치 않으면 조촐하게 자신의 집을 사용하고, 시끌벅적하게 하려면 동네 맥도널드나 큰 연회장을 빌려 친척들과 친구들을 초청한다. 한참 권커니 자커니 먹고 마시며 흥이 무르익어갈 때 호기심과 탄성을 자아내게 하는 삐냐따(Pinata) 게임을 한다.

삐냐따는 종이로 각종 사람, 동물, 사물들의 모양을 따서 만든 인형 같은 것을 줄에 걸어 놓고 눈을 가린 술래가 몇 바퀴 자리에서 돈 후 막대기로 쳐서 깨뜨리는 게임이다. 비틀거리며 간신히 휘두른 막대기에 고무풍선처럼 잔뜩 부풀어 있던 삐냐따가 맞아 깨지면 그 속에 담겨진 장난감, 이끼, 건초, 달린 과일, 사탕, 견과류, 레몬, 오렌지, 귤, 사과, 땅콩, 사탕수수, 연필, 작은 인형 등이 와르르 쏟아져 내린다.

일순간 옆에서 지켜보던 가족과 친구들이 우~ 하고 달려들어 보이는 대로 뒹굴며 줍는데 동작 빠른 사람이 임자다. 한 번이 아쉬우면 여러 개의 다른 삐냐따가 차례대로 매달리고 그때마다 눈가린 술래도 바뀌면서 성인식을 겸한 뀐세 꼼쁠레 아뇨스(Quince

Cumple Anos)의 축하의 밤은 깊어 간다.

젊은 오빠같은 조영길 선교사의 예순한 번째 생일은 화려한 삐냐따없이 토요일 애난데일 거리급식 현장에서 치뤄졌다. 점심 때가 되어도 일거리를 잡지 못한 80여 명의 라티노 노동자들이 삼삼오오 모여들기 시작했다. 평소대로 예배가 드려졌고 식사기도를 드린 후 배식이 막 이뤄지려던 때 생일 케익을 준비했단다.

한인 제과점에서 부랴부랴 만들어 온 이단짜리 예쁜 생일케익이 급식 테이블 한 쪽에 놓여지고 초에 불이 당겨지자 라티노 노동자들이 둥글게 원을 그리며 그에게로 다가선다. 거리에서 일을 찾던 과테말라 출신의 호세 마누엘 목사 인도로 즉석 생일 축하가 이뤄진다.

"꿈쁠레 아뇨스 휄리스.? 꿈쁠레 아뇨스 께리도 빠스똘 조. 꿈쁠레 아뇨스 휄리스" 스페인어로 생일축하 노래가 마쳐지자 라티노들이 두 손을 들고 간절히 기도한다. 둘러선 80여 명의 라티노 노동자들은 조 선교사가 거리에서 만난 영적인 아들들이다. 과테말라, 엘살바돌, 온두라스, 니카라과, 콜롬비아, 페루, 볼리비아 출신의 이방인 아들들이 꼬레아노 아버지의 생일을 축하하며 건강하게 한 해를 지켜 달라고 소리치며 간절히 기도한다.

집에서 식구들끼리의 오손도손한 생일상 대신 그는 두 아들 영무, 영명과 함께 거리에서 아무도 돌보지 않는 이들과 생일 축하를 나눈다. 치킨 수우프에 밥까지 말아 먹고 후식으로 잘려진 케익을 먹는 라티노 도시빈민들의 마음에 강물같이 흐르는 기쁨과 일체감이 깃든다.

그 날 보이진 않았지만 삐냐따 터지는 소리가 유난히 컸고 환희와

사랑이라는 영롱한 구슬들이 거리급식 현장에 반짝거리며 흩어졌
다. 근심과 걱정을 뒤로 한 채 어린아이처럼 뒹굴며 줍는 아들을 바
라보는 아버지의 얼굴에 미소가 걸려 있다.

과테말라 대사님께

소망과 신비감으로 맞이한 2006년. 예년 같으면 동장군의 횡포
로 혹한의 날씨가 매섭게 칼날을 세울 법한 신년 원단에 겨울답지
않은 따뜻한 훈기를 느끼고 있습니다. 참 신실하신 예수님의 이름
으로 문안드립니다. 감히 소망하기는 하나님의 은혜와 사랑이 대사
님의 가정과 워싱턴 주재 과테말라 대사관에서 수고하시는 모든 동
역자들에게 풍성히 함께 하시길 진심으르 기원합니다.

저는 중남미 출신 라티노들의 영혼을 사랑하는 굿스푼선교회 김
재억 목사입니다. 21개월 전인 2004년 4월 초에 버지니아 페어팩
스 카운티 애난데일에서 가난한 도시빈민 라티노 일일 노동자들을
돕고자 하나님의 선교에 특별히 헌신한 동료 한인들과 구제와 선교
에 열심을 내고 있습니다.

전적인 하나님의 은혜로 굿스푼선교회는 2005년 한 해 동안 약
만여 명의 라티노들에게 복음과 함께 따뜻하게 지어진 음식을 대접
했습니다. 한인사회가 모아주신 약 40만 달러의 예산이 외기러기처
럼 힘들게 살고 있는 라티노 도시빈긴들을 먹이고, 입히고, 치료하
고, 한국어와 영어를 가르쳐서 견고하게 정착하는 일에 아낌없이
쓰여졌습니다.

약 75만 명의 라티노들이 워싱턴 메트로폴리탄 지역에 산재하여 살고 있는 것처럼, 약 15만 명의 다정다감하고 부지런한 한인들 역시 버지니아, 메릴랜드, 워싱턴 지역에 밀집하여 살고 있습니다.

언제부터인가 낙천적이면서도 가정을 소중히 여기는 라티노들과 의욕적인 도전정신으로 억척스럽게 삶을 개척하는 한인들은 낮은 울타리 사이의 이웃으로 살고 있습니다. 또 한인이 경영하는 다양한 비즈니스 현장에선 믿음직한 동료와 귀한 손님으로 한인사회와 사활을 같이 하고 있습니다.

애난데일 거리급식소에서 만나 깊은 영적 교제를 나누고 있는 소중한 과테말라 친구 몇 명이 있습니다. 께찰떼낭고가 고향인 아단 가르시아(Adan Garcia, 54세)는 지난해 11월에 6년간의 미국 생활을 마치고 식구들이 있는 과테말라로 돌아갔습니다. 과떼말라 침례교회 장로가 된 아단 형제는 저의 소중한 선교협력자였습니다. 금년 5월경엔 아내와 함께 합법적인 신분으로 미국에 와서 저와 함께 거리현장을 누비며 과테말떼꼬들에게 금보다 더 귀하신 예수님을 전하고 싶다며 떠났습니다.

지난 해 말 거리급식소에서 만난 호세 마누엘 라이네스 목사(Jose Manuel Lines, 36세)는 굿스푼선교회 사무실에 기거하고 있습니다. 과테말라 오순절교회 담임으로 있던 그는 1,700여 명의 양무리와 4살, 2살, 그리고 생후 40일된 자신의 아이들을 남겨 두고 미국에 온지 60여일이 지났습니다. 두툼한 방한복에 장갑까지 끼고 수염을 다듬지 않은 까칠한 얼굴로 애난데일 거리를 전전했지만 일거리를 잡지 못해 노숙자로 전락할 형편이 되자 저희 사무실로 옮겨 왔습니다.

굿스푼 라티노교회 교인인 오스카 형제 역시 제 소중한 과테말라 친구입니다. 며칠 전 알렉산드리아 소재 한인 대형마켓에 취직하고 싶다며 추천서를 써달라고 온 그를 위해 추천서를 준비해 준 후 잘 정착하도록 축복하였던 적이 있습니다.

존경하는 과테말라 대사님.

2006년에도 굿스푼의 사역은 변함없이 일 주일 내내 계속되고 있습니다. 작년보다 더 많은 예산과 정성과 사랑을 가지고 라티노 이웃들에게 다가서고 있습니다. 벼룩시장에서 일용품을 판매한 수익금을 전달하는 노인으로부터 동전을 모아 고사리같은 손으로 헌금하는 어린아이들, 한인교회들과 한인사회의 정성이 모아져 계속되는 이 일에 대사님의 각별한 관심과 협력을 기대합니다.

'삼겹줄은 쉽게 끊어지지 않는다.' 는 성경 잠언의 말씀처럼 사랑의 본질되시는 하나님의 강권하심과 헌신되어진 한인들과 자국민을 사랑하시는 대사님과 공관직원들이 저희들 곁에 계시며 함께 협력하는 한 해가 되어지길 소망합니다.

대사님을 애난데일로 초청하고 싶습니다. 얼큰하면서도 시원한 대구 매운탕이라도 대접하고 싶습니다. 김을 불어내며 맛있게 한 그릇 비운 후 길거리에 서서 종일 일거리를 찾기 위해 마음이 얼어가는 라티노 도시빈민들의 언 손을 함께 잡아 주고 싶습니다.

구스따보(Gustavo)의 성경책

과떼말라가 고향인 구스따보는 애난데일 거리급식에 처음 나왔

다. 알렉산드리아 라티노들이 밀집한 지역에 거주하는 그의 직업은
광고 전단지를 나눠 주는 일이다. 40대 중년의 나이로 보이는 그의
얼굴엔 다듬지 않은 수염이 어지럽다. 수척하고 까칠한 얼굴은 지
금껏 살아온 삶이 평탄치 않았다는 표시처럼 보인다.

구스따보는 오른쪽 팔이 없다. 채 영글지 않은 꽃 봉오리를 후벼
내듯 심술궂은 봄바람이 정신없이 불어제끼던 월요일, 거리급식소
에 체크무늬 잠바를 입고 온 구스따보의 오른팔은 주머니에 헐렁한
채 찔러져 있을 뿐이다.

몇 년 전 처자식을 과떼말라에 남겨 두고 멕시코 티후아나를 거쳐
L.A 로 밀입국한 구스따보는 닥치는 대로 노동일을 하며 가족들의
생계를 책임졌다. 제법 돈이 모아지면 식구들까지 미국으로 오게
해서 단란한 가정을 이루려던 그의 소박한 꿈은 뜻밖에 찾아온 불
행으로 산산조각이 나버렸다.

그의 인생을 송두리째 뒤바꿔 놓고 말았던 일이 벌어졌다. 사다리
위에서 작업하다 떨어지면서 팔을 심하게 다쳤고 끝내는 잘라내게
되었다. 구스따보가 불체자인 것을 안 고용주는 '배째라' 는 식으로
변변한 보상도 하지 않았다.

막노동판의 살벌한 경쟁에서 신체 한 부분이 잘려진 구스따보를
써 줄 사람은 없었다. 졸지에 불구자가 되어 노동력을 상실한 채 매
일 고통의 시간을 보내는 그에게 과떼말라에서 날아온 충격적인 소
식은 쥐꼬리만하게 남아 있던 삶의 의욕조차 거두게 했다. 생계가
막연하게 되자 그의 아내는 애들과 함께 새로 사귄 연인 곁으로 떠
난 것이다. 팔이 잘려진 아픔과는 비교할 수도 없는 치명적인 고통
이 뼛속까지 스며들었다.

믿기지 않는 일련의 고통스런 사건들이 줄을 잇자 그는 심각하게 고민하기 시작했다. 이러고도 더 살아야 할 의미가 있을까? 몇 번인가는 코가 삐뚤어지도록 술독에 빠져 허우적 거렸다. 슬픈 현실에서 도망쳐 보려고 몽롱한 마약에 몸을 던져 보았지만 그 무엇으로도 근본적인 해결책이 될 수 없자 그는 마지막 탈출구로 자살까지 결심했다.

실패한 구스따보를 수렁에서 건지신 분은 하나님이시다. 절망 중에 몸부림치는 그에게 자비와 긍휼의 하나님이 사랑으로 다가오셨다. 그의 작은 신음까지 헤아리시는 하나님께서 슬픔을 딛고 다시 일어설 수 있도록 황량한 가슴에 소망을 불어 넣어 주셨다. 그리고 새롭게 시작하려고 캘리포니아에서 버지니아로 거대한 대륙을 횡단하였다.

거리급식이 있던 날 평소에 전도지로만 하나님 말씀을 접하던 가난한 라티노 노동자들을 위해 성경을 준비했다. 구원에 이르는 진리가 그리스도 예수 안에 있음을 소개하는 성경은 최고의 선물로 저들에게 전달된다. 활자가 크고 예쁘게 생긴 성경을 선물로 받던 날 암송구절은 디모데후서 3장 16절이다.

"모든 성경은 하나님의 감동으로 된 것으로 교훈과 책망과 바르게 함과 의로 교육하기에 유익하니"

성경을 받아든 구스따보의 얼굴에 봄바람에 활짝핀 왕꽃처럼 환한 미소가 깃든다.

까를로스의 힘자랑

볼리비아는 길다란 풋고추를 연상케 하는 칠레와 안데스 고산준령으로 담을 쌓고, 지구상 가장 높은 곳에 위치한 띠띠까까 호수를 경계로 페루와 국경을 연하여 있다. 끝도 없이 펼쳐진 아마존 원시림으로 브라질과 국경을 이루고, 푸른 지옥으로 불리는 짜꼬를 경계로 파라과이와 연접해 있는 나라다.

잉카제국의 인디오 께추아족이 페루 꾸스꼬에서 남하하여 볼리비아를 형성하였다는데, 오랜 스페인의 점령하에 있다가 남미의 독립 영웅 시몬 볼리바르(Simon Bolibar)의 협력으로 안또니오 호세 수끄레가 1825년 스페인으로부터 독립시켰다.

잉카의 후예로 문화와 인종적인 면에서 페루와 가까운 볼리비아는 1879년 태평양 연안국가인 칠레와의 전쟁에서 패배하여 영토를 잃고 바다가 없는 내륙국가로 전락하고 말았다. 그런 이유로 남미에서도 가장 가난한 나라에 속하는 볼리비아에 하나님은 풍성한 은, 주석, 천연개스를 선물로 남겨 주셨다.

산으로 둘러쌓여 있는 볼리비아 꼬차밤바(Cochabamba)가 고향인 카를로스 오르떼가(61세)는 수더분한 인상이 좋다. 백발이 성성한 나이에도 애난데일 노동시장을 배회하는 그는 환갑을 지난 노인답지 않게 건장하다. 그러나 세월을 속일 수 없는 듯 무더위에 진땀이 흐르는 목언저리가 쪼글쪼글하다.

멕시코에서 의사 수업을 하고 있는 아들 뒷바라지를 하기 위해 미국에 밀입국한 까를로스는 볼리비아판 기러기 아빠다. 꼬차밤바에 남아 있는 초로의 아내와 딸이 성화를 부리며 돌아오라고 하지만 아들이 멋진 의사로 개업하는 것을 보기까진 몇 년 더 참고 품을 팔려고 한다. 까를로스는 아들과 손자뻘 되는 라티노 노동자 틈에 끼어 일거리를 잡아 보려고 무던히 애를 쓰지만 번번히 실패하고 뒤로 처진다. 무쇠라도 삼킬 듯한 혈기왕성한 젊은이들과 벌이는 생존경쟁에서 늘 처지는 이유는, 품값에 다깝지 않은 노동력을 기대하는 고용주들이 첫눈에 그가 반백의 노인으로 보이기 때문이다.

까를로스가 비슷한 연배의 루이스와 가뭄에 콩나듯 주어진 오후 반나절의 일자리를 잡고 돌아온 것은 며칠 전이었다. 평소 도시 빈민 선교에 많은 관심을 갖고 있는 한인 정씨의 사무실에서 물품을 옮기는 일이었다. 후하게 품값을 쳐 주었을 뿐만 아니라 나이먹은 노인이라고 괄세하지 않고 따뜻하게 대해 준 한인의 사랑에 고마움을 잊지 않는다.

자동차 실내에 두었던 콜라 캔이 터져 오를 정도로 더웠던 며칠 전, 까를로스가 빈민선교 현장에서 자원봉사자로 하루를 도왔다. 장롱이며 소파 세트, 냉장고를 옮기기에 젊은이도 쉽지 않았을 텐데 보란듯이 번쩍 끌어 안았다. 측은한 생각에 먼지를 뒤집어쓰고 함께 거들려면, 묵직한 음성으로 정중하게 사양하는 그는 아직 노동시장에서 한참 힘을 보여 줄 수 있다는 무언의 무력시위를 하는 듯했다. 자식을 사랑하는 부모의 마음은 라티노에게도 풍성하다.

눈꽃보다 아름다운 사랑

환갑 나이가 무색할 정도로 건강하고 아름다운 김정애 권사가 알렉산드리아 리치몬드 하이웨이 라티노 밀집 지역에 따꼬 할리스꼬 (Taco Jalisco)를 개점한 것은 작년 4월 초였다. 인수 전엔 라티노 주인이 멕시칸 고객들을 위해 멕시코 할리스꼬 지역의 전통 음식을 파는 가게였다.

스페인어를 전혀 못할 뿐만 아니라 중남미 문화와 음식을 알지 못하는 꼬레아나 김 권사가 가게를 시작하자 기존의 멕시칸 종업원들은 대놓고 김 권사를 무시하고 태업으로 애를 먹였다. 출퇴근도 마음내키는 대로 했고, 조직적으로 가게 뒷문을 열어 놓고 식당 물품을 버젓이 훔쳐가는 일도 빈번했다. 속이고 무시하는 그들과 가족처럼 지내며 동역하기까진 오랜 시간 기도와 인내가 필요했다.

이방인 종업원들을 통해 참담한 일이 반복될 때 화도 나고 포기하고 싶은 생각도 굴뚝같았지만 하나님의 특별하신 인도하심인 줄 알고 열심히 개척하였다. 현재는 좋은 사람들로 물갈이 되면서 전통 멕시코 음식에다 한국 음식의 깊은 맛이 가미되자 사업도 번창하고 있다. 라티노 주민들 사이에서 호평을 받을 뿐만 아니라 라티노들을 통해 번 돈의 일부를 선교에 사용할 수 있게 되었다.

따꼬 할리스꼬에서 일하는 라티노 종업원들은 멕시칸이 넷, 엘살바도르 한 명, 과테말라 한 명이다. 여섯 명의 라티노들은 김 권사가 가슴으로 낳은 사랑스런 자녀들이다. 자식 사랑이 남다른 김 권사는 주급으로 받은 돈이 하릴없이 술과 담배, 도박과 유흥비로 탕진할까봐 조바심을 가지고 채근한다.

종업원 중 페르난도 삐네라(Fernando Pinera, 35세)는 중증 신체 장애아 아들 두 명을 두었다. 현재 열 살, 열한 살인 두 아이는 태어나면서부터 지체아로 제대로 걷지도, 먹지도 못했다. 대소변을 가누지도 못하는 딱한 처지로 가난한 엘살바도르에선 짐승처럼 살 수밖에 없었다. 김 권사는 손자 같은 페르난도의 아이들이 미국에 와서 사회복지 혜택을 받을 수 있도록 실제적인 도움을 주어 정착을 도왔다. 두 아이는 부모 곁에서 정상적인 교육과 복지혜택을 받으며 행복하게 자라고 있다.

엘레나 쎄구라(Elena Segura, 30세)는 과테말라 마누엘이 고향이다. 일 년 가까이 함께 식당 일을 돕고 있는 그녀는 세 쌍둥이 딸과 아들, 그리고 두살배기 막내딸을 두고 와서 늘 아이들 걱정에 눈물 흘릴 때가 많다. 아이들 생각에 엘레나가 울면 마주 앉아 같이 울어 주며 걱정해 주는 김 권사는 그의 가족이 재회할 수 있도록 온갖 노력을 다하고 있다.

개점 당시부터 식당 입구 옆에 스페인어 성경을 쌓아 놓고 무료로 나눠 준 성경만도 수백 권이다. 바쁜 식당일 틈틈히 성경을 읽게 하고, 성경쓰기를 장려하여 잘 하는 종업원들에겐 특별한 상도 준비했다.

간밤에 내린 눈비가 앙상한 나뭇가지어 눈꽃으로 아름답게 만발했다. 아침 햇살에 눈부신 눈꽃이 아름답다 해도 사람 사랑하는 것만큼은 못하다. 식당에서 만난 꼬레아나 어머니를 소개하는 엘레나의 눈에도 눈물꽃이 피었고, 제 자식처럼 일일히 걱정하는 김 권사의 눈에도 모성애 진한 눈물꽃이 활짝 피었다.

다지증 에르미니오 산또스

맑은 날 옥빛 카리브해 저 너머로 쿠바의 아바나를 볼 수 있다는 플로리다 키 웨스트에 헤밍웨이가 살던 집이 있다. 도공이 기념비적인 도자기를 구으려 혼신의 힘을 쏟듯이 헤밍웨이는 그곳에서 죽음, 삶의 비장함을 녹여낸 작품을 썼다. 그와 그의 불후의 명작을 사랑했던 애호가들이 주인 없는 집을 방문할 때 제일 먼저 손님을 반기는 이는 고양이들인데 특이하게도 육손이, 칠손이가 많단다. 다지증 기형 고양이들이다.

"음식을 아껴 먹으면 육손이 된다.", "임산부가 생강을 먹으면 육손이를 낳는다."는 금기의 말들이 있지만 정상적인 10개의 가락 외에 오그라든 채 기형적으로 붙어 있는 11번째 손가락은 속울음을 많이도 울게 한 아픔의 원인이 된다.

일리노이 의대 비세켜는 간이 붓고 키가 자라지 않는 '허스증후군'(Hers syndrome) 유전 질환을 연구하는 소아과 의사다. "인체 게놈연구로 30억쌍의 염기서열이 모두 밝혀졌고, 유전병을 일으키는 1,200여개의 유전자가 밝혀졌지만 병든 유전자를 찾아내 제거하고 정상 유전자를 삽입하는 유전자 치료가 실제 환자에게 적용되려면 앞으로도 수십 년의 세월이 걸릴지 모른다."고 한다.

온두라스(Honduras) 모라산 요로(Morazan Yoro)가 고향인 에르미니오 싼또스(47세)는 '다지증(polydactyly)' 환자다. 급식을 받아든 그의 오른손 엄지 손가락 옆에는 새끼 손가락만 한 6번째 손가락이 하나 더 붙어 있다. 슬그머니 붙어 있어 죄송한 11번째는 다른 가락과 똑같이 손톱도 정상이고 다정하게 엄지가락 옆에 달려 있다. 누구도 드러내 놓고 말을 삼지는 않지만 정상적인 엄지 손가락 옆에 갈고리처럼 돋아나 있는 또 하나가 고울 리가 없다. 육손이 부끄러운지 자꾸 왼손 그늘로 감추었던 그가 덥석 악수도 서슴없이 할 수 있게 된 것은 신묘막측한 지혜로 인체를 지으신 하나님을 만나고 나서였다.

그가 애난데일 거리급식에 나온 것은 지난 7월부터다. 미국에 온 지 6개월째인 그는 목수 헬퍼로 근근히 생활하는 거리 노동자다. 온두라스에 7식구를 남겨 두고 와 늘 눈에 밟힌다는 그는 지난 8-9월 두 달 동안 생활비를 보내지 못했다. 점점 줄어드는 일거리 때문에 근심하는 자신은 그렇다치고 온두라스에 두고 온 부양가족들이 학수고대 기다릴 것만 같아 하루하루가 초조해졌다.

11월 대통령 선거를 앞두고 강화된 불처자 단속에다 바닥을 치는 경기탓인지 목을 길게 빼고 하루 종일 기다려도 좀처럼 일자리 구하기가 쉽지 않았다. 곁을 지나가는 허구많은 차들에 눈길을 줘 보지만 공치고 돌아가는 날이 일한 날보다 더 많은 요즘이다. .

독실한 크리스천으로 성경을 여러 차례 읽었다는 싼또스의 머리 속엔 중요한 요절이 쌓여 있다. 이번 배식 때 외워야 할 성경구절은 요한계시록 3장 20절이다. 식사기도를 마치고 밥을 받기 위해 줄에 선 채 암송하는 시간은 긴장감과 함께 한바탕 웃음이 오가는 시간이다. 일찌감치 합격해 음식을 받아 든 라티노들은 동료들이 쩔쩔매는 모습에 좋아라 한다. 육체는 불만족하나 단 한 순간도 떠나지 않으시고 버리지 않으시는 하나님의 사랑이 싼또스와 라티노 위에 풍성함으로 함께 하는 가을이길 기도한다.

까를로스의 추수감사절

흩어져 살던 가족들이 모처럼 한자리에 모이는 추수감사절 연휴는 소란함과 반가움의 자리다. 궁금했던 해묵은 인사를 나누고 나면 수고로이 길 떠났던 모든 피로가 한꺼번에 몰려오며 적잖은 시장기를 느끼기 마련. 가을 스산한 바람처럼 남아 있어 가끔씩 가슴 앓이 앓게 하던 그리움이 해소되고 나면 새벽부터 부산하게 준비한 추석 상차림을 앞에 두고 오손도손 자리한다. 한 해 동안 하나님께서 베풀어 주신 많은 은택들을 나누며 감사하는 것은 생각만 해도 흐뭇한 정경이다.

노릇노릇 먹음직스럽게 구워져 얌전히 누워 있는 칠면조에다 감자, 옥수수, 크랜베리, 그레비, 갖은 야채 등으로 전통적인 추수감사절 식사를 하고 나면 잔뜩 졸라매었던 허리띠를 두 칸 정도는 느슨하게 풀어 주어야 한다. 배부름과 함께 가족이 곁에 있다는 포근함이 '이제 죽어도 여한이 없다'는 속절없는 생각을 갖게 될 지 모른다.

버지니아 꿀모(culmore) 지역에 거주하는 까를로스(45세)는 과테말라가 고향이다. 아내와 두 아이를 남겨 둔 채 외로운 기러기 아빠 생활이 2년째로 접어든다. 가뭄에 콩나듯 몇 개 안 되는 일거리를 찾기 위해 수백 명의 라티노 노동자들이 눈에 불을 켜고 달려드는 꿀모 인력시장 근처에 산다. 까를로스는 꿀모에 살고 있지만 우글거리는 경쟁 속에서 항상 뒤쳐져 일거리를 차지하지 못한다. 귀찮지만 조금은 더 한산한 애난데일 인력시장을 찾는 이유는 그 때문이다. 추수감사절 연휴 여파 때문인지 며칠 새 애난데일에서도 일거리를 잡을 수 없다.

굿스푼 거리급식에 처음 왔다는 그는 스줍음이 많다. 너무 비둔하지도, 빼빼하지도 않은 덩치에 다소곳이 가죽자켓을 차려 입고 다가오는 그를 보고 한눈에 첫 번째 방문하는 새 식구임을 알았다. 까를로스의 밝게 웃음띤 얼굴속에 상처 입은 오른눈을 보고 흠찔 놀랐다. 그의 오른쪽 눈의 동공이 없다. 윤곽없이 뿌옇게 풀어져 있다. 2년 전 불체자로 시작한 미국생활에서 얻은 것은 과테말라에 두고 온 처자식들에게 간간히 부쳐 준 품값 일부와 스트레스와 심한 당뇨로 오른 눈을 잃은 채 정상적인 노동품을 팔기에도 불편한 시각장애자가 된 것이 전부였다. 초기에 병원을 찾아다니며 적절히 조치를 했더라면 완전히 시력을 잃진 않았을 텐데… 아쉬움을 토해 낸다.

스페인어를 말하지만 읽을 수 없고, 쓸 줄 모르는 문맹자인 그는 동료들이 성구암송을 마치고 개선장군처럼 의기양양하게 급식을 받아 맛있게 식사하는 모습을 멀찍이 바라만 본다. 보고자 하는 열망이 완전히 닳아 버린 시신경을 그래도 조정하는지 간단히 복음을 전하는 내 얼굴에 초점을 마추려고 눈동자를 부지런히 움직인다. 심한 당뇨로 수족이 상해 가고 여러 장기에 문제가 생기진 않았지만 최근 들어 혈액순환에 어려움이 있음을 어렴풋하게 느낀다. 하루하루 연명하며 살아가는 형편에 악화되지 않기만을 바랄 뿐이다.

한쪽 눈을 가지고 노동시장에 나온 자기를 보고 외면하는 사람들이 많아 변변한 약조차 살 수 없는 까틀로스의 추수감사절은 우울하기만 하다.

라티노 목사가 본 한국인

23년 전 과테말라에서 미국으로 온 아리아가(Hector Arriaga) 목사는 알렉산드리아에 산다. 이목구비가 또렷하게 잘 생긴 그는 맑은 얼굴에 짙은 코수염을 달았는데 첫 인상이 인심 좋은 이웃집 아저씨처럼 다정하게 보인다.

그의 목양은 몇 가지 면에서 특이하다. 라티노들의 왕래가 빈번한 알렉산드리아 지역에 개척한 "예수님은 주님이시다(Iglesia Jesus es el Kyrios)" 교회는 초미니 사이즈다. 교우들이 많지 않아 낮에는 땀 흘리며 페이트 일을 하면서 교회와 가정을 위해 돈을 벌고 저녁과 주말에는 선한 목자의 심정으로 양무리를 살피기에 분주하다. 그의 영혼 사랑하는 열심은 삶의 주변에 있는 라티노 동족들뿐만 아니라 떠나온 조국의 어지러운 환경 속에 방치되어 있는 남은 자들에 대한 관심도 지대하다. 지난 7월초에도 니카라과의 가난한 빈민지역에 개척한 선교현장을 동료와 함께 돌아보고 왔다.

한인이 경영하던 타이슨 코너 지역 델리에서 4년간 그의 아내와 함께 주방 일을 했다는 그는 한인들에 대한 좋은 인상과 감사한 기억을 갖고 있다. 한인 주인은 아리아가 목사 부부를 돈으로 사서 함부로 사용할 스페니쉬 노동자로 대하지 않았다. 도리어 그들을 신뢰하여 든든한 사업의 동반자로 보았고, 인격적으로 따뜻하게 보살펴 주었다. 가족의 자질구레한 경조사까지 챙겨 주었던 한인 주인은 친정 식구처럼 고마운 사람들로 남아 있다.

이방인인 자신을 차별하지 않고 사랑으로 감싸 준 한인 교포의 이름과 전화번호를 아직도 기억하는 그는 한인들을 사랑하고 존경하는 친한파가 되었다.

뼈가 으스러지도록 수고한 노임을 떼어 먹고 주지 않는 한인, 노임으로 수표를 받았지만 현금으로 바꿀 수 없어서 분노했던 라티노들, 노동시장에서 데려갈 땐 시간당 10달러를 약속하고선 정작 7불로 깎아 계산하던 한인, 심지어 현장으로 가다가 맘에 들지 않자 하이웨이 한복판에 쓰레기 던지듯 내려놓고 줄행랑친 한인들….”

가끔씩 그가 돌보는 라티노 교우들과 이웃들이 소수의 몇몇 한인들에게서 당한 불편부당한 대우에 불만 섞인 소리를 발할 때도 그의 위로와 충고는 공평하고 신중하다. 한인들에 대한 원망으로 폭발직전의 뇌관처럼 민감했다가도 이리아가 목사가 경험한 사랑스런 한인들을 소개하면 상처받은 라티노들은 마음을 누그러뜨리곤 한다.

워싱턴 일원에 사는 15만 가까운 한인과 70만이 넘는 라티노들이 보다 화목하고 발전적인 관계 증진을 위해 그는 “서로 다른 문화차이를 인정하면서, 서로 존중하고 사랑하는 방법만이 인종갈등 문제를 해결하는 좋은 대안이 될 것이다.”라며 한인사회를 위해 조심스런 견해를 피력한다. 신약성경 야고보서 2장 1절은 “사람을 차별하여 대하지 마십시오.”라고 한다.

라티노와 한인들이 사랑과 화합으로 더 강화되는 멋진 날을 꿈꾸며….

라티노와 더불어 사는 지혜

버지니아 알렉산드리아에서 사는 이씨는 미국 생활 25년째다. 초

창기 이민생활이 다 그러하듯 그도 오랜 시간 비싼 수업료를 내고 힘든 정착의 과정을 밟았다. 잠자는 시간은 고작 서너 시간에 불과했고 깨고 나면 종일 십여 시간을 비지땀 흘리며 생존을 위한 몸부림을 쳐야 했다.

오십대 초반의 이씨를 스페인어 야학에서 만난 것은 며칠 전이다. 수더분한 인상에 밝은 유머가 있는 그는 페인트 사업을 하고 있고 자기 수하에 라티노 협력자가 15명이 있단다. 줄잡아 그의 그늘 아래서 애환을 같이하며 더불어 살고 있는 식솔들이 70여 명에 이른다.

주로 중미 엘살바도르, 온두라스, 과테말라 출신의 라티노들이 그에게서 기술을 배워 작은 묘목같은 이민 나무를 버지니아에 심었고 점차 견고한 삶의 뿌리를 내리고 있다. 그중 몇몇은 벌써 20년 가까이 한솥밥을 먹으며 중요한 동반자로 남아 있다. 그는 자기 수하에서 함께 일하는 라티노를 더 이상 종업원으로 부르지 않는다. 마음을 나눈 친구일 뿐아니라 자신을 먹여 살리는 동역자로 사랑한다. 함께 헤쳐 온 시간이 소중하여 그들을 사랑하는 이씨는 그들의 가족뿐만 아니라 그들의 나라, 그들의 문화에도 관심이 많다. 그들과 더 친숙하고 더불어 살기 위해 스페인어를 배우는 그는 수업 도중 걸려온 라티노와의 전화에서 가족간의 대화처럼 따뜻하게 대한다.

지난 2월 그는 친구들의 나라 중미로 여행을 다녀왔다. 한국의 경상도 크기만 한 태평양 연안 국가 엘살바도르는 주변에 과테말라, 온두라스, 니카라과와 맞대고 있다. 태평양의 등대로 불리는 원추형의 거대한 활화산 이살꼬(Izalco)가 라틴 댄스 살사춤을 추듯 아직 꿈틀거리고 있다.

오랜 내전으로 인해 수많은 인명이 살상된 고통이 아직까지 배어 있는 산 살바도르(San Salvador)에서의 꿈같은 시간은 미국에서 경험해 볼 수 없던 색다른 문화적 묘미를 갖게 했다. 8월에 다시 산 미겔을 돌아보려는 그는 어느새 라틴 아메리카 매니아가 되고 말았다.

경쟁이 심한 페인트업계에서 탄탄하게 자리를 잡기까지 이씨는 라티노와 더불어 사는 지혜를 터득했다. 철저하게 모든 것을 열기로 작정했다. 마음을 열어 그들을 대하는데 차별과 거짓이 없음을 보여 줬다. 시원스러운 의사소통이 어려웠던 처음부터 라티노들을 소중한 인격체로 여겨 정중하게 대하고 세심한 배려를 아끼지 않았다.

비숙련자들인 그들에게 페인팅 기술을 전수할 땐 자신의 노하우를 조금도 감추거나 아끼지 않고 철저하게 개방해서 훈련을 강화시켰다. 사랑으로 얽혀진 그들이 자신을 능가할 만한 기술을 가졌음에도 떠나기는커녕 든든한 버팀목이 되어 서로를 돕는 오늘이 되었다.

라티노들의 노임을 뒤로 미루거나 떼어 먹지 않았다. 천성적으로 부지런한 그는 매사에 본을 보였고 일처리는 깔끔하고 완벽하게 마무리했다. 사소한 약속이라도 정확하게 지키려고 애썼으며, 문제가 발생할 땐 남에게 투사하지 않고 자신이 감당했다.

돈보다 더 소중한 라티노 친구들을 얻은 것에 감사하는 이 씨가 소박하게 웃는다.

레에(lee), 오예(oye), 과르다(guarda)

작은 키에 온화한 미소가 아름다운 이권사는 올해도 집 뒤 작은 텃밭에 농사지을 생각으로 봄이 새롭다. 던로링에 위치한 이 권사 집은 따뜻한 정이 있고 풍성한 사랑이 있다. 오고가는 손님이 숱하게 드나드는 곳이다.

떡두꺼비같은 세 손주가 있고, 섬기는 한인교회 봉사할 일도 만만치 않지만 봄을 준비하는 이 권사의 마음은 벌써 푸성귀 농사에 있다. 욕심을 챙기고 찬값이라도 벌기 위해서 유기농 채소 농사를 하는 것 아니라 정과 사랑을 나누고 싶어서다. 쉴 새 없이 뛰어야 하는 각박한 이민생활에 찌든 이들에게 흙냄새가 가시지 않은 상추, 깻잎, 미나리, 쑥갓, 고추와 쪽파를 나누는 사랑은 가히 감동 수준이다. 새벽기도 마치고 예고없이 초대된 아침 식사. 겨우내 얼었던 땅을 비집고 나온 돗나물을 뜯어 시원하게 나박김치를 만들어 냈는데 혀끝을 간지럽게 한다. 그날 새벽기도 동지들은 생명의 기운이 움터나는 봄을 먹었고 사랑을 배불리 먹었다.

이 권사가 건낸 30여개의 풋고추 새순을 화분에 나눠 심었다. 겨우내 따뜻한 실내에서 애지중지 사랑으로 싹을 틔운 풋고추 새순은 처음 만져보는 생명체다. 플라스틱 통을 얻어다가 오븐에 칼끝을 덥혀서 촘촘이 뚫고 홈디포에서 질좋은 흙을 사서 한 통에 두 그루씩 심고 흙을 북돋아 선교센타 양지 바른쪽에 내다 놓았다. 아침마다 물 주고 정 주고 사랑도 듬뿍 주었다. 그리고 조금씩 건강한 생명체로 자라 안개꽃처럼 꽃을 피우고 향긋한 고추로 맺으라고 다사로운 소망의 눈빛도 준다.

일 년 된 라티노 도시빈민 사역도 연한 순처럼 예쁘게 자라고 있다. 구제와 선교가 조금씩 굵은 뿌리를 내리고 있다. 녹두가루 같은 꽃가루가 이슬처럼 내리던 지난 주 360벌의 산뜻한 청색 티셔츠가

'예수태풍'의 지 목사를 통해 굿스푼에 전달됐다. 가난한 라티노 도시빈민들을 구제하기 위한 동기도 있지만 더 중요한 소망이 그에게 있다. 입고 다닐 때마다 본인뿐만 아니라 다른 사람들에게도 "예수님은 당신의 구세주"라는 선명한 복음을 전하기 위해서다.

셜링턴 라티노 노동시장에서 화요일, 애난데일 거리급식소에서 수요일, 그리고 버지니아 최대 라티노 빈민지역인 꿀모에서 목요일. 먹거리와 함께 티셔츠가 나눠 주었다. 항상 그랬듯이 이 날 준비된 한인들의 사랑을 받기 위한 코드는 성구암송이다.

계시록 1장 3절. "이 예언의 말씀을 읽는 자들과, 듣는 자들과, 그 가운데 기록된 것을 지켜 행하는 자들이 복이 있나니 때가 가까움이라" 라티노들은 세 가지를 기억했다. 생명의 말씀을 '레에(lee 읽으라), 오예(oye 들으라), 과르다(guarda 지켜 행하라)'

애난데일 거리급식소에서 따뜻하게 지은 음식과 풍성하게 준비된 푸드뱅크의 식품들, 이불과 옷가지를 나누는 의류뱅크, 맵씨 좋게 잘라 주는 이발사역, 그리고 한의사의 혈압체크에 감격하는 도시빈민 라티노들은 새 옷으로 갈아입고 환하게 웃는다. '예수 사랑하심은', '달고 오묘한 그 말씀'은 최근에 라티노들이 즐겨 부르는 찬송이다. 입가에 아직 매운기가 가시지 않았지만 흥얼거리는 찬송시를 통해 그리스도 예수의 복음이 저들 마음속에 자리잡는다.

바이론이 드린 십일조

콜롬비아 칼리가 고향인 바이론(51세)은 커다란 키에 인심 좋은 이웃집 아저씨처럼 생겼다. 얼마 전 장성한 아들과 딸이 멕시코 국경을 넘어 아버지 곁으로 와서 폴스처치에 둥지를 함께 틀었고, 아직 여건상 합류하지 못한 그의 아내와 남은 자녀들은 여전히 콜롬비아에 살고 있다.

콜롬비아 칼리대학에서 건축을 전공한 그는 한때 고교 선생으로 일한 적이 있고 미국에서도 이왕이면 전공을 살려 일하고 싶어한다. 바이론을 거리급식소에서 만난 지가 거반 일 년이 다 된다. 다른 사람보다 머리 하나는 더 될 만큼 껑충한 키에 항상 운동모자를 쓰고 나타나는 그는 성경 암송실력이 탁월하다.

외로운 객지생활에서 건장한 남성이 흔히 범하기 쉬운 술, 담배, 마약의 유혹을 물리칠 수 있는 강력한 의지력은 하나님을 경외하는 철저한 신앙에서 기인한다. 세계적인 치약, 치솔 제조업체인 콜게이트사의 창업주 콜게이트가 어린 나이에 영국에서 미국으로 건너와 이민 생활을 시작할 때 그의 모친이 그에게 축복받는 삶의 비결로 제시한 두 가지는 주일성수와 철저한 십일조 생활 이행이었다.

바이론의 신앙원칙도 콜게이트와 같다. 가족이 곁에 있으나 없으나 늘 충실할 수 있었던 비결은 그 첫 번째가 주일은 반드시 하던 일을 중단하고 하나님께 예배하러 교회에 간다는 것이다. 온전히 드리는 주일성수에 큰 의미를 부여하며 하루를 온전히 주님의 날로 정하여 드린다. 두 번째로 이민생활에서 땀과 눈물의 결정체로 거둬들인 수입의 십일조를 아까워하지 않고 반드시 하나님께 드린다.

지난 주 애난데일 라티노 일일 노동시장은 페어팩스 카운티 경찰의 단속강화로 급격히 얼어 붙었다. 작년 10월경 대통령 선거를 앞두고 대대적으로 벌였던 불체자 단속 때처럼 라티노 노동자를 보는 눈이 곱지 않을 뿐만 아니라 그들을 고용하기 위해 오고가는 고용주들에게 티켓을 발부하여 원천적으로 노동시장을 흩어 놓고 있다.

겨우내 두 달 이상 일자리가 없어 힘들었던 노동시장의 도시빈민들은 꽃피는 봄이 되면 일자리도 풍성하고 갈퀴로 돈을 쓸어 담을 줄 알았다. 그리고 기대대로 조금씩 숨통이 트이던 차였는데 갑작스런 경찰 단속의 한파는 불체자 도시노동자들의 시름을 더욱 깊게만 한다.

알렉산드리아에 새 집을 마련한 C 집사는 바이론을 돕기 위해 그에게 3일간의 일자리를 주었다. 앞뜰에 심어 놓은 나무 밑둥을 둥그렇게 파서 봉분처럼 멀치를 주고, 죽은 나무를 캐내 새 나무로 심고, 잔디를 이식해서 예쁘게 단장하는 일을 그에게 맡겼다.

C 집사의 사랑어린 배려로 삼일치 노임을 받은 바이론은 모처럼 만져 보는 품삯에 감사해 했다. 토요일 바이론이 애난데일 거리급식에 나와 내게 내민 것은 땀과 사랑이 배어 있는 머니오더였다. "하나님께 드리는 십일조인데 적어서 부끄럽다."며 거리급식 운영에 사용해 달란다. 아울러 빈민 노동시장에서 인간미 있는 따뜻한 환대에 감사하면서 일거리를 주고 후하게 시간당 임금 지불을 잘해 준 한인들의 정성과 사랑에 고마워했다. 하나님께 드린 십일조는 마치 과부의 두렙돈과 같이 마음을 찡하게 한다.

반지 좀 끊어 주세요

듬직한 체구에 영화배우처럼 잘 생긴 외모를 갖고 있는 미구엘(26세)은 중앙아메리카에서 올라온 청년이다. 평소에도 말수가 적은지 애난데일 노동시장에 나와서 일을 기다리다가 거리급식소에 올 때도 가까이 어울리는 친구도 없고, 왁자지껄 떠드는 모습을 본 적이 없다. 영어를 곧잘 말하는 미구엘은 욕심이 없다. 거리급식소에서 가난한 도시빈민들을 위해 나눠 주는 먹을 것, 옷가지, 약품류, 방한용품 등 그 어떤 것에도 먼저 차지하려고 아귀다툼하지 않는다. 조용히 한쪽켠에 섰다가 자기 순서가 오면 감사해 하며 섬겨 준 음식과 여러 사랑어린 손길에 고마워하며 돌아가는 모습을 보았을 뿐이다.

작년 말까지 애난데일 훼어몬 가든 아파트에 동료들과 살다가 겨울에 일거리가 급격히 떨어지면서 방세가 걱정이 되자 비교적 방세가 덜 드는 버지니아 최대 라티노 노동시장이 있는 꿀모(Culmore) 지역으로 이사왔다. 꿀모에서 매주 화, 목요일 두 차례에 걸쳐 푸드뱅크사역을 할 때 가끔씩 미구엘을 만났는데 여전히 그는 혼자였고 이왕이면 깨끗한 옷을 골라 입고 일자리를 구하고 있었다.

비가 개이고 화창한 엊그제 목요일. 꿀모에서 푸드뱅크가 있는 날이다. 근처 세븐일레븐에서 일자리를 찾던 라티노 노동자들이 까맣게 줄을 섰다. 늘어선 줄에 미구엘이 있는 것을 보고 포옹을 하고 반겼다. 간단히 말씀을 전하고 미구엘에게 식사기도를 요청하려 줄 앞으로 이끌어 냈다. 썼던 모자를 벗고 기도하려는 미구엘이 손사레를 치며 오늘은 빠스똘(목사)이 기도해 달라고 극구 사양했다. 그 때 주변에 섰던 동료들이 미구엘의 왼쪽 손가락을 가리키며 보란다. 왼손 네 번째 무명지 손가락이 눈에 확 들어왔다. 반지 3개가 연거퍼 끼여 있는 손가락 첫 번째 마디는 얼마나 반지가 파고들었는지 피부가 벗겨져 있고 상해 있었다. 두 번째 마디부터 손톱이 있는 셋째 마디까지는 피부가 벗겨진 채 굵은 당근처럼 새빨갛게 부풀어있었다.

미구엘의 손가락이 기형적으로 붓게 된 이유는 갑갑증 때문이었다. 몸이 불면서 손가락에도 영향이 갔는지 어느 날부터 손가락에 낀 반지가 거북스럽게 느껴졌다. 대수롭지 않게 반지를 비틀어 빼려고 돌려보았지만 살에 바짝 달라 붙은 반지는 꼼짝달싹하지 않은 채 남아 있다. 점점 불안한 나머지 시도 때도 없이 힘을 주어 비틀었는데 반지 아래 피부는 점점 벗겨지면서 상해 가기 시작했고, 두 번째 마디에 애꿎은 힘이 가면서 점점 염증이 생겨 새빨갛게 퉁그라진 것이다.

노동시장에 나왔으나 한달여 손가락 통증으로 아무 일거리를 잡지 못하고 집으로 돌아가길 몇 주 째다. 급한 마음에 기형적으로 상해가는 미구엘의 손을 붙잡고 하나님께 기도한다.

"그의 썩어가는 손가락을 치료해 줄 지혜롭고 따뜻한 한인 외과 의사를 만나게 해 주십시오.."

쎄비체(Cebiche) 먹고 짜오(Chao)

남미 페루의 대표적인 음식은 쎄비체(Cebiche)다. 쎄비체의 강렬한 특징 세 가지가 있는데, 시고, 맵고, 차다. 잉카시대부터 시작된 생선회 섞은 전채요리 쎄비체는 스페인이 점령한 몇 백 년을 거쳐 현재까지도 전해 오는 유서 깊은 페루 음식이다.

검푸른 태평양을 보지 않고서는 건조한 기후 때문에 도무지 항구

답지 않은 리마에서는 물론이고 그 옛날 잉카 인디오의 수도 꾸스
꼬(Cuzco)에서조차 즐기는 별미다. 잉카 고대 인디오 말인 께추아
(Quechua)어로 '배꼽'이란 의미를 갖고 있는 꾸스꼬까지는
600Km로 안데스 산맥을 오르내리는 무심한 길이다. 해발
3,400m의 안데스 고산준령 한복판에 잉카의 수도 꾸스꼬를 세웠
는데 거기서도 쎄비체는 페루식 생선회 요리로 산길 찾느라 지쳐
있는 이들의 미각을 마비시킨다.

꼬르비나(Corvina, 민어)같은 흰살 생선과 뻬스까도 가또
(Pescado Gato, 가물치)를 싱싱한 상태에서 깍두기처럼 살을 썰어
라임즙에 30분 정도 담근다. 그리고 나서 토마토, 양파, 할로뻬뇨
고추, 파슬리를 잘게 썰어서 섞어 낸다. 라티노들은 쎄비체를 아침
과 점심에만 먹는다. 가볍고 담백한 맛이 위에 부담을 주지 않으며,
곁들인 라임에는 다량의 비타민 C가 포함되어 숙취에도 좋아 더위
로 기운이 없고 입맛을 잃었을 때 보양식으로 제격이다.

대표적인 쎄비체의 종류로는, 커다란 게와 생선살, 소라, 오징어,
조개가 들어간 화려한 쎄비체 믹스또(Cebiche Mixto)가 있다. 민
어 생선살 맛이 담백한 쎄비체 꼬르비나(Corvina), 분홍 빛깔이 아
름다운 송어 쎄비체 뜨루짜(Trucha) 등이 있다. 여기에다 열대 과
일쥬스 망고나 마라꾸자 한 잔을 곁들이든지, 페루의 전통술 뻬스
꼬(Pisco) 한 잔을 곁들이면 일품이 따로 없다.

애난데일에서 콜롬비아 파이크 길을 만나 1마일 정도 가다 보면
리스버그 파이크 길을 만나기 직전 오른편에 페루식 전통 음식점
꾸스꼬가 있다. 상큼한 쎄비체로 전채를 즐기고, 메인 요리로 기름
기 없고 부드러운 쇠고기 로미또에다 옅은 노란색 잉카 콜라 한 잔

은 이색적인 문화 체험을 하기에 충분하다. 금요일 저녁에는 인디오풍의 께냐(피리)와 싼뽀냐(팬플룻)의 음률이 애절한 전통 안데스 음악을 연주하는 잉카의 후예들의 공연도 볼 수 있다.

6개월 전 거리급식 현장에서 만난 길려르모 바르가스(50세)는 페루와 에쿠아도르 국경 근처가 고향이다. 6개월 관광비자로 입국하여 막노동을 하고 있는 길레르모는 한때 페루 좌파 무장 게릴라인 '빛나는 길(Sendero Luminoso, 센데로 루미노소)' 출신이다. 예수 그리스도를 만난 후 좌파 게릴라를 떠나 페루 가난한 산간 지역에서 평신도 전도인 역할을 하던 그가 마라(24세)와 로싸(19세) 두 딸과 함께 애난데일 아파트 방 한 칸에서 기거하고 있다. 큰 딸 마라(24세)는 벌써 임신 6개월째다. 어린 생명의 복중 발길질이 뚜렷하지만 아직 한 번도 산부인과 의사의 검진을 받지 못해 불안해 한다.

길레르모는 비자 만료를 눈 앞에 두고 고민이 많다. 페루에 돌아가 다시 새출발 하려는 생각이지만 만삭에 가까운 마라와 눈망울이 큰 로싸가 미국에 남아 꿈을 펼쳐 보고 싶어 한다. 갈팡질팡 결정을 못내린 채 오래 고민하던 길레르모가 페루로 떠나려고 한다. 남아 있기를 고집하는 딸들을 객지에 두고 떠나는 아비의 마음에 근심이 서린다. 세 부녀와 꾸스꼬에서 쎄비체로 마지막 만찬을 나누었다. 부디 가는 길에 주의 평강 있으라. 영광의 주님 함께 하시라.

엘 메 레반따라 (El Me Levantara)

움베르토 로드리게스(35세)는 알렉산드리아 버지니아 빌리지 아파트촌에 산다. 2명의 멕시카노와 4명의 온두레뇨, 그리고 니카라과가 고향인 자기까지 7명의 라티노가 한 지붕 아래 살고 있다. 각기 다른 배경과 꿈을 가진 그들이 미국에 왔지만 갈수록 어렵게만 느껴지는 신분문제와 주체할 수 없이 밀려드는 가족에 대한 그리움, 그리고 생활 경비도 줄이기 위해 라티노들은 공동생활을 할 수밖에 없다.

그는 특별히 한인들에게 따뜻한 추억을 갖고 있다. 그의 고향 마나구아(Managua)에 있을 때 원단과 청바지 제작을 하던 한인 봉제공장(Fabrica de Textil Managua)에서 2년간 단추 찍는 일을 도왔다. 정씨로 기억되는 한인 주인은 움베르토를 비롯하여 니카라과 종업원들을 극진히 사랑했다. 고용주와 종업원의 관계 이상으로 인간적인 따뜻한 정을 나누며 교제했던 것을 기쁘게 생각했다.

한인주인은 정이 많았다. 가난한 그들에게 일자리를 마련해 줬을 뿐만 아니라 자상하게 기계 다루는 법을 가르쳐 줬고, 종업원들과 그의 가족들의 세세한 부분까지 정성껏 돌아보며 사랑을 나누었다. 축하할 만한 가족 기념일에 불쑥 나타나 시계를 선물하여 놀라게 했고 커다란 생닭도 안겨서 식구들과 포식했던 기억이 있단다. 이미 니카라과에서 한국인의 정과 한국의 맛에 길들여진 터라 굿스푼 거리급식에서 준비한 불고기와 김치가 낯설지 않다. 받아든 급식을 비워 내며 서투른 한국말로 '감사합니다' 라며 수줍어 한다.

월요 거리급식을 마친 후 혹시 있을지도 모를 반나절 일거리를 포기한 채 집으로 향하는 그를 따라 집을 방문했다. 고향에서 움베르토는 '헤오바 미 포르딸레사(Jehova Mi Fortaleza) 찬양그룹의 기타리스트와 드러머로 활약하던 인물이다. 일 년 반 동안 페인트 일

헬퍼로 일하느라 손이 많이 굳어졌지만 기타는 17년간, 피아노는 5년간 쳤다며 찬양을 권한다.

요즘 그는 집에 있는 것이 즐겁다. 재산목록 1호가 될 만한 신디사이저를 알뜰하게 저축하여 최근에 구입했기 때문이다. 신디사이저를 켜 놓고 힘들고 어려울 때마다 하나님을 의지하며 부르던 찬양을 소개한다. 'El Me Levantara, 그는 나를 일으키시리.'

"그는 나를 일으키시리 그는 나를 일으키시리 그는 그런 분이시네. 그의 손이 나를 잡아 주시네. 그는 나를 일으키시리. 그는 그런 분이시네. 나를 굳건하게 하시리. 나를 굳건하게 하시리. 그는 그런 분이시네. 그의 손이 나를 잡아 주시네. 나를 굳건하게 하시리. 그는 그런 분이시네."

반주에 맞춰서 부른 라틴 복음송의 가사가 마음을 끈다. 이곳에서 겪는 어려움 때문에 더 가사에 의미가 새로운지 모른다. 가족에 대한 그리움에 묻혀 사는 많은 라티노 도시빈민들이 인정 많은 한인들과 함께 어울려 어려움을 털고 일어나 기쁨에 가득찬 사랑과 화합의 합창을 노래하는 것을 기대한다.

잉카의 후예 띠모떼오의 꿈

16세기 유럽에는 전설 속의 황금의 땅 엘도라도(El Dorado)에 대한 열풍이 불었다. 엘도라도를 찾아 안데스까지 온 에스파냐인 피사로는 황금을 찾기 위해 안데스의 카하마르카에서 잉카의 왕 아타 왈파를 사로잡고 보물을 약탈했다. 목숨을 구걸하는 왕을 피살 한 후 잉카의 수도 꾸스꼬(Cuzco)까지 진출하여 태양신전(꼬리깐차) 에 난입한다. 눈부시게 찬란한 황금신전을 뜯어내어 금을 탈취한 후 태양신전을 짓뭉개버리고 그 터 위에 싼또 도밍고 성당을 건립 한다.

한국의 정 반대편에 있는 안데스 잉카의 나라 페루 리마(Peru Lima)는 태평양 연안을 끼고 발달한 인구 800만 명의 도시다. 디 아스포라 유대인들 못지 않게 세계 142개국에 널리 퍼져 살고 있는 한인들이 낯선 땅 리마에도 천여 명이나 봉제공장과 옷가게를 경영 하며 살고 있다. 주목 받지 못하던 약체 페루 배구 국가팀을 일약 세계 최강으로 끌어올린 박만복 배구감독의 덕택으로 페루 한인들 은 중남미 다른 나라에서와 달리 많은 인기와 사랑을 받는다.

페루인들에게 '맘보 박'으로 불리는 박 감독은 페루의 국민적 영 웅이었다. 잡초처럼 일어서는 박 감독의 스파르타식 근성 훈련 덕 분에 페루 배구 대표팀은 1982년 세계선수권대회 준우승, 1984년 LA 올림픽에서 4위, 1986년 세계대회 동메달, 1987년 드디어 세계 대회 전승 우승을 달성했다.

안데스 잉카의 후예 띠모떼오(42세,Timoteo)는 페루 리마가 고 향이다. 전형적인 백인과 인디오의 혼혈 메스티조의 얼굴을 한 그 는 얼핏 보면 동양인 같은 외모를 갖고 있다. 페루 국립 리마대학 2 학년까지 다니다 미국에 온 띠모떼오는 4년째 애난데일에서 동료들 과 거주하고 있다. 띠모떼오와 굿스푼의 만남은 1년 전 애난데일 거 리급식소에서였다.

처음 만났을 때부터 어눌한 한국말로 "안뇽하세요" 인사하던 그가 배식을 받아들면서 불쑥던진 말이 "맘보 박"을 아느냐는 것이었다. 느닷없는 질문에 잠시 어리둥절했지만 이내 박만복 감독애기인 줄 알아채고 가까워지기 시작했다. 한인들과 한국음식이 좋다며 살갑게 다가서는 그는 성실하다. 거리급식에서 처음 맛본 불고기와 김치는 그가 가장 좋아하는 음식이 되었다. 가끔씩 김치가 생각나면 퇴근길에 선교관에 들러 어지럽게 쌓여 있는 물품들을 정리해 주곤 한상 차림을 받는다.

선교관 주변에 시위하듯 길게 자란 잡츠를 깎아 주고 청소를 해 주며 땀 흘리는 그는 오랜만에 만난 라티노 선교 동역자다. 그간의 한인들의 사랑에 감사해 하는 띠모떼오어겐 소박한 꿈이 있다. 아내와 4남매를 리마에 두고 올라와 닥치는 대로 막노동을 하던 외기러기 띠모떼오는 오랜 나그네 생활을 접고 다시 고향에 돌아가려는 장기 계획을 세웠다. 앞으로 몇 년 착실하게 일할 뿐만 아니라 한인들의 도움을 통하여 신학훈련도 받고 싶어 한다.

다시 리마로 돌아갈 땐 굿스푼 페루 리마 지사 선교사가 되어 자국민 가난한 도시빈민들을 돕고 싶어한다. 그에게서 작은 선교의 씨앗이 움트고 있음을 본다

카펫 위에 눕는 목사

중앙 아메리카 7개 나라 중 가장 큰 나라인 니카라과는 지정학적으로 볼 때 축복받은 나라다. 서부 해안가엔 포용력 큰 태평양 연안

이 펼쳐지고 동부 해안가엔 아기자기한 카리브해가 연해 있다. 넉넉한 바다가 부족하지 않은데도 하나님은 크고 아름다운 호수를 몇 개 더 주셨다. 국토를 가로 지르는 등뼈같은 환태평양 산줄기는 풍요로움을 선사하는 그늘이 된다.

그러나 니카라과에는 몇 가지 이유로 여전히 제 3세계의 전형적인 모습을 떨쳐버리지 못하고 짙은 가난의 구름이 덮여 있다. 해를 거듭할수록 도시빈민의 숫자는 증가하고 서민들의 삶은 더 깊은 고통 가운데 빠져 있다. 매년마다 일상사처럼 반복되는 지진, 화산폭발, 해일, 폭우, 산사태, 그리고 24년간 계속되었던 내전으로 하나님이 주신 아름다운 강산은 피폐해지고 가난한 도시빈민들은 이리저리 호구지책을 찾아 유민처럼 북·중미를 떠돈다.

끄리스또발 또우세까(Cristobal Touseca, 52세) 목사는 니카라과 레온(Leon)이 고향이다. 그는 니카라과의 작은 도시 레온에 있는 오순절 교회(이글레시아 끄리스또 비에네, Iglesia Cristo Viene) 담임목사로 2개월 전 미국에 도착했다. 알렉산드리아 라티노들이 집단 거주하고 있는 작은 아파트에 역시 니카라과에서 올라온 불체자 6명과 같은 아파트에 거주하며 막노동으로 생활한다.

비가 오던 주일 오후에 방문한 그의 아파트엔 건장한 끄리스또발 목사의 고향동료들이 어두운 실내에서 라티노 TV 를 켜 놓고 잡담하고 있었다. 땟국물이 줄줄 흐르는 소파에 누워 일어나지도 않은 채 낯선 이방인에게 시큰둥하게 손을 내미는 오스카 다빌로(Oscar Davilo)는 이 아파트의 방장이다. 사람당 책정된 방세 150달러를 거둬 방세를 내고 매주 식비 50달러를 거둬 함께 공동 먹거리를 구입하는 일을 주로 한다.

밤이 되면 옹색한 작은 구석을 빼곡히 채운 조잡한 가구들이 어지럽게 놓여 있는 아파트 카펫 바닥 위에 그단한 저들이 나란히 눕는다. 그 한쪽 컨 틈바구니에 홑이불을 펼쳐 놓고 노동자 목사도 눕는다. 함께 기숙하는 아파트를 보고서야 그에게 내줬던 퀸 사이즈 침대가 왜 그림의 떡이었는지 그제서야 알 것 같다. 저 혼자 편하려고 쿠션 좋은 매트레스를 깔아버리면 다른 동료들이 도무지 옴짝달싹할 수 없다. 푹신해 보이는 침대를 들여 놓고 싶지만 미련을 버려야 그나마 함께 둥지를 틀 수 있다.

니카라과에서 올 때 달랑 성경책 하나만 가지고 온 그는 남루한 바지를 꿰매어 입고 무더위에 일거리를 찾아 나선다. 50대 초반의 건장한 목사는 젊은 중남미 라디노(인디오와 백인 혼혈) 노동자들의 틈에 끼여 막노동을 하고 있지만 특별한 기술이 없어 일 주일에 고작 이틀밖에 일을 못해 걱정이 태산같다.

그의 아파트를 방문하기 전 애난데일 거리급식에서 두 번 그를 만났다. 삼삼오오 짝을 지어 도착한 라티노 노동자들이 손바닥 만한 교회 그늘에 앉으면 성경을 읽은 후 둥그렇게 원을 그려 손을 잡고 식사기도를 드린다. 허겁지겁 받아든 음식을 먹을 때까지만 해도 노동자 틈에 끼여 있던 목사를 발견하지 못했다. 일거리가 없어 두 번째 거리급식을 찾아 왔을 때 그는 선뜻 식사기도를 자원했다. 자신이 목사라며 스스럼없이 증명서를 보여 주면서 미더움을 준 그는 시편 23편을 주제로 짧은 메세지를 전했다.

"선한목자 예수님! 주님에겐 아무 부족함이 없습니다. 지금은 우리 모두가 힘들고 생활고에 지쳐 있지만 주님은 우리를 품에 안아 주시며 용기와 희망을 주실 것입니다"

확신에 찬 목사의 메세지와 기도는 무더위에 지쳐 있던 그들에게 잠시나마 영적, 육적 평안을 맛보게 했다.

매일 새벽 다섯 시면 어김없이 카펫 바닥에서 일어나 하루를 시작하기 전 니카라과에 두고 온 다섯 식구와 60여 성도들을 위해 기도한다. 이어서 목사는 특별한 기도를 하나님께 계속 한다. 식구들을 뒤로 한 채 6개월을 작정하고 미국에 올라온 것은 외부의 도움 없이는 스스로 자립할 수 없는 니카라과 고향 교회의 앰프 시스템을 하나님께 봉헌하고 싶어서였다. 도착한 지 2개월이 지났지만 저축된 돈은 없다. 만만치 않은 미국생활과 변변한 일거리를 찾지 못해서다.

금년 12월에 다시 니카라과 레온으로 돌아가려는 끄리스또발 목사가 풍성한 미국 부자에게서가 아니라 정 많은 한인사회를 통해서 기도제목이 응답될 수 있기를 소망해 본다. 교회에 설치할 앰프를 들고 고향에 돌아온 그를 통해서 한국인의 따뜻한 정이 얼마나 다사로운지 레온 마을 전체에 흘러 갈 수 있길 기대한다.

홈리스 이반 로드리게스

칼바람이 매서운 워싱턴 일원의 한겨울은 거리에서 노숙하는 홈리스들에겐 일년 중 가장 위험한 계절이다. 하루하루 힘겨운 생존의 싸움이 매일 길과 공원에서 벌어진다. 삼중 사중 겹겹이 껴 입은 방한복과 누더기 담요들로는 뼈속 깊이 스며드는 한기를 다스리기에 역부족이다.

홈리스들이 거주하는 응급 숙소(Emergency Shelter)는 화씨 32

도를 기준으로 닫히거나 열린다. 화씨 33도만 되어도 응급 숙소 내의 거동이 정말 불편한 소수의 인정된 사람을 제외한 모든 홈리스는 이른 아침 숙소 밖으로 내몰린다. 아프리 을씨년스런 바람이 불고 살을 에이는 눈비가 내려도 한 번 정해진 혹한기 온도규정은 엄격하게 적용되어 홈리스들을 거리로 쏟아내고 수용소같은 숙소의 문은 굳게 닫히고 만다. 손바닥 넓이 만한 겨울볕을 찾아 하루종일 발을 동동거리며 도심지 이곳저곳을 기웃거리지만 추위에 지친 심신은 물먹은 솜 이불처럼 점점 쳐지기만 한다.

홈리스들의 평균 수명은 대략 48.7세이다. 외관상으론 일반인들과 별반 차이가 없어 보이지만 실제론 그렇지 않다. 조금 보태서 말한다면 가히 '걸어다니는 종합병원'이라해도 과언이 아니다. 치과질환, 당뇨병, 신장질환, 폐질환, 알콜중독으로 인한 간질환 등은 대부분의 홈리스들이 지니고 있는 무서운 질환이다.

불결한 위생 상태에 있으며 건강이 좋지 않은 홈리스들에겐 정성이 깃든 음식이 필요하다. 생존의 위협이 극심한 겨울철 노숙자들에겐 고단위 영양가가 골고루 들어 있는 음식이 필요하다. 당장 굶주림을 해소하기 위해 받아먹는 인스턴트 음식과 소다류들은 어쩌면 급한 불을 끈 것처럼 보이나 잠재적인 건강 악화의 씨앗을 놓는 것이 된다.

멕시코 남부 뿌에블로가 고향인 이반은 미국생활 4개월째로 홈리스 숙소에서 산다. 알링톤에 있는 홈리스 쉘터에서 말도 안 통하는 흑인 홈리스들과 기숙하고 있는 이반은 가난했지만 소중한 가족이 있는 뿌에블로 오두막집이 그립단다. 멕시코에서 고교까지 졸업한 이반은 미국에 오면 쉽게 자리잡고 폼나게 살 줄 알았다. 항상 덥수

룩하게 긴 머리, 코밑 새까만 수염은 18살 청년이 아니라 인생살이
에 찌들은 30대 후반의 중 늙은이로 보이게 한다.

오늘 거리급식은 자원봉사자 미세스 최가 만든 쇠고기 슈트다. 먹
음직스런 살코기에 감자, 양파, 당근 그리고 오레가노를 섞어 푹 끓
여 기름기 흐르는 쌀밥과 프렌치 브래드를 담아 내었다. 이반은 몇
차례 허기진 배를 채우고 나선 어지간히 배가 불러 오는 지 탁한 목
소리로 일거리를 요청한다. 거리급식에 나올 때마다 그의 목소리는
쉬어 있다.

홈리스 쉘터에서 생활이 여의치 않은지 항상 지저분한 이반의 열
가락 손톱 밑은 까만 메티큐어를 일부러 바른 것처럼 때로 꽉 차 있
다. 일 주일에 한두 차례 돌아오는 쥐꼬리만 한 일자리, 설령 운좋
게 차지가 되었다 해도 사회 초년생인 그가 잘 감당하지 못하자 빼
앗기고 만다. 겨울철 생계가 막막하기만 한 지 쉰 목소리에 물기가
서린다. 따뜻한 사랑의 손으로 이반의 손을 잡아 주고 싶다.

옥탑방 천사가 웃다

애난데일 거리급식에서 만난 앙헬 알바레스(Angel Alvarez, 43
세)는 볼리비아 싼따 꾸르즈(Santa Cruz)가 고향이다. 볼리비아의
라 빠즈(La Paz), 꼬차밤바(Cochabamba), 수꾸레 (Sucre)등 대
부분의 주요 도시들은 안데스 높은 산 줄기에 위치하고 있다. 그에
비하면 싼따 꾸르즈는 평지같고 모래바람이 심한 곳으로 고지대에
서 어지럼증을 느끼던 사람들이 몰려 드는 곳이다. 키가 크고 얼굴

색이 붉은 앙헬은 네 식구를 싼따 꾸르스에 남겨두고 버지니아에서 생활한 지 일 년이 넘었다. 스페인어로 앙헬(Angel)은 천사(엔젤)란 뜻을 갖고 있다. 알렉산드리아 한인 식당 근처 라티노가 소유한 작은 주택 천정에 옥탑방을 꾸며 친구와 함께 산다. 지붕 아래 어지러운 공간에 나무를 얼기설기 대어 방을 꾸몄지만 보기에도 위험하고 한겨울을 나기엔 찬바람이 가슴을 파고 드는 옥탑방은 그나마 아늑한 보금자리이다.

앙헬은 얼마 전 알링톤 근처 한인 세탁소에서 일자리를 얻어 기뻐했다. 오전엔 뒷일을 하고 오후엔 깨끗이 마련된 옷을 배달하는 일이다. 매일 알렉산드리아에서 애난데일 노동시장까지 걸어서 다니는 것도 장난이 아닐뿐만 아니라, 작년 말부터 변변한 일자리를 잡지 못해 근심이 많았던 차에 뛸듯이 기뻐했다.

생소하지만 세탁 기술을 배워 항구적인 직업을 갖는다 싶어 소풍을 앞둔 어린애처럼 좋아하고 감사했다. 미래를 그리며 몇 년 간 꾹 참고 기술을 배우다 보면 오랫동안 떨어져 있는 볼리비아 식구들도 미국으로 초청하여 오붓하게 살려니 했다. 키도 크고 힘 있게 보여 한인 주인의 호감을 샀던 앙헬이 한주일단에 퇴출당한 것은 시력이 나빠 앞을 잘보지 못하고, 행동은 굼뜨고 기민하지 못했기 때문이다. 손발이 척척 맞아도 끊임없이 돌아가는 세탁소에서의 일은 고단한데, 멀쩡하게 생긴 앙헬이 언어소통도 안 될 뿐만 아니라 장승처럼 서서 쩔쩔매는 모습이 밉보여 짤리고 말았다. 일 주일만에 퇴출당한 앙헬이 다시 거리로 나와 일거리를 찾기 위해 다시 서성거린다.

앙헬이 모처럼 근심을 털어내고 환하지 웃었다. 볼리비아에서부터 시력이 점점 떨어지는 것을 느꼈지만 변변한 안과 검진조차 하지 못한 채 미국으로 스며 들었다. 노동시장을 전전하는 처지라 이 곳에선 더더욱 꿈도 꾸지 못할 일이 되었다. 오랜 자취 생활에 영양 부족과 자외선에 눈이 상했는지 먼 것은 물론이고 큰 글짜까지 가물거린다. 눈 조리개를 맞춰 몇 줄 신문이라도 읽으려면 미간을 있는대로 쪼그리고 코 앞에까지 들이대야 간신히 보는 상태가 된 것은 벌써 오래 전 일이다. 안과 검진을 한 후 폼나는 안경을 해서 쓴 다는 것은 가뭄에 콩나듯이 노동품을 팔아 근근히 사는 그에게 엄두가 나지 않는 일이지만 안경은 절실하게 필요했다. 그런 그에게 마음까지 환하게 해 주는 일이 어제 있었다.

매릴랜드 벨츠빌에 위치한 에덴안경원 정재훈 집사가 그의 희미한 눈을 뜨게 해 준 것이다. 안과 의사의 정밀한 검진을 마친 결과 그의 시력은 칠십 노인의 시력보다 못했다. 복합적인 시력장애를 갖고 있는 앙헬의 눈에 잘 맞는 특별히 제작된 렌즈를 주문해서 붉고 잘 생긴 그의 얼굴형에 맞는 안경으로 선물한 것이다. 세상을 다시 환하게 보기 시작한 옥탑방 앙헬이 천사처럼 웃는다. 듬성듬성이가 빠져 발음조차 시원치 않은 그의 입가에 행복한 미소가 깃든다.

국밥 속에 담겨진 주의 목마름

과테말라는 멕시코 남부 치아파스 아래, 카리브해 벨리스(Belize) 와 국경을 이룬 중앙 아메리카 첫 번째 국가이다. 험한 산악지대와 울창한 정글로 되어 있어 국토의 1/3은 사용이 불가능하다. 경제는 농업이 주산업으로, 커피가 주요 수출품이다. 과테말라는 한때 고

도로 발단된 마야(Maya) 문명의 중심지였다. 스페인으로부터 독립
이후 줄곧 독재와 군사정부의 통치가 있었다. 1960년대 이후엔 게
릴라와 정부군과의 유혈 내란이 계속되어 인간의 기본권이 무시되
는 극심한 혼란기를 겪었다. 이러한 상황은 1990년대 이후에야 다
소 호전되고 있다.

하나님은 과테말라에 있었던 끔찍한 혼란을 사용하셔서 중미 국
가 중 가장 많은 복음주의 교회들이 서게 하셨다. 인구 1200만 인
구중 1/3이 크리스천이다.과테말라에는 무지개색 영롱한 께찰
(Quetzal)이란 새가 있다. 지금은 환경 파괴로 거의 멸종 위기에 처
한 께찰은 과테말라의 국조이다. 새의 머리와 얼굴 부분은 녹색이
며 단단하면서도 작은 부리를 갖고 있다. 날개 앞부분은 파란색, 몸
통 뒷부분은 검정색, 그리고 몸통과 배 부위는 빨간색으로 치장하
고 있으며 무려 1미터가 넘는 긴 꼬리를 갖춘 께찰은 과테말라 국
기, 돈, 우표, 심지어 군인들의 군복에도 장식되는 문양이다. 얼굴
선이 굵고 건장한 안또니오 오르디네스(Antonio Ordinez, 38세)
는 과테말라(Chapin, 짜핀, 과테말라인을 지칭하는 별칭) 크리스천
이다.

언변이 좋은 안또니오는 잘생긴 영화배우 같다. 조카 아르만도 두
께(Armando Duque, 33세)와 일 년 전 과테말라에서 올라와 애난
데일에 거주하며 노동시장을 전전했다. 알렉산드리아에 위치한 "축
복의 산(Monte de Bendicion)" 오순절교회에 출석하는 안또니오
와 아르만도는 열정적인 신앙을 갖고 있다. 고단한 노동일을 마치
고서도 거의 매일 저녁은 기도와 성경공부 등으로 분주하다. 거리
급식 현장에서 몇 번인가 예배 후 식사 기도를 부탁했을 때 그는 자

신의 처지와 비슷한 라티노들을 위해 눈물로 호소했다.

"나는 가난하고 궁핍하오나 주께서는 나를 생각하시오니 주는 나의 도움이시요 건지시는 자시라 나의 하나님이여 지체하지 마소서." (시편40:17절)

눈물 흘리며 간절하면서도 힘있게 기도하는 그의 모습은 밥 푸고 국 담던 한인 봉사자들의 마음에 풍성한 신뢰를 주기에 충분했다. 간간히 안또니오와 그의 조카가 거리급식에 나올 때마다 굿스푼은 특별한 배려를 아끼지 않았다. 거리에서 만난 과테말라 선교 동역자의 마음을 사고 싶어 따뜻한 배려로 그의 집을 방문하며 필요를 먼저 채웠다. 그런 후에 마음이 공허한 라티노 도시빈민들의 아픔과 약함을 함께 나누는 동역자로 오래 같이 가고 싶었다. 언제부터인가 안또니오가 거리에 있으면서도 왕래를 끊고 대하는 모습조차 싸늘하다. 철썩같이 선교와 구제에 협력하겠다던 말은 공수표가 되어 사그라진지 오래다.

오랜만에 안또니오가 거리급식소를 찾았다. 이미 예배와 암송은 끝이 났고 푸근히 끓인 국밥이 나눠질 때다. 예배는 안중에 없고 다만 한 끼 밥을 빈속에 채워 넣으려는 손님같은 안또니오가 줄 끝에 선다. 억센 바람을 막아보려고 차 뒤에서 떨며 선 채 음식을 받는 빈민들 속에 선 그에게 측은한 마음이 앞선다. 한 영혼이 돌아오길 애타게 기다리시는 하나님의 특별한 관심과 목마름이 국밥 속에 함께 담겨져 언 손에 놓여치는 사연을 안또니오 당신은 아는가?

낮 술에 취해서

레몬 한 입 깨물고 손등의 소금을 핥은 후 마시는 멕시코 전통 주 떼낄라(Tequila)는 아가베 아술(Agave Azul)이라는 커다란 용설란을 증류해서 만든 술이다. 멕시코 국내 뿐만 아니라 한국을 비롯한 65개국에 수출하는 떼낄라는 무던한 성격탓인지 기호에 따라 다양한 주스, 과일, 소다들과 어울려 200여 가지 칵테일을 만들어도 불평이 없는 무덤덤한 술이다.

용설란이 자랄 수 있는 최적의 환경 조건은 화산 토양이어야 하고, 연중 섭씨 26도를 넘는 더운 기후에, 해발 800-1,700m 정도의 고지대가 적합하며 지나친 비는 뿌리를 상하게 만들어 싫어한다. 전체 떼낄라 생산량의 99%는 이런 최적의 조건을 갖춘 멕시코 할리스꼬주(Jalisco) 아마띠뜰란(Amatitlan)이다. 용설란이 10년쯤 자라면 긴 장대 끝에 날카로운 날을 가진 둥근 삽처럼 생긴 연장 꼬아(Coa)를 가지고 선인장 숲을 잘라낸다. 밭에서 수확한 60 Kg이 넘는 용설란의 밑둥치 모습은 흡사 빡빡머리 삐냐(Pina, 파인애플)같다. 떼낄라의 원료가 되는 밑둥치를 섭씨 100도가 넘는 화덕에 26시간을 꼬박 익힌 후에도 곧바로 꺼내지 않고 다시 하루 동안 서서히 열기가 식도록 놓아 둔다. 다 식은 용설란을 분쇄시켜 즙을 짜내는데 엷은 갈색의 아가베 미엘(Agave Miel)은 아주 달콤하다. 아가베 미엘을 다시 보일러에서 6시간을 데운 후 일 주일 정도 발효시켜 증류하면 맑은 색 떼낄라가 나오는데 숙성 정도에 따라 여러 이름으로 불린다. 두 달 미만은 떼낄라 블랑크(Blanco)로 용설란의 향취가 강하지만 독하다. 1년 미만은 레뽀사도(Reposado), 1년 이상은 아녜호(Anejo) 등으로 불려지는데 숙성 기간이 길수록, 천연 아가베가 많을수록 값은 더 비싸진다. 발효시에 사탕수수 원액을 첨가하거나 설탕, 혹은 화학제를 섞어 혼합 떼낄라를 만들기도 한다. 100% 천연 아가베로 만들어 5년간 숙성시킨 떼낄라 수쁘레마(Suprema)는 곤드레 만드레 마시고 난 다음날에도 숙취로 머리 아픈 일이 없다.

귀염성 있는 얼굴에 쌍꺼풀진 예쁜 눈을 가진 온두라스 청년 쎄씰리오 레예(Cecilio Reye, 22세)에게 큰 걱정거리가 있다. 왼쪽 눈이 점점 멀어가는지 앞을 분간하지 못했다. 페어팩스 병원 안과 닥터는 긴급히 수술을 받지 않으면 평생 후회하게 된다며 강권했다. 쎄씰리오의 수술비는 줄여 잡아도 2,800달러였다. 노동일을 하며 근근히 모았던 것을 손에 쥐고서도 아직 턱없이 모자랐다. 애난데일 거리급식소에서 라티노 노동자들과 한인 봉사자들이 예배가 끝나자 마자 특별 헌금 시간을 가졌다. 아들같고 동생 같은 쎄씰리오의 부족한 수술비 마련을 위해 일거리가 없어 주눅든 노동자들이 금쪽 같은 정성들을 모았다. 하나 예외없이 주머니를 터는데 손에 들려진 것의 반은 먼지고 반은 부스러기 정성들이었다. 엘살바도르 청년 라몬은 차비를 뺀 남은 동전을 넣는데 시간이 걸리지 않았다. 씨프리오(콜롬비아, 53세)는 잔돈이 없는지 20달러를 내고 모아진 헌금에서 10불을 돌려받았다.

쎄씰리오가 모아진 정성과 응원하는 기도소리에 참았던 울음보를 터뜨리고 말았다. 밥 먹기 전 떼낄라 쑤쁘레마 한 잔 걸친 사람처럼 모두의 얼굴이 기쁨으로 환하다. 성령으로 낮 술에 취한 가난한 이들에게서 갓익은 용설란 냄새가 향긋하게 난다.

국밥 짓는 장군

　2005년 한해동안 11,450명의 라티노와 가난한 도시빈민들을 주의 이름으로 섬길 수 있었다. 여름엔 스파게티와 꽁꽁 언 음료를 준비해서 더위에 지친 빈민들을 시원키 했고, 겨울엔 따뜻한 국밥을 끓여 시린 영혼을 위로하기 위해 거리에서 아픔을 함께 나눴다. 하나님께서 한인사회와 교회들을 격려하셔서 이 일에 동참케 하셨다. 약 40만 달러의 예산이 연 600여 명이 넘는 자원봉사자들의 헌신적인 참여와 어우러져 아름다운 사랑의 행진이 계속되고 있다. 굿스푼 가족이 된 남녀노소 봉사자들 모두는 하나님의 선교 동역자들이며 하나님 다음으로 찬사와 박수 갈채를 받기에 합당하다. 해맑은 어린아이 봉사자들의 고사리 같은 손길이 더해져 짜임새를 갖추고, 팔십 노인의 자상한 배려가 합해져 더 탄탄한 봉사 현장이 되었다.

　새빛교회에 출석하는 이권사는 금년 79세다. 마르지 않는 샘처럼 유머가 풍성해 자원봉사자들을 즐겁게 하는 그에게서 팔십 노인의 초췌한 모습을 볼 수 없다. 도리어 이제 환갑이나 지냈을까 할 정도로 건장하고 의욕에 찬 젊은 패기와 열심을 볼 수 있다. 매주 월요일이면 평생을 동고동락한 부인과 배장로 부부가 함께 굿스푼에 나와 도시빈민들을 위한 거리급식을 준비한다. 지난 겨울 내내 차가운 눈비가 내리는 모진 날도 많았지만 개주 월요일이면 계속되는 그의 꾸준한 섬김이 국밥을 끓게 했고 자식을 사랑하는 아비의 사랑으로 그릇에 담겨져 라티노 거리 노동자들의 언 몸과 마음을 녹이기에 충분했다. 팔십 노인같지 않은 젊음과 정열을 갖고 있는 이

권사는 주방 헬퍼로 궂은 일을 도맡아 한다. 국에 넣을 감자와 야채들을 다듬어야 하고, 봉사자들이 미끄러지지 않도록 주방을 쓸고 닦는 일도 그의 몫이다. 가끔은 커다란 쇠국자로 큰 양푼에 가득히 담겨 끓고 있는 국이 눌지 않도록 꾸준히 젓는 일도 그의 일이다.

이 권사가 육사에 입학한 것이 1949년. 일제 강점에서 광복 된 후 6.25 전쟁이 있기 전 극심한 혼란기에 군에 입문한 그는 김종필씨와 동기생이다. 주 특기가 공병 병과인 이 권사가 월남에 파병된 것이 1970년. 청룡, 맹호, 비둘기 부대 등 파월 한국 군대 군수지원 주무 부대인 십자성 부대 사령관으로 월남 나트랑에서 복무했다. 귀국 후 조치원 지역의 사단장을 끝으로 예편한 이 권사는 대림산업 임원으로 오래 일하다가 당시 KBS 워싱턴 특파원으로 있었던 아들을 쫓아 미국으로 오게 됐다. "한 나라의 장군까지 지낸 사람이 조국을 떠나 미국에서 사는 것도 죄송한데, 말년에 약간의 유익을 얻고자 국적까지 바꿀 생각은 없다."는 이 권사. 몸에 밴 군인 정신이 아직도 가득한 이 권사가 하나님과 도시빈민들을 향해 흐트러짐 없는 충성 서약을 했다.

나이 들어 쇠약해져서 쓰러지기보다는 평생을 축복하신 하나님의 은혜에 보답하기 위해 닳아 없어질지언정 봉사를 계속하길 소망한다. 가슴시린 도시빈민들의 영혼을 위해 마지막 경례를 마치고 자비로우신 하나님 앞에 서기까지 주의 축복 가득하여라.

영원한 버팀목을 찾는 까를로스

움푹파인 두 눈에 쑥 불거져 나온 광대뼈, 까칠한 얼굴에 듬성듬성 자란 수염이 험난한 삶의 증거처럼 보이는 까를로스 라바날레스(Carlos Rabanales, 38세)는 멕시코 치아빠스와 국경을 이룬 과테말라 레우(Reu) 출신이다. 20일 전만 해도 멕시코 국경까지는 채 30분이 안 걸리는 안데스 산자락에서 다섯 식구의 가장으로 열심히 땅을 일궈 약간의 콩과 커피, 옥수수를 경작해서 입에 풀칠할 수 있었고, 가끔씩 우물 관정하는 일을 도와 근근히 생활하던 그였다. 금년 3월 그가 처자식을 버려두고 미국행을 결심하게 된 것은 대를 물릴 것 같은 가난의 족쇄를 끊고 싶어서다. 여섯살배기 막내(끄리스띠앙)부터 줄줄이 커가는 네 자녀들을 풍족히 먹이고 자기보다는 좀 더 긴 가방끈을 갖게 해 주기 위해서다. 가난한 산골에서 태어나 초등학교 2년을 다니고 더 이상 공부를 하지 못한 그는 그림 그리듯이 자기 이름을 쓰고 그나마 책이나 신문이라도 읽는 것을 자랑스럽게 생각한다. 문맹자가 많은 과테말라 심심산골에서 글 눈이 트이지 못한 채 평생 살아가는 대부분의 동료 마을사람 틈바구니에서 그나마 글줄이나 읽는 것이 어디냐며 대견스럽게 생각한다.

3월 13일, 다섯 식구와 긴 포옹을 끝으로 미국행에 오른 까를로스는 멕시코를 관통하는 화물 열차에 숨어 12일 동안 간을 졸이는 은밀한 여행을 해야 했다. 멕시코 경찰에 들키지 않으려고 낮에는 화물 속에서 숨소리조차 내지 않은 채 숨어 지내야 했고, 밤에는 조심스럽게 용변도 보고 약간의 물과 과자만으로 시장기를 달랬다. 멕시코와 애리조나 국경인 알타 소노라(Alta Sonora)에 도착해서 강을 넘겨주는 '꼬요떼' 마피아 조직원의 안내를 통해 미국땅에 첫발을 디뎠다. 이미 2년 전에 같은 루트를 통해 버지니아에 도착하여 정착하고 있는 여동생이 빌려 준 2,500달러가 '꼬요떼' 조직원에게 건내지자 이미 준비된 카고 밴에 태워졌다. 함께 국경 넘은 열세 명의 동지들의 미국 내 최종 목적지까지 철저히 운송되어졌다. 애리조나 투산(Tucsan)를 거쳐 나흘간의 미국 대륙 횡단 여행은 지난 12일 간의 멕시코 여행과는 비교할 수 없으리만치 고통스러웠다. 이민국 관리들의 눈을 속이기 위해 화물로 위장한 작은 공간에 포개듯이 실려진 남녀 동료들의 거친 숨소리가 서로의 귀에 굉음처럼 들린다. 천신만고 끝에 자신만이 버지니아에 떨어지고 나머지는 뉴저지, 뉴욕으로 뿔뿔히 민들레 홀씨처럼 흩어졌다.

여독이 아직 풀리지 않아 수척해 보이는 까를로스가 처음으로 애난데일 노동시장에 나온 수요일, 굿스푼과의 첫 번째 만남이 시작되었다. 반이민정서가 가장 심각한 때 미국에 올라온 그가 노동시장을 전전하며 개척해야 될 앞날이 수월치 만은 않다는 것을 미리 암시하는 듯 매몰찬 바람이 그를 맞는다. 거리예배 후 정성껏 준비한 점심을 배불리 먹고 어지럽게 자란 머리를 한인 이발 봉사자의 손길에 맡기자 중늙은이 같아 보이던 얼굴에 생기가 조금 돌아온다. 비닐봉투 가득히 며칠간 먹고도 남을 빵과 도넛, 음료들을 담아 거리 급식소를 나서지만 방향감각이 없어 어디로, 어떻게 가야 할지 모른다. 촌스럽지만 순박한 과테말라 농부 까를로스가 든든한 버팀목을 간절히 찾는다. 의지하는 영혼에게 단 한 번도 실망시킨 적 없으신 하나님을 발견하길 소망한다.

굿피플의 환상적인 만남

메릴랜드 제섭에서 청과 도매상을 하는 이 집사가 토요일 아침에 한 차 가득히 실어 준 빠빠야(papayɛ)와 라임(lime), 차요떼(chayote)가 선교관에 풍성하다. 귀하디 귀한 생물을 빼곡히 실어다 놓고 썩혀서 버릴 순 없는 일. 애난데일, 셜링턴, 랭글리 파크 선교지에 짝으로 옮겨 가난한 도시빈민들의 입이 쩍 벌어지도록 난장을 치며 나눠 준다. 제 5공화국의 실세 전 대통령 부부가 권좌에 있을 때 하와이에서 서울로 향하는 비행기에는 남국의 햇볕에서 실하게 익은 빠빠야(Papaya)가 한 번도 거르지 않고 실렸단다. 엹은 오랜지색에 짙은 녹황색 줄무늬가 선명한 빠빠야는 열대, 아열대 지역에, 비가 많이 오고 토양이 기름진 곳이면 어디든 잘 자란다.

학명이 'Carica Papaya L'로 불려지는 빠빠야는 브라질에서는 마멍(mamao)으로 불려지고, 오스트레일리아에선 퍼어퍼(paw paw)로, 인도네시아에선 쁘빠야(peɾayɛ) 등으로 불린다. 나무도 아닌 허브 빠빠야가 마당 한 귀퉁이에서 관심 없이 버려 두었는데도 쑥쑥 키가 크더니 금새 7-8 m 까지 자란다. 야채 겸 열대과일로 값이 싸면서도 버릴 것이 없어 식용, 약용으로 널리 사용되는 알찬 과일이다. 빠빠야는 속을 참 편하게 한다. 달큰한 맛을 선사할 뿐만 아니라 복통, 두통, 구충제, 말라리아 방지에 특별한 효능을 갖고 있다. 빠빠야의 탁월한 소화증진 능력은 우수하고, 젊은 여성의 고질적인 변비 탈출에 최고의 협력자로 각광을 받는다. 검은 후추알갱이 같은 씨와 빠빠야 뿌리는 구충제로 사용된다. 아직 애호박처럼 시퍼렇게 줄기에 달렸을 때 빠빠야 껍질을 벗겨 채를 썰어서 반찬으로도 먹고, 애송이 잎파리를 뜯어 내면 뽀얀 진액이 나오는데 말라리아 예방에 특효가 있다. 수유하는 임산부가 더운 물에 데쳐서 먹으면 쌉사름하지만 젖을 많게 하고 유아에게 튼튼한 기운이 전달되게 한다. 육류 고기를 손질할 때 빠빠야 속살을 으깨어 넣어 육질을 부드럽게 하는데 조금 지나치다 싶으면 이미 고기죽을 만들기 십상이다. 살갗을 아리도록 내리쬐이는 남국의 햇볕에서 자연으로 익은 트리 캔탈롭(Tree Cantaloupe) 빠빠야는 맛과 향기와 색깔, 삼박자가 골고루 어우러진 신의 환상적인 작품이다.

두툼하게 껍질을 벗겨내고 연분홍 속살에 둘러쌓여 있는 새까만 씨를 숟가락으로 살살 달래가며 파낸 다음 큼지막하게 깍둑 썰기를 해서 담아낸다. 거기에 껍질이 얇은 라임을 쓱싹 반토막 쳐서 부르르 떨릴 때까지 과즙을 떨궈서 입히면 빠빠야와 라임의 환상적인 만남이 이뤄진다. 미국에선 비싼 것이 흠이지만 무더위를 쫓고 부실한 영양을 공급하기로는 단연 최고다. 중남미에선 지천인데 굿스푼엔 빠빠야와 라임의 환상적인 어우러짐같은 굿피플의 만남이 있다. 전문적으로 신학을 공부하고 선교에 오래 훈련된 선교사들과 사회복지사업가가 있다. 조언을 아끼지 않는 겸손하고 진실된 변호사와 행함과 진실함으로 현장에서 구슬땀을 함께 흘리며 구제와 선교사역에 동참하는 9명의 이사들이 있다. 매년 수십만불어치의 먹거리와 생필품을 희사하는 크리스천 비즈니스맨들이 있다. 8학년 청소년부터 80세의 노인까지 무명의 봉사자들이 각기 자기 손과 발을 드려 섬김의 사역은 변함없이 이뤄지고 있다. 히딩크의 용병술보다 훨씬 뛰어난 굿피플의 환상적인 만남을 주선하신 하나님께 '글로리아 아 디오스 (Gloria a Dios).'

사람이 꽃보다 아름다워

죽은 지 세 시간 안에 장작더미 위에서 시신을 태워 영원한 자유
로 나가도록 화장하는 인도 힌두교의 장례문화가 있다. 이 세상에
서 사용한 육신은 껍데기일 뿐이다. 육신은 물, 불, 바람, 흙 네 가
지 원소로 이루어져 있으며 화장을 통해 원소가 해체된 뒤 자연으
로 돌아간다는 게 이들의 믿음이다. 사람이 남긴 것은 그가 삶 자체
로 보여 준 메시지와 가슴에 새겨진 추억이 전부일 뿐이다. 카스트
제도가 아직도 엄격한 인도에서 천민인 하리잔(화장장)의 할 일은
많다. 10억 인도인의 80% 이상은 전통적인 화장법을 따르고 있다.
빨강, 노랑의 원색 헝겊으로 머리부터 발끝까지 동여맨 주검을 대
나무 들것에 실어와 갠지스강 물로 주검을 씻어 정화시킨다. 그리
고 장작더미 위에서 시신을 태워 이 생에서 주어진 카르마(업)와 다
르마(의무)를 다 마친 영혼이 자유롭게 떠나가도록 해 준다. 1948
년 암살된 뒤 화장된 마하트마 간디도 유골 한 점 남기지 않았다.

해발 4000m가 넘는 티베트족의 라롱 마을에선 천장(天葬)이란
장례 풍습이 있다. 티베트인의 삶과 죽음의 신앙을 이해하지 못하
면 잔인한 행위처럼 보일 장례의식이다. 영혼이 떠나 빈 고깃덩이
에 불과한 시신은 독수리떼의 먹이가 된다. 시신의 머리쪽을 드러
내 영혼이 빠져 나가도록 한 뒤 땅과 하늘이 맞 닿은 천장터로 향한
다. 독수리에게 살과 뼈를 내준 후 독수리를 타고 더 높게, 더 멀리
생명의 고향으로 돌아간다는 믿음이다.

서구 유럽의 문화적인 영향이 깊은 브라질 거대도시 쌍 파울로 도
심지에는 흡사 조각공원 같은 공설묘지(Cementerio Publico, 쎄

멘떼리오 뿌블리꼬)가 여러 개 있다. 항시 불볕 더위가 계속되는 지역이라 시신의 부패를 염려하여 24시간 내에 장사하는 것을 법으로 정했다. 불가피한 사유로 장례일정을 길게 잡으려면 관청에 허락을 받아 시신을 방부처리해야 한다. 도심 근처에 아름다운 공원묘지를 마련하여 산 자와 죽은 자가 함께 공유하는 휴식처로, 문화공간으로 사용한다. 지상에 아파트처럼 세워진 콘크리트 묘실을 니초 (Nicho) 라고 한다. 사방 한평 넓이, 지상 4-5m 높이, 지하로는 6단계 서랍식으로 묘실을 파서 가족 시신 15구나 안치할 수 있게 하여 도심지의 묘지난과 경제성을 효과적으로 해결한다. 하나님 나라에서의 영원한 안식을 희구하는 기독교 신앙을 담아 니초 위에 조각한 각양의 석조 구조물은 훌륭한 문화유산으로 남는다.

온두라스 출신으로 애난데일 거리 노동자였던 비센떼 벨라스께스 (Vicente Velasquez, 48세)가 3주전 교통사고로 숨을 거두었다. 밤 12시 애난데일 헤리테지 앞 교차로를 건너던 중 불을 켜지 않은 채 좌회전하던 택시에 받혀 현장에서 즉사했다. 부인과 세 자녀가 웃브리지에 살고 있지만 이혼하여 외롭게 홀로 살던 터였다. 그의 비명횡사 소식은 같은 처지의 라티노 도시빈민 모두의 마음을 착잡하게 했다. 꽃보다 아름다운 마음씨를 갖고 있던 소박한 비센테와 굿스푼의 인연이 2년째였다. 다부진 체격에 오랫동안 막노동을 해서인지 힘이 황소 같았다. 사고가 있기 며칠 전 반갑게 맞 잡았던 그의 손길이 까칠한 기억으로 남아 있다.

장의사 접견실 한쪽 컨에 초라하게 놓여진 시신. 영정도 없고, 조화도 없이 배 위에 손을 가지런히 얹고 누워 있다. 객지에서 횡사한 아들의 시신이라도 기필코 보겠다는 시댁의 요구에 온두라스로 운

구하려고 한다. 사람이 꽃보다 아름다워 이방인 친구와의 이별을
아쉬워하며 조가를 마지막으로 선물한다.

Hayun Mundo Feliz Mas Alla(며칠 후 며칠 후 요단강 건너가
만나리)

노래하는 이발사

금요일 오전 10시. 자그마한 체구에 얼굴이 붉그레한 이연순 권
사(53세)가 이발 도구를 플라스틱 가방에 담아 셜링턴 굿스푼 선교
현장으로 나선다. 두 해 겨울을 빈민들과 지냈으니 벌써 이발봉사
2년째다. 크고 작은 이발도구로 가득한 가방을 셜링턴 노동시장 입
구 작은 경비실에 풀어 놓으면 경비실은 일순간 간이 이발소로 변
한다. 이발비는 커녕 당장 집으로 돌아갈 버스비조차 걱정되는 노
동자들이 모처럼 꼬질꼬질한 운동모자를 벗고 덥수룩한 머리를 다
듬는 기분 좋은 날이다. 살아 있는 잔디처럼 깎고 돌아서면 금새 다
시 자라는 수염과 머리는 라티노 도시빈민들을 더 초췌하게 만든다.
웃을 일이 많지 않은 도시빈민들이 일 주일 중 손꼽아 기다리는
날이 금요일이다. 때 빼고 광낸 후 푸짐하게 준비된 점심을 친구들
과 먹고 잠시나마 시름을 잊는 유일한 날이기 때문이다. 나래비로
줄을 서서 차례를 기다리는 간이 이발소엔 당연히 있어야 할 것들
이 하나도 없다. 거울도 없고, 조악하게 그려진 푸쉬킨의 '삶이 그
대를 속일지라도 슬퍼하거나 노하지 말라….'는 문구가 담긴 액자

조차 없다. 가위소리와 함께 이 권사의 나지막한 즉석 라이브 찬양 소리만 들린다.

고향집 어머니같은 정성으로, 가슴으로 낳은 이방인 아들들의 머리를 매만지며 부르는 십팔번 찬송은 '예수 사랑하심'이다. 셜링톤 라티노 노동자들의 귀에 익은 찬양은 함께 부르는 듀엣 곡으로 손색이 없다. 매일 쨍하고 해 뜨면 기대를 걸고 찾아오는 노동시장. 있으란 일자리는 온데간데없고, 만나도 별로 반갑지 않은 더벅머리 사내들로 넘쳐나는 짜증스런 곳이다. 그래서인지 작은 일에도 서로 으르렁대며 일전을 불사하는 위험천만한 긴장감이 항상 내재해 있다. 하수가 흐르는 다리밑 으슥한 곳에서는 자포자기한 낙오자들이 마리화나에 취해 잠깐의 별천지를 경험하는 아지트로 애용되기도 한다. 이 권사의 애창곡을 들으며 산뜻하게 신사 머리로 단장한 라티노 노동자가 줄잡아 400여 명. 비가 오나 눈이 오나 계속된 가위 손에 잘려진 머리카락만도 지게로 한 짐이 될 정도다. 2년여 계속되는 이발 봉사 기간은 이 권사에겐 행복한 시간들로 기억된다. 평택 안정리가 고향인 남편 맹 권사(56세)와 더불어 모태적 감리교 신자인 두 부부는 워싱턴한인교회에서도 열심 봉사자다. 사회봉사와 구제, 선교에 특별한 관심이 있어 교우들과 함께 다녀온 단기선교만 해도 여러 차례다. 멕시코 유카탄반도와 방글라데시에서의 몇 번의 선교 현장 방문시 이 권사 부부는 그 땅의 영적 황무함을 보았다.

기도 중에 "저들을 일깨워 하나님의 말씀으로 세우라"는 예수의 선교 명령을 듣는 특별한 체험을 한 부부는 그때부터 남은 인생을 도시빈민을 돕기 위한 목적 있는 인생으로 재설계하였다. 예수의 복음과 사랑을 황량한 저들의 심령에 새길 수만 있다면 무슨 일이든 즐겁게 감당하리라 약속하였다. 지난 여름 하마터면 이 권사는 이발봉사를 몇 주 거를 뻔했다. 과로로 인해 온 몸에 돋아난 대상포진. 뼈마디를 도려내는 아픔은 감히 산고의 고통과도 비교할 만하다는데, 통증이 계속되었지만 그의 이발봉사는 쉼 없었다. 페니실린을 맞고 약을 바른 채 찬양하며 이발하는 그의 아픔을 아는 사람은 아무도 없었다. 말과 혀로만의 사랑이 아니라 행함과 진실함으로 섬기는 이권사 부부에게서 깊어가는 가을의 풍성함을 본다.

투 앤 투엔티

굿스푼 길모퉁이 카페가 매주 화·목요일 아침 애난데일 거리급식 현장에서 성황리에 자리잡고 있다. 겨울 폭풍이 한차례 지나간 후라 주차장 바닥이 눈과 얼음으로 가득하다. 눈물이 핑돌 정도로 매몰차게 부는 찬 바람은 봉사자들의 발과 손, 뺨을 얼려간다. 엄동설한, 그것도 이른 아침 커피 봉사는 방한도구로 중무장을 하고 길에 섰다고 해도 보통 힘든 혹한기 섬김사역이 아니다. 이처럼 모든 환경이 여의치 않지만 워싱턴중앙장로교회 투 앤 투엔티(한 달에 2시간, 20달러 헌금) 봉사그룹 8명의 헌신으로 일기와 상관없이 꾸준히 커피 사역이 진행되고 있다. 탁월한 솜씨로 커피를 내리는 길집사는 이제 커피 내리는 전문가가 되었다. 물과 그라인딩한 커피를 적절히 배합하여 고소하게 커피를 내려 한쪽에 두고, 컵 라면용 뜨거운 물이 팔팔 끓으면 자동차로 옮겨 싣고 길모퉁이 카페로 향한다. 주차장 한쪽 구석에 상을 펴 놓고 썬 빵과 단 과자들을 한쪽에 정리하면 라티노 노동자 손님을 맞이할 준비는 완료된다. 새벽 찬바람을 맞으며 일찌감치 부지런을 떨고 나와 있는 40-50여명의 아미고(친구)들은 이미 카페 단골이며 친구가 된다.

아침 8시, 길모퉁이 카페는 라티노 공짜 손님들로 문전성시를 이룬다. 그들은 하나같이 한국식 다방 커피를 선호한다. 일회용 스티로폼 컵에 커피를 8할쯤 넣고 서너 숨을 쉴 만큼의 설탕을 계속 쓸어 넣는다. 그 다음은 분말프림을 똑 같은 분량으로 털어 넣고 빨대로 슬슬 저어서 맛있게 마신다. 단빵과 커피로 빈속을 채우고 나면 이젠 컵라면으로 입가심을 할 차례다. 작년 연말 한인교회들이 기증한 라면이 점심까지 때우려는 빈민 손님들의 손을 탄다. 잘 끓여진 한국산 컵라면은 매콤하고 깔끔한 맛으로 라티노들의 마음을 빼앗는다. "한국 라면 최고"라고 추켜세우는 라면 매니아가 된 몇몇 라티노는 마요네즈와 칠리 소스를 첨가해서 '느끼 라면'을 자작으로 만들어 먹는다. 한국식 다방커피와 매콤한 라면을 제일 선호하는 라티노들은 한인들의 가까운 이웃임을 새삼 느낄 수 있다.

투 앤 투엔티 봉사대를 조직한 공인회계사 김 집사는 2002년 중반 불혹의 나이를 훌쩍 넘어 예수를 믿기 시작한 늦깎이 신자다. 평소 무신론자는 아니었지만 먀호메트, 석가모니, 공자 등, 특정 종교의 창시자를 신앙하는 것처럼 느껴져 마음이 내키지 않았다. 오랜 영혼의 방황을 접고 워싱턴중앙장로교회에 첫걸음을 옮긴 것이 지난 2002년 7월말이다. 용기를 내어 교회라는 낯선 환경에 첫발을 옮긴 그의 눈엔 모든 것이 낯설었다. 커다란 예배당, 생경스런 교우들, 처음 대하는 교회 용어들, 어느것 하나 익숙한 것이 없어 두리번거리고 있던 그의 손을 덥석잡아 이끌었던 분이 이원상 목사다. 그

후 5년간 신앙생활하면서 매번 드리는 예배는 눈물과 감사가 섞인다.

노창수 담임목사는 "적어도 한 달에 2시간, 20달러 정도는 남을 위해 섬기고 봉사하는데 쓰지 않겠는가?"라며 지난해 연말 주일 설교로 성도들을 도전했다. 잘 박힌 못처럼 마음에 남아 있는 하나님 말씀에 김 집사는 순종하기로 했다. 행동하는 믿음에 뜻을 같이한 다른 8명과 의기투합했고 가장 힘든 때 혹한기 커피 봉사로 열매를 맺게 되었다. 너무 춥다 못해 빈민 손님들과 봉사자들의 코에 저절로 콧물이 말갛게 맺혀가지만 마음만은 훈훈하고 따뜻한 카페가 된다.

"귀를 막아 가난한 자의 부르짖는 소리를 듣지 아니하면 자기의 부르짖을 때에도 들을 자가 없으리라."(잠언 21:13)

'영원한 봄의 나라' 에서 온 불청객

인구 1200만의 중미 첫 번째 나라 과테말라(Guatemala)는 '영원한 봄의 나라'(el pais la eterna primavera)로 불린다. 그땅의 선주민 몽골계 마야 인디오 말로 "숲이 무성하다"는 뜻인 과테말라는 연중 큰 폭없이 화씨 75도 근처를 유지하며 늘 푸른 숲을 유지한다. 멕시코 남쪽 유카탄반도 치아파 끝자락과 연결되었고, 영어를 말하는 벨리즈와 동쪽으로 국경을 이뤄 중미 5개 나라(온두라스, 엘살바도르, 니카라과, 코스타리카)의 첫 번째 관문에 해당된다.

태평양 연안에 동서로 견고한 진처럼 이어진 씨에라 마드레 산맥(sierra madre, 어머니)의 영향으로 국토의 2/3가 산악지대인 과테말라는 크고 작은 산들이 즐비하다. 해발 4,211m의 최고봉 따후

물꼬(tajumulco) 활화산은 여전히 화산재를 뿜어내며 기세가 등등하다. 화산 폭발 시 함몰되어 생성된 아마띠뜰란, 라고 데 이사벨, 그리고 칼데라 호수인 아야르사호는 여전히 태고적 신비를 고스란히 간직한 채 짙푸른 녹음 속에 수줍은 듯 아름답게 감춰져 있다. 북부 뻬뗀 호수 주변, 광활한 열대 밀림 속에 찬란하게 번성했던 중미 최고의 마야(Maya) 인디오 문명이 어느 날 갑자기 거짓말처럼 사라져 버렸다. A.D. 300-900년 고대 사회에서 가장 진보된 문명을 가지고 있던 마야에 무슨 일이 일어났었는지는 지금도 미스터리이다. 정밀한 태양력, 제로를 포함한 20진법, 세련된 조각과 회화, 피라미드와 사원, 공공 도서관, 그리고 미 항공우주국(NASA)에서 사용하는 것보다 더 정밀한 캘린더를 활용했던 마야 인디오들이 오랜 침묵을 깨고 당장이라도 살아서 그 옛날처럼 거대한 함성을 지르며 태양신전에서 제사를 올릴 것만 같다.

황금에 눈이 뒤집힌 스페인 약탈자 데 알바라도(De Albarado)의 침공으로 1524년 정복당한 후 300년을 식민지로 전락했다가 1821년 독립했고, 1938년 중미 연방해체로 과테말라 공화국이 되었다. 끊임없이 반복되었던 군사 쿠데타와 군부독재, 혼란스런 시민전쟁으로 수십만이 살육 당해 암매장되었던 큰 아픔의 상흔이 여전히 남아 있는 곳이다.

영원한 봄의 나라에서는 오르미고(ormigo)나무로 만든 마림바(marimba) 소리가 늘 상큼하게 들린다. 마림바는 본래 아프리카 토속악기였지만 중미로 건너와 과테말라의 국민적 사랑을 받는 특별한 악기로 자리매김했다. 생긴 모습은 실로폰과 비슷하지만 크기가 비교할 수 없으리만치 크고, 아래에 팬플루트처럼 공명이 달린 것이 특이하다. 두 대의 마림바 리듬이 정신없이 넘나들고, 콘트라베이스와 타악기를 두들겨 대며 연주하는 과테말라 국가와 과테말 떼꼬의 영혼이 담긴 '루나 데 쉘라후(Luna de Xelaju)는 봄의 교향곡처럼 가난한 과테말라에 힘과 소망을 주는 음율이 된다.

평생을 가난에 허덕이는 바실리오 바스께스(28세)는 과테말라 산골 싼 마르꼬스가 고향이다. 대대로 산자락에 손바닥만 하게 붙은 작은 농경지에서 커피를 키우며 살았던 그는 7개월 공부한 것이 전부다. 커가는 아이들을 보면서 미국행을 결심한 것은 자신의 아이들이 자기같은 전철을 밟지 않기를 소망해서이다. 땅을 저당잡히고 빌린 6천 달러를 코요테에게 주고 마자모로소(텍사스 휴스턴 근처) 강을 도강해서 국경을 넘은 것이 금년 2월 19일. 미국 내에서도 비교적 일자리가 많은 곳, 시간당 25달러를 받을 수 있다는 브로커의 감언이설에 속아 버지니아에 도착했지만 그에게 기다리고 있던 것은 엄동설한 추위와 낯선 땅에서의 싸늘한 설움뿐이었다.

알렉산드리아 꿀모에 있는 홈리스 쉘터에서 3일을 보내고 애난데일로 나와 일자리를 찾다가 굿스푼을 만났다. 겨울의 추위가 생소하지만 '굿스푼 형제들의 집' 멤버가 되면서 잠시 잃어버렸던 미소를 찾고 미국에서의 고단한 삶의 첫발을 딛고 선다. 바실리오가 정원 관리를 하는 선한 한인을 만나 매일 일자리를 갖게 되었다. 지난 주에 처음으로 일품으로 번 돈을 가족에게 송금하며 싱그러운 웃음을 짓는다. 청명한 마림바 소리가 가득한 봄의 교향악이 가난한 도시빈민들을 향해 마음껏 울려퍼지는 새 돋이 되길 소망한다.

제3장

둘이 하나됨을 위하여

다녀들 오세요

강남중앙침례교회에서 대학부 전도사로 일하던 때, 호암 아트홀에서 상영하는 영화 "미션(The Mission)" 티켓 3장을 크리스마스 선물로 받았다. 작은 영화관 통로에 쭈그리고 앉아 정신없이 봤던 터라 다시 보고싶은 아쉬움이 남았었다. 그리고 남미 선교지로 떠나기 전 전의를 불사를 뿐만 아니라 소명에 순명하기 위해 다시 보고 싶었던 영화였다.

1750년 파라과이와 브라질 국경인 이과수 지역에 살던 과라니 인디오들은 자신들의 의사와 상관없는 전쟁으로 끔찍한 살해를 당한다. 교황청의 묵인 아래 남미 대륙을 석권하려는 스페인과 포르투갈의 이권 다툼의 틈바구니에서 꺾여 버린 들꽃처럼 인디오들은 쓰러져간다.

노예상인 로드리고와 예수회 선교사 가브리엘, 그리고 자연에서 태어나 나무처럼 부대끼고 살던 과라니 원주민들은 스페인 군대의 막강한 화력과 병력 앞에서 변변한 저항조차 펼치지 못하고 불길에 휩싸여 간다.

무자비한 살육이 끝난 후 살아남은 소수의 인디오 어린 아이들이 이과수 폭포 아래서 더 높은 곳으로 나아가려는 마지막 장면은 결국 영화관 바닥에 무릎을 꿇게 만들었다. 무심하게 쏟아 붓는 이과수의 굉음에 묘하게 어울려 살아남은 자의 처참한 신음소리 같았던 오보에 소리는 실루엣처럼 지금까지도 선경하게 가슴에 남아 있다.

아프리카 남부, 잠비아와 짐바브웨의 국경에 있으며 리빙스턴이 발견했다는 빅토리아 폭포, 미국과 캐나다 국경 온타리오호와 이리호를 잇는 나이아가라 폭포, 그리고 브라질과 아르헨티나, 파라과이 3국 국경에 있는 이과수(Foz do Iguacu)가 명성 자자한 세계 3대 폭포이다.

과라니 인디오의 말로 '거대한 물'이란 뜻을 갖고 있는 이과수 폭포는 1541년 돈 알바르 누네스 까베사데 바까 라는 스페인 사람이 처음 발견할 당시 그는 숲 속에 불이 났는 줄 알았단다. 엄청난 규모의 폭포에서 피어나는 물안개가 마치 산불 연기처럼 솟아올랐기 때문이다. 이과수 앞에 서면 하나님의 위대하신 솜씨와 대자연의 광대함에 말문이 턱 막혀 표현할 단어조차 생각나지 않는다.

폭포 주변에서 순박하게 살던 과라니 인디오는 이과수를 '까따라따스'(악마의 목구멍)라고도 부르는데 크고 작은 무지개 다리가 아름답게 걸려 있다. 이과수는 약 300개의 폭포가 연결되어 초당 13,000톤의 갈색빛 물줄기를 쏟아붓는다. 폭포 너비가 4Km에 해당되고 낙차 높이만도 80m에 달하는 세계적인 폭포다. 예전에 루스벨트 대통령 영부인이 이과수를 보고는 "아 불쌍한 나이아가라여."라고 했단다.

독립기념일 연휴가 되니, 열심히 일한 한인들도 산으로 바다로 부지런히 떠날 채비를 갖는다. 출석하는 교회에서도 나이아가라로 간다며 달콤한 권유를 한다. 남미 선교지에서 올라온 지 4년 6개월이 지났지만 아직 여유자적한 짬을 내지 못하던 터라 솔깃한 마음이 있다. 그러나 연휴가 되면 더 힘들고 외로운 라티노 도시빈민들이 눈에 밟혀 쉽게 떠나지 못한다.

다녀들 오시라. 늘 그랬던 것처럼 그들과 함께 남아 있을테니….

라티노 향기

지난해 여름 큰 수술을 받고 난 후유증 때문인지 아내의 건망증이 예사롭지 않다. 며칠 전 하마터면 큰 화재가 날 뻔했다. 환절기 식구들의 건강을 챙긴다며 사골을 전기 스토브에 올려놓고 불단속을 잊은 채 나온 것이다. 하루종일 거리선교 현장에서 일을 거들던 아내가 집에 들어 갔을 땐 이미 사골은 숯이 되어 빠삭하게 타버렸고 뻘겋게 열 받은 곰 솥은 깜장콩이 되어 어쩔 수 없이 쓰레기통으로 들어가고 말았다.

집안 구석구석에 자리잡은 소 뼈다귀 탄 냄새가 코를 찌른다. 살랑대는 봄바람에 시원스럽게 갈겨댄 스컹크 방귀 같은 지독한 냄새가 온통 진을 치고 있었다. 그 일이 있고 난 후 일주일 넘게 환풍기를 돌리고 창문 틈새를 열어 환기를 시켜보지만 한 번 밴 느끼한 냄새는 좀처럼 빠질 줄 몰랐다.

부주의한 대가를 혹독하게 지불한 겨칠 뒤 선교차량으로 사용하는 미니 밴에서 비슷한 냄새가 코를 찔렀다. 오후 2시면 수업이 끝나 집으로 돌아오는 아들 녀석을 태울라치면 "아빠 차에서 라티노 냄새나"라고 말하며 매번 코를 움켜쥐며 창문을 내렸다.

5월이면 만 3살이 되는 미니 밴은 빈민 선교하는 주인을 잘못 만나 고생이 이만저만이 아니다. 워싱턴 D.C.에서 아프리칸 아메리칸 홈리스 미션을 하면서 거리급식과 도네이션 물품을 나르는 차량으로 사용하던 차였다. 현재도 라티노 미션이 애난데일, 꿀모, 셜링턴에서 일 주일 내내 활발하게 펼쳐지는데 없어서는 안 될 중요한 선교 동반자다.

거리급식과 푸드뱅크를 통해 나눠 줄 오만 가지 음식물들, 빈민들에게 나눠 줄 옷가지들을 실어 나르느라 정비할 틈없이 사용된다. 가끔씩은 환자를 수송하는 앰블런스로, 일자리를 찾기 위해 수소문하는 라티노들을 실어 나르는 차로 사용되던 터라 당연한 라티노 냄새려니 했다.

바쁘고 피곤하다는 이유로 차 청소가 연중 행사로 뜸해진 것은 사실이지만 곰처럼 둔감한 내 코에도 역겨운 것을 보면 뭔가 심하게 썩고 있는 것이 틀림없다. 며칠 전 겨울답지 않게 화사하던 날 모처럼 큰 마음 먹고 어지러운 차 실내를 청소하려고 걸래와 빗자루를 동원했다. 코를 쥐게 했던 고약한 냄새의 범인을 찾았다. 푸드뱅크에서 나눠 주던 주먹만한 배가 운전석 아래 히터 옆으로 도망쳤다가 푹신하게 썩어 있었다. 금방이라도 흐물흐물 녹아내릴 듯한 썩은 배를 치우고 소독을 해 보았지만 고약한 냄새는 진한 여운을 남긴 채 차에 남아 있다.

가난한 빈민의 냄새가 늘 주변에 맴돈다. 겨울 추위에 겹겹으로 앉은 고약한 체취, 가족을 멀리 중미에 둔 채 홀로 지내는 외로운 냄새. 그리고 내미는 손에서 콜콜 나는 값싼 비누냄새가 저들의 향취다. 라벤더향처럼 상큼하지 않으나 저들과 어울려 내 몸에서도, 차에서도, 마음에서도 같은 냄새를 맡을 수 있음에 고맙다. 여전히 춥고 시린 혹독한 겨울이 다가기까지 상처받은 마음을 따뜻하게 치유하는 예수 그리스도의 아로마로 사용되고 싶다.

영혼을 사로잡은 음악

설레임과 두려움으로 고교를 졸업하던 해. 함께 공부하던 친구들이 그럴듯한 대학으로 입학하여 성숙한 사회인으로 변해가는 모습을 얼마나 부러워했는지 모른다. 그해 나는 꿈을 접었다. 전쟁 상이용사로 평생을 알코올에 찔어 사시던 선친의 간경화 증세가 점점 심각해지던 때였고, 오랜 병구완으로 변변한 살림도구조차 없이 몰락해 가는 가난한 가정이 마지막 사그러지는 소리가 나려던 때였다.

드높은 창공을 향해 날개짓하며 오르르던 꿈을 꺾고 공무원 시험을 치렀다. 6개월간의 신원조회와 특별한 훈련을 마치고 난생 처음 부모를 떠나 동해바다가 짙푸르게 펼쳐진 강원도 고성군 용촌에서 3년의 아름다운 시간을 보냈다.

스무살 청년의 풋풋한 마음은 속초에서 처음 접하게 된 '로스 챠꼬스' 안데스 잉카 인디오의 선율에 사로잡혔다. '께냐'의 거친듯하면서 깊은 영혼을 터치하는 소리, 숨을 차마 고르게 가누지 못할 정도의 애절하면서도 가공하지 않은 자연의 소리는 깊은 상처처럼 마음을 할퀴고 차곡차곡 스며들었다. 비밀한 선율에 홀린 채 동해와 설악을 얼마나 헤집고 다녔던지….

영어권에서는 팬파이프(panpipe)로, 유럽에서는 팬플룻(panflute)으로, 그리고 남미 안데스의 나라 페루에선 '께냐', 혹은 '얀따라'로, 그리고 에쿠아도르에선 '론다도르'로 불리는 팬파이프의 소리는 특유의 파찰음에다 대자연으로의 귀소본능을 자극하는 영혼을 울리는 소리다.

고대 신화에 양떼를 몰고 가는 반수신 팬신이 불었다던 시링크스

(syrinx)가 발전하여 팬파이프가 되었다. 자연에서 자란 질 좋은 대나무를 골라 18-22개의 크고 작은 굵기를 따라 그룹으로 잘라 묶는다. 오른쪽으로 갈수록 굵고 긴 대나무를 묶어 저음을 내고, 왼쪽으로 갈수록 작고 가느다란 대나무를 묶어 고음을 만든다.

단단히 묶여진 께냐의 소리는 코르크 마개를 막아 음을 조절한다. 완성된 께냐의 관 윗구멍에 비스듬하게 바람을 불어넣어 코르크가 막아 놓은 공간에서 공명하여 그윽한 소리를 내게 된다. 페루 잉카 인디오의 후예들인 안데스의 '로스 챠꼬스'는 여러 개의 크고 작은 께냐와 차랑고, 봄보, 타조 발톱으로 만든 악기들로 연주하면서 황금을 쫓아 잉카에 온 스페인 정복자들의 살기등등한 말 발굽 아래 사라져 간 하늘도시 꾸스꼬(Cuzco)와 짓밟힌 잉카의 애환을 노래한다.

오랫동안 해외 선교사의 꿈을 갖고 신학공부를 마쳤을 때, 선교지를 정하느라 오래 고민하지 않았다. 동방박사 세 사람이 밝고 큰 별을 따라 산넘고 물건너 베들레헴 말구유에 누우신 아기 예수를 알현했던 것처럼 '께냐'의 소리에 끌려 남미 선교지로 달려갔다. 라티노들의 언어와 음악이 좋았고, 그들의 역사와 음식과 문화가 좋아서 선교지에서 보낸 10년이 한순간처럼 흘렀다. 그리고 지금 또 께냐 선율 같은 그들과 같이 있다.

한바탕 소낙비가 훑고 지나간 셜링턴 라티노 노동시장에는 인디오의 피가 섞여 부끄럼을 잘타고 순박한 라티노들이 유난히 더 몰려 있다. 영혼을 온통 사로잡아 남미로 이끌었던 께냐 소리가 저들 가운데서 고즈넉히 들리는 듯하다.

민들레꽃에서 배우는 선교

잡초없는 순수 초록의 잔디를 꾸며보려고 화단을 가꾸는 사람에겐 민들레의 놀라운 번식은 야속하고 괘씸하다. 민들레의 학명은 'Taraxacum Officinalis'라고 하는데 그리스어로 질환을 의미하는 'Taraxo'에서 유래했고, '치료', '고통'을 뜻하는 'Takos'는 옛부터 민들레의 뛰어난 치료효과와 관련 있다.

민들레는 저항력이 강한 예쁜 꽃이요 온누리에 널리 퍼져 있다. 추운 겨울 혹독한 아픔을 딛고 일어서는 인내의 꽃이다. 키가 작아 앉은뱅이 민들레는 작고 가냘프다. 노란꽃이 잡초 틈바구니에서 있는 듯 없는 듯 보이질 않는다.

화사한 봄날 솜털같은 홀씨는 바람결에 이리저리 낙하산처럼 날다가 바람이 멈추는 곳 어느 곳에서든지 생명을 틔운다. 그리고 다시 황금빛 꽃을 피우기 위해 새로운 도전을 갖는다. 민들레의 놀라운 번식력은 작년 여름 못난이 빨간 눈의 매미 못지 않는 경이 그 자체다. 온 들판을 노란꽃으로 만들어 놓는 민들레의 극성스런 번식력이 대단하다.

하나님의 선교(Missio Dei)를 민들레에게서 배운다. 민들레는 바람따라 홀씨를 퍼뜨린다. 바람이 부는 곳까지 어디든지 순종한다. 자기 생각이란 없다. 홀씨를 움직이는 것은 바람이다. 이리저리 부는 대로 순응하여 날아간다. 선교도 성령 하나님이 주체시다.

사망의 그늘에 앉아 울고 있는 하나님의 백성들에 대한 영혼에 갈망을 갖고 있는 사람이 홀씨처럼 바람을 불어 넣으시는 성령님께 순종해서 가야 한다. 헌신된 사명자들을 성령의 바람으로 날리셔서 떠나게 하시고 선교현장에 뿌리내리게 하신다.

민들레는 잘 날기 위해 가볍다, 진녹색의 잎을 피우고 지조 있는 황금색의 예쁜 꽃을 피운다. 꽃이 지면 퍼져 나갈 지역이 지구촌 어디든지 상관없다는 듯이 홀씨를 지구본처럼 둥글게 준비한다. 번식할 충분한 영향력을 갖추기까지 솜털로 치장한 홀씨들은 서로 격려하며 성장한다.

하나님의 선교도 가벼운 자가 떠날 수 있다. 어리석은 부자처럼 지금 세상이 전부인 줄 알고 매일 호식하고 즐거워하며 많이 쌓고 움켜쥐는 자는 떠날 수 없다. 먼길 떠날 때 가볍게 떠날 수 있도록 약한 자와 배고픈 자와 슬피우는 자에게 나눔으로 비우라. 그리고 가라. 가서 전하라는 부르심에 순종해 보라.

민들레에게 자기는 없다. 연한 새순이 혹독한 추위를 이기고 조금씩 피어날 때부터 철저히 하나님의 창조섭리대로 순종하는 것 뿐이다. 순종하다 보면 꽃도 피우고, 밝고 맑은날 눈처럼 하얗게 천지로 순항하게 된다. 절망과 굶주림에 지친 저들의 눈물 씻겨 주며 때를 따라 복음과 함께 양식을 나눠 줄 선교사들에게도 자기는 없어야 한다.

인생보다 뛰어나신 하나님의 지혜에 그저 신뢰를 갖고 묵묵히 순종하기만 하면 하나님이 높이시고 다듬으셔서 하나님의 영광과 기쁘신 뜻을 위해 사용하신다. 보잘 것 없는 민들레를 곱게 단장하시고 온 산야에 퍼치듯 하나님을 위해 일어나 가서 복음 전할 자를 찾는 마지막 때다. 앞을 다투어 헌신하는 꿈을 그리며….

파라과이 추억

　파라과이 아순시온 시내 관광 명소 중 특별한 몇 곳을 골라 소개하라면 맨 먼저 파라과이 영웅들의 시신이 안장된 파르테논(partenon) 신전이 있다. 오랜 스페인의 통치에서 파라과이를 독립시킨 영웅들을 기념하는 모형들이 우중충한 분위기에 약간은 으시시하게 놓여 있다.

　전사한 전몰 영웅들을 모신 그 곳은 그리스 아테네에 있는 거대한 대리석 건물과는 비교할 수 없으리만치 작고 초라하지만 파라과이 시민들에겐 마지막 남은 자존심같은 곳이다. 근대 볼리비아, 브라질, 아르헨티나 3국 연합군과 벌인 전쟁에서 파라과이는 큰 타격을 입는다. 힘겨운 전쟁에서 파라과이 젊은이들은 부지기수로 들꽃처럼 쓰러진다. 현재 인구 600만의 나라로 점점 회복되고 있지만 아직도 전체 인구 센서스를 보면 여성 인구수에 비해 남성의 인구수가 절대적으로 부족한 형국이다.

　피비린내 나는 전쟁 후에 파라과이는 작고 가난한 나라로 전락한다. 세계 최대를 자랑하는 이과수폭포를 포함한 광활한 삼림 지역을 브라질과 아르헨티나에 빼앗기고, 영토는 보잘 것 없게 축소된다.

　신전 곁에는 민물고기 스프로 유명한 리도라는 레스토랑이 있다. 내륙국가인 파라과이는 바다가 없다. 쇠고기와 우유, 치즈가 물처럼 흔한 반면 바다 생선은 눈을 씻고 찾아봐도 없다. 있다 해야 칠레와 아르헨티나에서 소금에 절여 들여온 자반고기들뿐인데 비싸기는 또 엄청나다. 다행히도 하나님께서는 아순시온을 가로지르는 파라과이 강에 꿩 대신 닭같은 민물그기들을 많이 넣어 두셨다. 그

중 낚시꾼들에게 평생 지워지지 않을 뿌듯한 손맛을 볼 수 있게 하
는 도라도(dorado, 금)라는 생선이 있다.

물에서 막 꺼내면 유리알 같이 투명한 남국의 햇빛에 반사되는 물
고기 모양이 금빛 찬란해서 붙혀진 이름이다. 도라도는 생김새가
영낙없는 연어다. 모천으로 돌아와 마지막 사명을 혼신의 힘을 기
울여 완수한 후 죽어가는 연어처럼 모양새와 덩치가 흡사하다.

짙은 자주색 외투를 입고 호랑이 무늬를 갖고 있는 가물치도 빼놓
을 수 없는 파라과이 민물고기다. 버터에 쇠고기 굴려 놓은 듯한 고
소한 맛이 나는 가물치가 몇 가닥 안 되는 긴 수염을 흔들며 입을
벌리면 그 힘에 압도 당할 것만 같다.

파라과이 명품 음식점 리도에서는 도라도와 호피 무늬 가물치의
뼈를 발라 살코기로만 스프를 끓여낸다. 갖은 양념에 치즈를 넣어
끌여 놓은 '깔도 데 뻬스까도'(민물고기 스프, caldo de pescado)
에다 갓구운 프렌치 빵 한 조각을 찍어서 먹는 맛은 말로 표현할 수
없다.

리도 식당 입구에는 어깨가 꾸부정한 인디오 할아버지가 손으로
만든 조악한 기념품을 팔며 구걸한다. 알록달록한 색실로 만든 손
지갑, 대나무를 대충 구부려 만든 활과 화살, 인디오의 문양을 담
은 기념품을 발밑에 까고 노숙하며 파는 짜꼬 인디오들이다.

처서가 지난 아침 저녁은 마치 파라과이 투명한 날씨같다. 하늘이
어찌 푸른지 괜시리 리도에서 먹던 도라도와 호피 무늬 가물치 수
프가 그립다.

세뇰, 끼엔 엔뜨라라

'누가 하나님의 장막과 성산에 들어갈 수 있는가'라는 질문으로 시작하여 몇 가지 구체적인 삶과 신앙을 가진 자라야 하나님의 성소에 들어갈 수 있다는 답으로 구성된 시편 15편은 다윗이 지은 시다.

하나님 앞에서 정직하고 공의를 행하는 자, 이웃에 대하여 참소하지 않고 훼방하지 않는 자, 그리고 하나닉께는 서원한 것을 해로울지라도 성실히 이행하는 자가 들어갈 수 있다.

여호와의 언약궤가 블레셋 사람들에 의해 탈취당하였다가 가드사람 오벧에돔의 집에 3개월 머물 때 하나님께서는 그와 그의 집을 축복하셨다. 하나님의 임재를 상징하는 언약궤가 오벧에돔의 집에서 다윗성으로 다시 모셔지고 난 후 천부적인 음악적 재능을 갖고 있던 강한 감성의 사람 다윗을 통해 시편 15편에 기록되었다.

세뇰, 끼엔 엔뜨라라 엔 뚜 싼뚜아리오(Senor, Quien Entrara eu tu Santuario) 시편 15편을 배경으로 한 찬송은 파라과이 아순시온 남미 라티노침례교 신학생들을 훈련하는 현장에서, 푸른 지옥으로 불려지는 짜꼬 벌판에 버려진 아메리카 인디오를 섬기면서 가끔씩 눈물 섞어 부르던 찬송이다.

지난 2주 동안 애난데일, 컬모, 셜링턴 라티노 노동시장에서 곡조도 틀리고 음정도 맞지 않았지만 목청을 높여 수없이 불렀다. 개중에 곡을 아는 몇몇 크리스천 라티노들이 가세하여 찬송이 거리급식 현장에 메아리쳤다. 찬송을 통해 시편 15편을 암송시키는 방법이 주효했는지 밥구절 암송에 한 사람도 예의없이 패스하여 따뜻한 음식과 푸드뱅크의 식품들이 풍성히 나눠졌다.

두 주 전 사다리에서 떨어져 오른쪽 발목이 부러진 까를로스(32세. 엘살바도르)는 깁스한 발을 움추리며 목발을 짚고 노동시장에 나왔다. 두 달 전 목수 헬퍼로 일하다 왼손 엄지손가락 한 마디를 전기톱에 잘린 프란시스꼬(34세. 엘살바도르)는 아직 아물지 않은 손가락에 뭉툭한 붕대를 감고 나왔다. 온두라스에서 온 신디아(38세)는 편두통이 심해서, 마리아(40세)는 산부인과 진료를 받게 해달라고 까칠한 남정내들만 가득한 거리급식소를 찾았다.

한 달여 일자리를 잡지 못해 몸과 마음이 지칠대로 지친 도시빈민 라티노들이 가장 힘겨운 겨울을 보내고 있다. 몇 달째 이발하지 않아 덥수룩한 머리털, 다듬지 않은 수염, 불충분한 영양탓으로 까맣게 기미 낀 얼굴에 드리워진 수심이 깊다.

하나님의 말씀과 찬송은 소망을 불러 일으킨다. 에스겔 골짜기에 마른 뼈다귀들을 향하여 선포하는 에스겔 선지자의 말씀처럼 낙심한 저들, 걱정과 두려움이 가득한 저들이 유치원 아이들처럼 동심으로 돌아가 거룩한 노래를 부르며 잠시 동안 시름을 잊는다.

잠시 머물 이 세상에서의 70평생의 삶은 손의 한 뼘 넓이도 안 되는 짧은 시간이다. 세찬 겨울바람이 눈구름을 몰아내듯이 영원한 하나님의 나라를 소망 중 바라보며 부르는 시편 15편의 노래가 가난한 도시빈민들의 두려움을 몰아낸다.

시므이의 저주

다윗이 압살롬의 난을 피하여 도망하던 때에 있었던 일이다. 다윗과 그 일행이 바후림이라 하는 곳에 이르렀을 때에, 사울의 친족 중 하나인 "시므이"라는 사람이 다윗을 저주하였다. "피를 흘린 자여, 비루한 자여, 가라, 가라."

한 번 저주한 것이 아니라 계속 반복하여 저주하였다. 시므이는 산비탈을 따라가면서 저주하고 다윗을 향하여 돌을 던지며 티끌을 날렸다. 참으로 독을 품은 저주였다. 날이 선 비수를 가슴을 향해 들이대는 것과 같은 혹독한 저주였다. 지금 다윗의 형편은 왕위를 찬탈한 아들의 살인 추적을 피하여 황급하게 도망을 치는 심신이 가장 괴롭고 고통스러운 때이다. 가슴 떨리는 원통한 일을 당한 상황이다. 극도의 피로가 겹친 상황이요, 몹시 곤비하였을 때다. 그런 다윗에게 퍼부어지는 시므이의 끈질기고도 계속되는 저주는 피가 뚝뚝 흐르는 상처에 왕소금을 뿌리고 비벼대는 것과 같다. 다윗의 측근인 아비새가 격동하여 분을 토하지만 하나님을 두려워하는 다윗은 시므이의 저주를 겸허히 받아들인다.

가슴에 대못을 치는 것 같은 시므이의 말을 가로막지 않고 그대로 둔 것은 혹시 하나님께서 하시는 말씀일지도 모른다는 철저한 신앙 때문이다. 계속되는 시므이의 질편한 저주에 끝까지 참고 겸손할 수 있었던 것은 하나님이 두려워서다. 시므이의 저주를 가로막지 않고 묵묵히 받아들인 또 다른 이유는 뜬금없이 날리는 억울한 비난이라면 하나님께서 신원해 주실 것이라는 믿음 때문이다. 참 신앙은 칭찬과 박수와 화려한 조명 아래서 숙성되지 않는다. 내우외환 같은 극심한 어려움 가운데서 잠잠히 신음 같은 고백을 하나님께 쏟아내며 하나님의 말씀을 바랄 때 아름답게 숙성되어진다.

수은주가 영하 12도까지 내려갔던 지난 월요일은 찬 바람이 유난히 거셌다. 가난한 도시빈민들을 위한 거리급식은 어김없이 계속되었다. 평소보다 못하지만 꽤많은 노동자 그룹이 군데군데 모여 있다. 맥도널드 옆 주유소에 서 있던 거리급식 단골들은 종종 무서운 저주와 비난을 받는다. 가난한 라티노들이 단지 배회한다는 이유 때문에 한걸음에 쫓아와 독한 저주를 뿜어내는 사람들의 모습 속에서 잔인한 시므이의 모습을 보았다. 징그러운 벌레 밀어내듯이….

그날 이영임 집사가 준비한 음식은 치킨 누들수프와 하얀 쌀밥이다. 몰아닥치는 한파를 피할 길 없어 급식을 운반하는 미니 밴을 가로질러 막고 양지쪽에 배식 테이블을 펼쳐 놓는다. 순식간에 귓볼을 빨갛게 얼려가는 심술궂은 바람을 피하려 애쓰지만 손바닥으로 해를 가리는 것처럼 어림도 없다.

모락모락 피어오르는 따끈한 치킨수프와 고실고실 지어진 쌀밥을 받아들고 몇 숟갈 뜨던 노동자들이 놀란다. 곁에 놓아 둔 쌀밥이 금새 눈꽃처럼 얼어간다. 바짓가랑이 사이를 할퀴듯 지나가는 찬바람에 푸드뱅크를 담은 비닐 봉지를 들고 노동시장으로 돌아가는 그들 속에서 사랑을 희구하며 외쳐지는 속울음 소리를 듣는다.

성 뻬드로 유황온천

여름을 밀쳐내고 화사한 마무리를 하려는지 가을은 비를 가지고 왔다. 폭염이 계속되던 지난 여름은 몇 번의 비 소식 없이 지나갔다. 가뭄에 바싹 말랐던 잔디가 계속되는 가을비에 푹신 젖는다. 기온도 뚝 떨어져서 아침 저녁으로 스산하다. 각종 미네랄이 녹아 있

어 미끄덩한 온천 물에 피곤한 심신을 담그고 반나절 푹 자고 일어
났으면 원이 없겠다.

　브라질 쌍 파울로에서 북쪽으로 약 170Km 떨어진 곳에 브라질에
서뿐만 아니라 세계적으로 유명한 아구아 지 썽 뻬드로(Agua de
Sao Pedro) 유황온천 지역이 있다. 쌍 파울로시 북쪽 외곽으로 나
가는 반데란찌(Bandeirantes) 고속도로를 타고 두 시간여 가다 보
면 흡사 계란 썩는 냄새가 폴폴 나는 썽 뻬드로 위락단지가 나온다.

　쌍파울로 북쪽에 커다란 공업지역인 깜삐나스(campinas)시를 지
나 아메리까나(Americana)로 접어들면 반듯한 길이 나오고 도로
주변에는 듬성듬성 행인들을 위한 작은 끼오스꼬(구멍가게)가 즐비
하다. 순박한 브라질레로 농부들은 밭에서 갓따온 수박, 오렌지, 복
숭아, 감자들을 풍성한 인심과 함께 판다. 삐라씨까바(piracicaba)
를 지나면 아구아 지 썽 뻬드로인데 가을 입구부터 누릿하게 유황
냄새가 코를 찌른다.

　19세기 말(1887년) 이탈리아에서 온 이민자들이 화젠다
(Fazenda,위락시설)로 꾸며논 썽 뻬드로 지역에 각종 미네랄이 풍
부한 유황온천이 땅자락 아래 깊게 숨어 있었던 것은 몰랐다. 1921
년 개발된 온천은 지하 320m 암반 아래서 섭씨 46도로 끊임없이
솟아 오르는데 유황 함유량이 세계에서 두 번째라고 한다. 유황온
천이란 온천수 1 kg 당 유황성분이 1.0ppm 이상일 때 그 이름을
붙일 수 있다. 그 옛날 마담 퀴리가 이곳을 방문하여 감탄을 마지
않았다던 온천 입구엔 여러 개의 수도꼭지가 각기 다른 물을 거저
내놓는다.

　신경통에 좋은 물, 류머티즘, 관절옆, 냉대하증, 그리고 거칠어진

피부에 생기를 더해 주고 염증과 종양치료에도 탁월한 해소 기능이 있다는 말에 사람들은 마시고 담는다. 온천욕으로 벌겋게 달아 땀을 흘리면서도 열심히 끌어 담는 모습이 예루살렘 양문 곁 베데스다 못의 풍경과 비슷하다(요한복음 5장:1-9절).

유황은 삶은 계란 냄새처럼 악취를 풍기지만 몸에 독소를 배설시키는 몸에 좋은 물이다. 유황먹인 오리를 중종의 수라상에 배설했다가 역모죄로 화를 자초한 한상궁 애기가 있었던 것처럼 라듐과 프리스트, 게르마늄, 유황성분이 풍부하게 녹아 있는 광천수는 허약한 심신을 치료하고 몸에 겹겹으로 쌓여 있던 독을 제거하는 효능을 갖는다.

거대 도시 쌍파울로는 규모만큼 공해도 대단하다. 주변의 공업도시들에서 뿜어져 나오는 아황산개스는 특별히 기압골이 낮은 날 체루가스처럼 독으로 쌓인다. 라티노가 좋아서, 그곳이 사랑스러워서 선교하다 어쩔 수 없이 발생하는 갈등이 있을 때, 심신을 황폐하게 만드는 영적인 독이 쌓일 때 자주 썽 뻬드로로 향했다.

짙은 유황 때문에 퍼렇게 보이는 온천물에 허약해진 심신을 맡기면 희한하게도 위로의 성령님은 다시 기름 부으시고 정신피로까지 말갛게 풀어 주셨다. 돌아오는 길에 쌍 파울로 찌에떼 강 근처 슈하스까리아에서 먹었던 삐깡냐는 새롭게 사명을 감당하는 에네르기아가 되었다.

아낌없이 베푸는 자의 넉넉함

구약성경 사무엘하 9장을 보면 나그네에게 아낌없이 베푼 노부호 바르실래의 넉넉히 나누는 삶을 기록하고 있다. 다윗 왕이 아들 압살롬의 반란으로 권좌에서 밀려나 추종하는 무리들과 고달픈 도피 길에 들어섰을 때 그들은 절박한 상황 아래 있었다.(삼하17:1-23)

아들이 겨누는 칼끝을 피해 간신히 목숨을 부지하고 도망쳐 나온 피난길이라 눈물겨운 회한도 많았지만 당장 먹고 마시고 노숙하는 문제는 커다란 압박으로 다윗 일행을 따라 다녔다. 그때 요단 동편 길르앗 지역에 사는 노부호 바르실래가 다윗 일행을 위해 호의를 베불었다.

그들의 슬픈 현실을 목격한 바르실래는 기꺼이 자기 창고를 열었다. 그리고 무엇을 어떻게 도와야 할 지를 구석구석 돌아보았다. 그들의 실제 필요를 파악한 바르실래가 다윗 일행을 위하여 준비한 넉넉한 섬김의 손길은 다양했다. 침상과 대야, 볶은 곡식과 콩과 팥, 그리고 꿀과 버터와 치즈를 가지고 ㄴ와 떼거지 같이 후줄근한 다윗 일행을 풍성히 대접했다.

세월이 흘러 압살롬의 반란을 평정한 다윗이 예루살렘 왕궁으로 돌아갈 때 바르실래의 은혜를 잊을 수가 없어 은혜에 보답하고자 미래를 제안했다. "나와 함께 가자. 이젠 내가 예루살렘에서 너를 공궤하리라." 그러나 바실래는 정중히 사양했다. "어찌하여 종이 내 주 왕께 누를 끼치리까."

권력자에게 베풀었으니 변란이 끝난 후 언젠가 어떤 형태로든 자기에게 돌아올 반대급부를 생각하는 잇속 빠른 계산이 바르실래에겐 없었다. 변함없는 물맛처럼 순박했다. 약한 자의 필요를 세심히 살핀 후 꼭 필요한 물품을 아낌없이 나누는 손길이었다. 그렇게 풍성히 베풀고 나서도 당연히 할 일을 했을 뿐이라며 겸손했다. 감사를 잊지 못해 다윗이 보장한 탄탄한 노후를 과감히 거부하는 소탈함이 그에게서 돋보였다.

쓰나미처럼 갑자기 들이닥친 재난에 눈물짓는 이웃들에게 바르실래처럼 다가서야 한다. 곤경에 처해 가슴치며 울부짖는 도시빈민들의 공허한 눈빛을 대할 때 바르실래처럼 풍성히 나눠야 한다.

하나님의 뜻에 순명하는 믿음직스런 청지기는 주인의 소유를 잠시 맡아 관리하고 주인의 뜻대로 바르게 사용하는 관리자다. 자기를 배제한 채 매사를 주인에게 여쭙고, 주인의 관심사를 열심히 경청하여 듣는 자다. 오직 주인의 이익과 영광을 위해 최선을 다해 가진 재능을 사용하여 아름다운 결과를 이끌어 내는 자다.

가난한 이웃은 항상 우리 주변에 있다. 힘 있게 손을 펼쳐서 풍성한 사랑으로 나누면 만유의 주재, 존귀하신 하나님께서 범사에 손으로 행하는 모든 일에 형통한 위로와 복을 더하시겠다고 약속하신다. 그러나 도울 힘이 있으면서도 인색한 나머지 손을 움켜쥐고 나누지 않으면 하나님의 책망을 면하기 어렵다. 우리가 가난한 자들의 탄식하는 소리를 듣지 않고 외면하면 우리가 탄식할 때도 듣고 달려올 자도 없다.

아르볼 데 나비다(Arbol de Navidad)

삼백사십삼일 하많은 시간이 숨가쁘게 지나갔고 마지막 잎새처럼 달랑 십여 일을 남겨 놓고 있다. 남은 며칠조차도 도토리처럼 떼구르르 굴러 금새 해를 달리 할 것이다. 만왕의 왕, 만백성의 구세주로 이 땅에 오실 예수 그리스도의 탄생을 축하하는 번쩍거림이 동지섣달 긴긴밤을 수놓는다. 화사한 불빛들의 속삭임을 가로지르는 밤길 운전이 특별한 재미를 주는 요즘이다.

향긋한 솔향이 묻어나는 밝은 녹색의 크리스마스 트리가 알록달록한 장식품을 달고 거실 한복판에 폼나게 서는 할리데이 시즌이다. 크리스마스 트리에도 품격이 있는지 자연산 나무로 가장 많이 각광받는 나무가 더글라스 퍼(Douglas Fir)와 스카치 파인(Scotch fine)이다.

청록색의 침엽들이 사방으로 뻗어 긴 삼각형의 아름다운 자태를 이룬 데다 짙푸른 잎새, 그리고 코끝에 댐도는 상큼한 솔내음을 풍기는 성탄트리에 아기자기한 소품들로 꾸미는 것은 꿈과 사랑을 영글게 한다. 바라보기만 해도 풍성함을 더하는 아르볼 데 나비다(성탄 트리) 아래서 한 해 동안 열심히 일한 식구들이 모여 편안함과 넉넉함을 주셨던 하나님의 이름을 기억하며 감사의 제목들을 나누는 것은 참 복된 시간이다.

인생이 마치 성탄 트리같다. 짙푸른 더글라스 퍼가 향긋한 솔내음과 푸른 잎을 자랑하며 거실 한구석을 떡 버티고 서 있지만 사실 밑둥을 잘라 옮기던 날 죽었다. 아무리 싱싱하게 보관하려고 물 쟁반이 있는 받침대를 설치하여 가끔씩 깔대기로 물을 준다 해도 뿌리가 없어 왕성하게 수분과 영양분을 빨아 올릴 수 없다.

여전히 생기발랄하게 보이는 짧은 몇 주간 동안 반짝이는 색깔 전구를 드리고, 방울, 캔디, 빨간 양말도 걸어 화려하게 치장한다. 그리고 밑둥을 자르기 전 흡수했던 수분과 영양분이 조금씩 고갈되면서 노랗게 잎들을 떨군다. 매서운 눈보라가 치는 어느 겨울날 마지막 사그라든 거치장스런 흉물을 끌어내 쓰레기통으로 던지는 일만 남았다.

하나님을 떠난 인생은 마치 즐거움을 위해 알록달록 치장했다 내버린 아드볼 데 나비다와 같다. 생명의 뿌리되시는 하나님에게서 잘려지고, 영원한 생명줄기에서 가지가 꺾여진 채 잠시 사는 인생은 바람같고, 안개같다. 더 많이, 더 적게, 얼마나 더 요란하게 치장하는가의 차이만 있을 뿐이다.

죄 많은 이 세상은 영원한 집이 아니다. 단지 천국을 가기 위한 잠깐 머무는 여인숙같은 곳이다. 천국에 들어설 때야 비로소 안식이 있고 평안이 있고 영원한 기쁨의 찬양이 있다. 끊임없이 장식하기 위해 힘들게 했고 슬프게 했던 모든 것들을 내려놓고 양을 치던 목자들의 첫 성탄 축하처럼 위대한 하나님이 인간 몸으로 오신 성탄을 맞이하자.

성탄절에 파리하게 죽어가던 인생들이 예수로 접붙여져 예수의 생명이 전달되고, 죽으나 다시 사는 생명이 이식되어지는 거룩한 소망의 시간이 되길 기원한다.

아스따 마냐나 (Hasta Manana)

두 주 전 부인과 수술을 마친 아내를 데리고 병원에 진료차 세 식구가 나들이했다. 돌아오는 길에 점심 때가 되어 집 근처 올드 컨츄리 부페에 들렀다. 입구에서 계산을 하는 라티노 여종업원이 '세 사람?'이라 하는 것이다. 예상치 않은 한국말에 솔깃하여 혹시 잘못 들었나 했다. 다시 띄엄띄엄 말하는 것이 재미있고 신기해서 '한국말 잘 한다.'고 칭찬했더니 세 식구가 나란히 선 것을 보고서 '두 개 미남, 한 개 이쁜이' 라고 한다. 점심 먹기 전 주고 받은 짧은 인사말에 엔돌핀이 싸악 퍼지며 식사시간 내내 즐겁고 유쾌히 보냈다.

스페인 인사말 중 '나중에 또 봅시다.', 혹은 '다시 봅시다.'라는 헤어질 때 사용하는 인사표현이 많다. '아스따 루에고'(Hasta Luego, 나중에 봅시다), '아스따 프론또'(Hasta Pronto), '아스따 마냐나'(Hasta Manana, 내일 봅시다), '아스따 라 비스따'(Hasta la Vista, 다시 볼 때까지), '아디오스'(Adios) 등이 자연스럽게 사용된다.

그 중 '아스따 마냐나'는 인사로 사용되는 것 외에도 중남미 라티노들의 성격과 기질을 이해하는 것으로 사용될 때도 있다. 자유분방하고 낙천적인 기질을 가진 라티노들은 강제적인 억압과 압제를 극히 싫어한다. 급할 게 없고 아쉬울 것이 없어선지 크고 작은 만남과 중요한 약속에 대답이 쉽다. 쉬운 약속만큼 어겨진 약속도 부지기수로 많다.

오랜 미국 생활에 철저한 시간관념과 책임감이 강한 한인들은 자신만큼 상대도 성실히 약속을 지켜주길 기대한다. 그런 한인들의 마음을 아는지 모르는지 라티노들과의 약속은 항상 불안하고 미덥지가 않다. 기다리는 상대방의 입장이나 마음이 무시된 듯하여 마음이 편치 않을 때도 있다.

거리급식에서 돼지 삼겹살볶음과 맛김치와 쌀밥으로 음식을 배식하고 작업복으로 쓸 옷가지를 나눠 준 후 라티노 중 아픈 사람이 있는지 물어보았다. 막노동 일을 하는 터라 대다수가 허리통증과 손목, 팔꿈치, 장딴지 등이 아프다고 했다. 몇몇은 치과진료가 시급한 듯 치통을 호소하기도 했다. 굿스푼을 돕는 한방원에 특별히 예약하여 침을 맞고 진료를 받을 수 있도록 시간을 정했다. 설겆이와 뒷정리를 마친 후 병원으로 안내하려고 급한 마음으로 약속 장소에 돌아왔지만 금방이라도 병원에 달려 갈 것처럼 줄을 섰던 이들이 자취도 없었다.

내일 봅시다, '아스따 마냐나' 하고 헤어졌지만 약속 시간, 약속 장소로 나오는 것은 말 그대로 내일일 수도 있고 며칠 후가 될 수 있다는 순 자기식 편의주의로 생각하는 듯하다. 자기 형편과 기분에 맞지 않으면 까마득하게 잊어버린다. 그리고나서 뒷북을 치며 다가올 땐 더 많은 인내가 필요하다.

시간을 다투는 일을 앞에 두고 깨져 버린 약속 때문에 경험해야 했던 당황한 경험들, 심지어 따뜻하게 배려한 정성조차 쉽게 망쳐졌을 때 야속하고 속상한 마음은 씻어내기가 어렵다. 오른손 새끼 손가락 서로 걸고, 그것도 부족하면 엄지 손가락을 마주쳐 확인 인장까지 찍으며 사랑의 수고와 믿음의 인내를 터득해 보자. 사랑의 나눔에도 인내가 가미되어야 더 깊은 맛이 난다.

종치던 손이 밥 푸는 손으로

구세군(The Salvation Army)은 감리교 목사였던 윌리엄 부스(William Booth)에 의해 1865년 동부 런던 이스트 엔드의 빈민가에서 시작됐다. 1878년 군대식 제도를 도입하여 사역자를 사관(officer)으로 부르고 장로를 정교로, 집사를 부교로 부르며 부부가 함께 세상을 구원하는 일에 충성케 하는 교회 조직이 되었다. 현재는 전 세계 107개국에서 복음선교와 빈민구제를 위한 전문기관으로 성장하여 힘들고 어두운 곳이면 어디든지 구세군 영문들이 세워져 사역을 펼친다.

녹슬어 추한 모습으로 죽기보다는 주를 위해 헌신하다가 닳아서 주 앞에 서길 원했던 창시자 윌리엄 부스는 "영혼을 구원하기 위해 가되 최악의 영혼들에게 가라"고 외치며 84세의 긴 인생여정을 후회 없는 사역을 마치고 갔다.

1891년 성탄절을 앞두고 샌프란시스코 앞바다에서 심한 풍랑으로 배가 파선했다. 가까스로 살아 남은 자들의 생계가 막연하자 난민들을 돕기 위해 구세군 사관 조지프 맥피 정위가 오클랜드 부두에 큰 쇠 솥을 걸어놓고 모금을 시작했다. "난파당한 선원들을 위해 이 국솥이 끓게 합시다." 이것이 매년 세밑에 번화한 거리에서 딸랑딸랑 종을 치며 부스러기 사랑을 모으는 자선남비가 된 유래이다.

한국에서 자선냄비가 시작된 것은 1928년 12월 15일 당시 한국 구세군 사령관으로 재직 중이던 스웨덴 선교사 죠셉 바아(박준섭) 사관이 불우 이웃을 돕기 위해 명동거리에서부터였다. 금년 모금액 목표를 27억 원으로 잡고 12월 2일부터 성탄 이브 저녁까지 본격적으로 훈훈한 사랑을 모집하는 캠페인을 벌인다.

구세군 천안 영문에서 코흘리개 시절부터 신앙생활을 시작하다가, 성장해서는 안양 영문에서 청소년기를 보냈다. 소년티를 채 벗지 못했던 중학생 시기부터 매년 20여일간 계속되는 자선남비 타종에 어린 두 손을 헌신했다. S자가 선명한 구세군 군복을 입고 몇시간씩 지나가는 행인들에게 사랑을 호소하여 모여진 그해 성금은 겨우내 19공 연탄으로 바뀌고, 쌀과 부식으로 바뀌어 가난한 고아원, 양로원, 도시빈민들을 향해 나눠졌다. 하나님은 자선냄비 종을 치던 까까머리 그 학생을 훈련하셔서 지금은 가난한 라티노 도시빈민들을 위해 사랑으로 끓인 국밥을 말아 내밀게 하신다.

예수님이 구원자로 이 땅에 오심은 우리를 무병장수하고 행복하게 잘 살게 하시려고 오신 것이 아니다. 십자가에서 돌아가시기까지 참사랑을 베푸심은 우리를 작은 그리스도로 만들어 주가 예비하신 영원한 천국에서 함께 살기 위함이다. 이것이 우리 인생의 종착점이며 목표가 되어야 한다. 하나님은 말과 혀로만의 실천 없는 사랑의 헛구호에만 머물지 말고 행함과 진실함이 깃든 이웃사랑을 요구하신다.

값비싼 은혜를 베푼 하나님께 감사의 마음을, 가난한 이웃에겐 따뜻한 손을 내미는 성탄과 세밑이 되길 소망한다.

두려움에서부터 자유

동아프리카에서 태어난 필립 켈러(Phillip Keller)는 캐나다 토론

토에서 토양학을 전공하고 실제로 양을 치는 목동이 되어 8년간이나 양들의 습성을 살폈다. 그가 양과 뒤엉켜 살면서 몸소 경험한 실제를 가지고 훌륭하게 시편을 강해한 책 「목동의 시선으로 본 시편 23편」은 훌륭한 감동을 선사한다.(A Shepherd Looks at Psalm 23, 양과 목자) 그는 양들의 생존에 직결되는 가장 근원적인 네 가지 욕구가 만족되지 않으면 양들은 결코 편안히 눕지 않는다는 것을 발견했다.

첫째, 양들은 배고픔으로부터 자유로워야 한다. 향내 가득한 풀과 달콤한 시냇물로 충분히 배를 채우지 않으면 편안하지 못하다. 둘째, 두려움에서부터 자유로워야 한다. 자기 방어 수단이 전혀 없는 양들은 무력하고 겁이 많다. 시시각각 달려드는 맹수의 위협에 항상 노출되어 있다. 공포에 휩싸여 쉽게 놀라는 양들은 안전하게 보호 받을 때 편안히 누울 수 있다. 셋째, 양들은 갈등과 마찰로부터 자유로울 때 편안하다. 다른 양들과 끊임없는 갈등과 마찰은 항상 긴장 상태를 만들고 고립되게 만든다. 서로 증오하고 갈등할 때도 양무리는 편안치 못하다. 넷째, 양들은 피를 빠는 해충이나 기생충으로부터 자유로워야 편안하다. 양의 건강과 안녕, 그리고 생존에 최고 필수 조건은 그 무엇보다 자상하면서도 헌신적인 목자가 곁에 있어야 한다. 선한 목자의 지혜롭고 적절한 대처는 양무리의 생명 연장과 매우 밀접하다. 선한 목자 되시는 하나님(여호와 라아, Jehovah raah)이 양무리의 욕구와 너무도 흡사한 우리 인생들의 필요를 보살피신다.

위대하신 목자 하나님의 이름은 견고한 망대(잠언 18:10) 같으셔서 자기에게로 피하는 자들을 풍성히 먹이시고, 두려움과 공포에서 안전케 하신다. 미움과 증오의 갈등에서 편안케 하시고, 영혼과 육을 공격하는 치명적인 위해로운 것에서 아름다운 보호막을 쳐서 보호하신다.

멕시코 몬떼레이에서 온 헤수스(35세)는 지금 두려움으로 고통스러워 한다. 이젠 남이 된 아내와 슬하의 두 아이를 멕시코에 남겨두고 버지니아로 올라와 청소일 헬퍼로 일한다. 영양이 좋지 않아선지 늘 빈약해 보이는 그가 며칠 전 끔찍한 강도를 당했다. 복면을 한 강도들은 지독한 근시인 그의 안경을 짓밟아 못쓰게 만들었고, 주머니에 있던 돈을 고스란히 털어갔다. 덤으로 온몸을 구타하고 칼과 총으로 위협까지 했다. 스프링필드 집 근처에서 벌어진 강도 사건은 세 명의 라티노 갱들의 소행이다. 안경이 없어 더 자신감이 없어 보이는 헤수스는 이중삼중의 고통을 안고 있다. 이혼의 아픔이 아직도 가시지 않고 있는데다, 객지에서 겪는 외로움과 커다란 문화충격, 그리고 라티노 동족으로부터 최근 당한 끔찍한 폭행은 추스르기 어려울 정도로 큰 상처가 되었다.

수심 가득한 헤수스를 두려움에서 자유케 하실 여호와 하나님의 이름을 또렷히 불러 본다. 이제 오셔서 흐르는 눈물을 씻겨 주시고 방황하는 그를 붙잡아 주소서.

튼튼하고 목욕 잘하는 일꾼 구함

광활한 남미 대륙 구석구석을 돌아 흡사 허쉬 초콜릿 녹은 물처럼 검붉은 강이 대서양으로 마지막 쏟아져 들어가는 리오 쁠라따 강하구에 두 나라가 서로 나뉘어져 있다. 거대한 컨테이너 선박이 분주히 오고가는 차라리 바다같은 강 리오 쁠라따(Rio Plata)를 사이로 탱고의 고향 아르헨티나 수도 부에노스아이레스와 우르과이 몬떼비데오가 마주한다. 부에노스아이레스로부터 1,720Km 남서쪽에 리오네그로 주의 안데스 산자락에 우치한 싼 까를로스 데 바릴로체(San Carlos de Bariloche)는 남미의 스위스로 불리는데 손색이 없다.

목초지로 유명한 팜파를 3시간 비행기로 날아야 도착하는 바릴로체는 칠레와 국경을 이룬 아르헨티나 남반부의 유명한 관광 명소다. 12월에서 2월까지 여름에는 피서지로, 7월부터 9월까지는 설국에서 스키를 즐기려는 모험심 많은 사람들이 모이는 곳이다. 19세기 후반에 스위스인들이 이주해 알프스의 아름다움을 이곳에서도 가꿔 놓았는데 안데스 만년설에 머물던 바람이 서늘해서 한여름에도 두툼한 털잠바가 필요하다. 투명한 햇볕과 무공해 바람이 가득한 바릴로체에는 쎄로 까떼드랄(Cerro Catedral)산과 쎄로 로페스, 쎄로 뜨로나도르 산등 바릴로체 주변에 3,000m 가까운 산들이 즐비하다. 안데스 고산준령에서 빙하- 녹은 파란 물이 흘러내려 호수를 이루는데 환상적인 아름다움이 고여 있다.

12만 명이 사는 바릴로체 중앙에 옛날 이 지역에 살던 원주민 인디오 아라우카족 말로 나울 우아삐(Nahuel Haupi, 빅토리아)로 불려지는 호수가 그림처럼 놓여져 있다. 차-고 맑고 깊고 넓은 우아삐 호수 주변에 스위스풍의 집들이 아기자기하게 들러리 섰다. 여름밤에 만월이 드리워지면 밤 9시도 낮처럼 환하다.

마스까르디 호수를 지나, 꼬렌또소, 드라풀, 에스꼰디도 호수를

지나 쎄로 까데드랄로 향하던 길에 친절한 아르헨티노 신사가 차에
서 내려 산자락에 핀 연보라 허브 한다발을 헌정한다. 허브의 여왕
으로 불린다는 ‘잉글리쉬 라벤더’(English Lavender)’ 향이 어찌
나 상큼하던지 아직도 가슴 한구석에 머물러 있다. 코끝에 향 주머
니를 매달고 다니며 향취를 끝없이 탐하고 싶다. 천년의 고독처럼
차갑고 깊어만 보이던 우아뻬 호수에 선교에 대한 정열 하나로 10
년을 버텨 온 선교지에서의 모든 애환을 던져 버렸다. 대신 안데스
야생 라벤더로 마음을 가득 채웠다.

랭글리 파크에서 선교 일정을 마치고 사무실에 돌아온 것이 목요
일 오후 3시. 아침부터 세이프웨이를 들러 음식물을 받고, 중고 옷
가게에서 나눠 줄 옷을 챙기고, 땡볕에 사역을 마친 터라 나른하게
앉아 있다가 전화를 받았다. 길에 병풍처럼 둘러 서 있는 라티노 일
일 노동자들은 왠지 위험스럽게만 느껴져서, 가든을 정리할 믿음직
스런 라티노 일꾼 두 명이 필요하단다. 감기 걸리지 않은 튼실한 일
꾼을 골라서 보내 줘야 돈에 아깝지 않게 일을 시킬 수 있단다. 마
지막 말이 비수처럼 마음을 갈기갈기 찢는다.

“이왕이면 목욕 잘하고 다니는 라티노가 좋겠다. 어찌나 몸에서
냄새가 나던지 집으로 태우고 가는 동안 냄새 때문에 고생했다. 한
달 이상 차에 밴 냄새를 제거하려고 많은 향수를 뿌렸었다.”

무한정 사랑과 인내를 필요로 하는 도시 빈민들과 부대끼며 흘리
는 땀과 눈물은 세상 어떤 향수로 대신할 수 없다. 가난한 빈민들에
게서 풍기는 지극히 육체적이고 본능적인 냄새는 사람에겐 역겨울
지 모르지만 하나님께는 라벤더보다 더 진한 향취로 마음에 두신
다. 저들 영혼의 주인되시는 하나님께서 자주 즐겁게 맡으시도록

코끝에 남아 있고 싶다.

내게 남은 날이 며칠 뿐이라면

포르투갈어를 사용하는 브라질에서는 작고 귀여운 사물의 이름 끝 어미에 '딩요(dinho)'를 붙인다. 사람이름(호나우딩요), 빵이름(빵딩요), 자동차(후스낑요), 커피(까페딩요) 등등 생활 주변의 수많은 명칭의 어미에 '딩요'가 붙는다. 스페인 레알 마드리드 팀에 소속해 있는 호나우도와 바르셀로나 팀에 있는 호나우딩요는 원래 이름이 같다. 둘 중 나이가 어린 호나우도에게 '작고 귀여운' 의미의 '딩요'를 붙여 '호나우딩요'로 부른다. 예수 그리스도를 "나의 주, 나의 하나님"으로 부르는 거듭난 크리스천을 작고 사랑스러운 '예수딩요'로 부를 수 있다. 구원자 예수를 흠모하며 매일 그와 동행하는 삶을 살다 보면 어느 순간 '작은 예수딩요'로 점점 바뀌어 가는 것을 볼 수 있다.

천천의 양과 만만의 황소 제물로 깨끗하게 할 수 없는 원죄와 어릴 적부터 무수히 범한 죄를 속량하시려고 예수님은 선지자의 예언대로 오셨다. 사셨다. 그리고 구원을 이루셨다. 만왕의 왕으로, 만주의 주로, 마지막 심판주로, 다시 오시려고 하나님 보좌에 앉아 역사를 이끌어 가신다. 사람으로 오신 예수님은 3년간의 공생애 마지막 남은 일 주일을 이렇게 마무리 하셨다. 예루살렘에 입성하시고, 성전을 강도의 굴혈로 바꿔 놓은 장사치들의 손에서 다시 만민이 기도하는 성전 본래의 모습으로 정화시키셨다. 겉모양만 번지르르

하지 실제 내부는 온갖 더러움과 부패의 악취가 가득한 외식하는 바리새인들과 서기관들을 책망하시며 경고하셨다. 마른 무화과 나무를 비유로 들어 열매 맺는 신앙이 얼마나 중요한 지 최후까지 가르치셨다. 그리고 3년이나 함께 동행했던 제자들과의 마지막 만찬을 나누시며 교훈하신 후 예정된 인류 구속을 이루시려고 고난의 잔을 마다하지 않으시고 받으셨다. 창조주이신 그가 도수장으로 끌려가는 양처럼 저항도 없이 체포당하셨다. 사악한 오류로 가득한 가야바의 법정에서 재판을 받으셨다. 갈보리 언덕에서 최고의 극형. 십자가에서 수난 받으시고 죽으셨다. 3일간의 매장, 그리고 사람으론 할 수 없는 찬란한 부활의 소망을 남기시고 승천하셨다. 어느 날 '예수딩요'들의 주인 되시는 주님이 갑자기 부르시면 먼 길 떠나가야 한다. 땅에서의 남은 날이 며칠 뿐이라면 마지막 한 주간을 어떻게 맞이하는 것이 가장 이상적일까?

　나는 이렇게 마무리하길 소망한다. 사랑하는 가족들을 급히 부른다. 위대하고 강하신 주님께 땅에서 드리는 마지막 예배 시간을 갖는다. 미움에 대해, 게으름에 대해, 최선을 다하지 못한 것에 대해, 그리고 남은 자들의 신앙 성숙을 위해, 하나님 나라 건설에 충성하는 자들을 위해 기도한다. 잠깐은 못보겠지만 하나님 나라에서 만날 것에 대한 기약과 확신을 나눈다. 흙으로 왔다 다시 흙으로 돌아가는 장례 절차가 복잡하지 않도록 당부한다. 유품이 될 만한 것을 차에 싣고 선교지를 방문해서 도시 빈민들에게 '견고하며 흔들리지 말라'고 당부하며 나눠 준다.

　사랑하며 살기에도 짧은 인생이지만 불가피하게 원수되었던 사람들과의 화해를 나눈다. 그리고 두고 두고 그리울 사람들에게 고

개 숙여 감사를 나눈다. 의식이 없어지면서 마지막 여린 숨을 몰아
쉬면 생명보조 장치를 장착하지 말라. 도리어 파송의 노래를 불러
달라. 흡족히 들으며 주님 품으로 떠나면, 오랜 질병을 앓고 있는
분들에게 피부며 뼈 관절이며 모든 장기를 희사하라. 남은 시신은
화장하고 모아진 가루들을 즐겁게 다니던 선교현장에 한 줌 먼지처
럼 흩뿌려라.

유튜브(YouTube), 추억의 안내자

캘리포니아주 마인틴뷰에 본사를 두고 있는 인터넷 검색 포털사
이트 구글(Google.com)의 CEO 에릭 슈미트(Eric Schmidt)는 "전
세계 정보를 모아 자유롭게 사용할 수 있도록 한다."는 구글의 미션
을 강화하기 위해 현재 미국의 최대 동영상 사이트인 유튜브
(www.YouTube.com)를 16억 5천만 달러(한화 약 1조 6천억 원)에
인수했다.

"보다 흥미롭고 강력한 미디어 플랫폼(exciting and powerful
media platform)을 구축하기 위해" 최근 급상승세를 구가하고 있
는 온라인 비디오 시장의 신출내기 강자 유튜브를 인수 합병한 것
이다. 유튜브는 지난 2005년 2월 창업한 이래 현재 7,200만 명의
회원을 확보하고 있고, 매일 1억 명 이상이 사이트를 방문하여 보유
동영상을 클릭하고 있으며, 하루 6만 5천 개의 동영상 자료가 새로
등록되고 있다. 이미 온라인 영상의 60%를 배포할 정도로 위상이
높아져 있다. 유튜브의 '차고 창업의 신화' 는 "파티에서 찍은 동영

상을 용량 제한없이 자유롭게 공유할 수 있는 방법은 없을까?"라는
20대 젊은이들의 기발하면서 엉뚱하기까지 한 의문에서 출발했다.
실리콘 밸리 헐리의 허름한 차고에서 시작한 창업은 새로운 닷컴
신화를 쓰게 되었는데, 인디애나 대학에서 미술을 전공한 채드 헐
리(29, Chad Hurley)와 인터넷 온라인 결제사이트 페이팔에서 이
미 한솥밥을 먹었던 동료 스티브 첸(Steve Chen)이 바로 그들이
다. 닷컴의 샛별로 떠오르더니 마침내 미국 내 인터넷 검색 시장의
강호인 야후, MS, 뉴스케이프 등 여러 곳에서 주목을 받다가, 점유
율 1위 (43.7%)를 차지하고 있는 거대한 검색공룡 구굴의 러브콜을
받고 인수합병되어 억만장자 반열에 오르게 되었다.

선교지였던 브라질 쌍파울로의 번잡한 모습이 그리워 유튜브에
로그인 해서 클릭했더니 변함없는 모습으로 화면에 나타났다. 즐겨
다니던 '봉헤찌로' 거리며 '이비라뿌에라' 공원들이 화질 깨끗한
동영상으로 펼쳐진다. 친절하게 추억의 현장들로 안내해 주던 탓에
반나절이나 감상에 젖어 선교지 나들이를 경험했다. 청소년 시절
즐겨 듣던 사이몬과 가펑클(Simon & Garfunkle)의 향수에 젖은
노래 "Sound of Silence"가 궁금해서 다시 클릭했더니 옛날 그대
로의 모습과 노래로 고스란히 귓가에 전해 온다.

유튜브를 인수한 구글이나 야후가 감히 흉내 낼 수 없는 범세계
적, 초인류적 검색 사이트가 이미 전능자의 지혜로 만들어졌고 운
영되고 있다. 천하를 주고도 감히 바꾸길 꺼려하시는 고귀한 영혼
하나하나에 대한 동영상들이 한순간도 실수없이 촬영되고 수집되
고 있다. 이 땅에 복음전파와 사랑의 현장으로 사용하시려고 세우
신 크고 작은 교회들의 예배와 선행과 아름다운 행사들이 빠짐없이

다 담겨지고 있다. 어디 그뿐이랴, 각 사람들이 낮에 행하는 모든 말과 행동들, 어두움 가운데서 은밀히 벌이는 악하고 추한 모든 일들조차 다 녹화, 녹취되고 있다. 전능자의 측량할 수 없는 지혜로 운영되는 지상 최고의 검색 사이트는 정보의 블랙홀이다.

아담과 하와 이후의 모든 사람과 세상 역사를 흡수하는 최고 최대의 블랙홀은 무제한이고 초능력적으로 운영되고 있다. 방대하게 수집된 자료 앞에 각 개인은 훗날 너나없이 서게 된다. 그리고 X 파일로 마련된 동영상들은 행한 대로 심판 받게 될 중요한 증거 자료가 된다." 네 마음을 다하고 목숨을 다하고 힘을 다하고 뜻을 다하여 주 너의 하나님을 사랑하라."는 말씀과 "너 이웃을 네 몸같이 사랑하라."고 하신 예수님의 말씀은 모든 세대와 사람들에게 금과옥조같은 금언이다. 감사의 계절, 결실의 계절에 아름다운 선행을 주제로 한 동영상을 만들어 보자.

사랑과 나눔이 겸손함으로 펼쳐지는 동영상을 보시고 환하게 웃으실 하나님을 염두에 두고….

사랑의 왕초

김두한, 이정재, 이화룡 등과 함께 한국의 '주먹 1세대' 반열에 올라 이름을 날렸던 '거지왕' 김춘삼 씨가 78세를 일기로 '거지 없는 세상'으로 떠났다. 지난 8월부터 고령과 폐질환으로 투병생활을 하던 고인이 지난 26일 병상에서 다시 일어나지 못한 채 영면했다. '거지왕' 김춘삼의 일대기는 1999년 방영된 '왕초'라는 TV 드라마로 재현된 바 있다.

1928년 평남 덕천에서 태어난 그는 대전으로 개가한 어머니를 찾아 나섰다가 불과 8세의 어린나이에 거지 세계로 전락한다. 사냥꾼들에게 붙잡혀 짐승을 유혹하는 '미끼' 노릇을 강요당하던 불우한 꼬마는 염천교를 근거지로 삼아 성장하는데, 20대에는 전국 거지를 통솔하는 '거지왕'으로 등극한다. 암울한 일제치하를 거치고, 해방 후 정치 혼란기, 그리고 6.25 동란을 겪고, 전쟁 후의 폐허더미 위에서 극심한 가난을 맞아 몸소 싸웠던 그에게 평생 지론이 있었다.

"도둑질하고 구걸해서는 거지에게 밝은 미래란 있을 수 없다." 그는 거지, 노숙자, 윤락여성들의 구제와 자활사업에 앞장을 섰던 선구자적 인물이었다. 전쟁으로 부모를 잃은 고아들을 위해 '합심원'을 세워 생활을 보살폈고, 거지들이 자활할 수 있도록 '자활터전'을 마련하는 데 온갖 정성을 기울인 그였다. 윤락여성들과 거지들을 연결하여 백년가약을 맺어 주었던 것이 20여 차례. 결혼하여 거지생활을 청산하고 중견 사회인으로 당당하게 생활할 수 있도록 보살핌을 받은 수천 쌍의 이름이 12폭 병풍에 빼곡하다. 세월을 탓하며 쌈질이나 일삼고, 추렴한 돈으로 더럽고 추한 것에 푹 빠져 사는 시시한 깡패 오야붕의 삶이 아니었다. 암울한 시절의 감당키 어려운 시련을 극복하고 자신처럼 불우한 이웃을 돌아본 사회복지가로서의 삶이었다. 진실한 섬김으로 후회없는 인생을 산 그는 '거지왕초'가 아니라 유능한 '인생 설계사'였다.

그의 마지막 가는 길을 끝까지 지켜준 이는 김 씨가 45세 때 만나 결혼한 15세 연하의 아리따운 여인 남윤자 씨(64세)다. '죽어서 지고 갈 것도 아닌데 돈이 전부는 아니라' 며 베풀기를 좋아하던 고인이 남기고 간 것은 갚아야 될 고액의 병원비와 망원동 10평 남짓한 다세대 주택이 전부이다. 남편을 여의고 외기러기처럼 추억을 보듬으며 살아야 될 남씨는 기초생활 수급자에게 정부가 지급하는 생계비로 겨우 생활을 이어 가야 한다. 돈도, 명예도, 배움도, 남긴 것도 초라하기 그지없는 김 씨의 부음을 듣고 마음이 아려온다. 도리어 숙연해지며 머리 숙여 추모하는 이유는 그의 아낌없이 베풀었던 삶이 너무 아름다워서이다. 강도 만난 이웃의 아픔을 달려가 끌어안는 선한 사마리안인의 섬김과 사랑의 수고가 그의 평생의 삶 속에 담겨 있어서다.

커피는 영상 70도 일때 가장 맛있고 그윽한 풍미를 느낄 수 있다. 아이스크림은 영하 13-15도 일 때 가장 맛있게 먹을 수 있는 온도다. T.G.I 프라이데이스에서 먹는 수프는 65-71도를 맞출 때 고소한 맛이 더한다. 사랑의 체감 온도는 높을수록 좋다. 예수 그리스도의 탄생과 한 해를 마감하는 연말에 사랑기 활활 불타오를 수 있도록 마음과 손을 열어 보자.

불우한 이웃에게 마음을 여는 '사랑의 왕초'가 많아지길 소망한다.

창고의 삶, 파이프의 삶

조현삼 목사가 1992년 3월 서울 상계동 수락 한신 아파트 상가 3층에서 세상에 빛과 소금 역할을 감당하는 교회를 꿈꾸고 세운 '광염교회'는 그의 다섯 식구로 시작했다. 흔히 교회를 시작할 때 화톳불처럼 개척을 위해 살라지는 '개척벰버'가 없었다. 이 교회가 세인들에게 '감자탕교회'란 또 다른 이름으로 불리는 까닭은 상가 건물 옥상에 있는 교회 간판이 1층의 감자탕집 간판에 가려서 멀리서 보면 십자가와 감자탕이란 글씨가 보이기 때문이다. 지금은 수다한 교인들이 모이는 큰 규모의 교회로 자라고 있다.

"교회는 이 세상에서 탈출구가 보이지 않을 때 하늘을 물끄러미 바라볼 수밖에 없는 이들이 하나님께 매달릴 수 있는 곳이 되어야 한다."는 조 목사의 목회 신념은 개척 당시나 지금도 변함이 없다. "이웃을 도울 수 있어서, 좋은 교인을 만날 수 있어서 너무나 행복하다."는 조 목사는 겨자씨만 한 작은 교회 시절 그가 세운 이상한 몇 가지 원칙을 중형교회로 성장한 지금까지 교회 근간으로 삼고 열심히 실천하고 있다. 그의 목회 철학은 신선하다 못해 섬뜩할 정도로 마음을 두드린다.

특별헌금, 목적헌금, 찬조금을 받지 않고 십일조만으로 영혼구령과 구제사업을 운영하는 '광염교회'는 설립 초 월 건물임대료 28만 원도 충당하기 어려웠지만 출석교인 2,000여 명의 교회로 성장하고 있다. 하지만 여전히 셋방살이 신세다. '교회는 건물이 아닌 사람'이란 조 목사의 신념 때문이다. 교회 재정 잔고는 100만 원을 유지하고 나머지는 전부 집행한다는 지침은 여전히 유효하다. "교회가 사회와 사람들을 향한 영적, 도덕적, 사회적 의무와 책임을 바르게 감당하려면 교회 확장보다는 구제, 선교, 장학 등 외부 지원에 더 관심을 두는 사랑과 나눔의 실천을 보여야 한다."며 교회 재정의 절반 이상을 고아, 과부, 외국인 노동자들, 목사를 잃은 유가족들을 챙기고 돌보는데 사용한다.

조 목사가 교회를 개척하고 첫 주일 하나님께 드린 헌금이 7만 원이었다. 그중에서 30%인 2만천 원을 주머니에 넣고 하나님이 흘려보내길 원하는 곳을 찾아 나섰다. 길을 가다 어려운 사람을 보면 멈춰 서서 묻는다. "주님, 저 분입니까?"

어느 해 교회의 일년 예산이 14억 4천만 원이었을 때, 그중 58%인 8억 3천만 원을 교회 밖으로 파이프처럼 흘려보냈다. "하나님의 온갖 좋은 것을 세상에 흘려보내 주는 사명이 교회(파이프)에 있다. 교회는 하나님께서 세상을 향해 걸쳐 놓은 파이프로서, '흘려보내는 게' 사명이다. 파이프처럼 사용되는 교회와 인생은 행복하다. 흘려보낸 만큼 또 위로부터 흘러나오는 것이 파이프고, 흘려보내도 파이프 속은 여전히 차 있다. 파이프 인생 속에는 창고 인생이 맛볼 수 없는 기쁨이 있다"며 파이프 행복론을 주창하는 조 목사다.

동전의 양면처럼 교회의 존재 이유를 '전도와 구제'에 두는 조 목사는 '교계의 911'로도 분주하다. 한국기독교연합봉사단의 단장으로 재난이 있는 곳이면 어디든지 발빠르게 찾아가 '한국 교회는 사랑입니다.'며 아낌없는 사랑을 나누기도 한다. 삼풍백화점 붕괴 때, 홍수, 태풍, 폭설재난의 현장에서 구슬땀을 흘리며 구호활동을 몸소 벌이는 그에게서 겸손히 섬기시는 예수님의 모습을 볼 수 있다.

어리석은 부자처럼 쌓기만 하는 삶은 행복하지 못하다. 높이 쌓여진 창고 한쪽에선 좀과 동록과 도적의 침범이 빈번하지만, 파이프같이 흐르고 물처럼 나누고 베풀면 세상이 변하고 탄식하던 사람이 세워진다. 새해에도 하나님의 은혜가 가득히 고이길 고대한다. 가득차거든 파이프의 물처럼 흘러가길 소망한다.

과테말라 알몰롱가의 기적

우직스러울 정도로 하나님 말씀을 절대 신앙하는 한 무명의 과테말라 목사가 중남미 여느 도시와 비슷한 알몰롱가에 첫발을 딛는다. 그가 철썩같이 붙잡은 주의 말씀은 "내 이름으로 일컫는 내 백성이 그 악한 길에서 떠나 스스로 겸비하고 기도하여 내 얼굴을 구하면 내가 하늘에서 듣고 그 죄를 사하고 그 땅을 고칠지라"이다. (역대하 7:14)

그 후 사탄 숭배와 알코올 중독자와 마약과 창녀들이 득실거리던 작은 농촌 알몰롱가(Almolonga municipio del departamento de Quetzaltenango)에 하나님의 성령이 충만하게 되었다. 흑암의 권세에 붙잡혀 있던 사람들은 변화되기 시작하였고 척박하였던 땅은 젖과 꿀이 흐르는 곳으로 변모하였다.

과테말라 수도에서 비행기로 30분 거리, 백두대간처럼 굴곡이 심한 산길을 따라 난 국도를 달리면 3시간 30분에 도달할 수 있는 알몰롱가는 한때 과테말라에서 가장 가난한 농촌 중 하나였다. 빈민지역을 지배하고 있던 우상숭배(idolatria), 모주꾼들만 모였는지 독주에 깊게 빠져 비틀거리던 거주민들, 물처럼 흔한 마약, 하루가 멀다 하고 끊임없이 발생하는 사건사고는 알몰롱가에서 흔한 일상의 모습이었다.

요나 선지자의 외침에 금식을 선포하며 하나님의 얼굴을 찾았던 니느웨 백성들처럼 알몰롱가의 사람들이 회개하였다. 악한 죄악의 길에서 오랫동안 방황하던 그들이 하나님께 돌아오기 시작했다. 하나님은 저들의 죄를 사하시고 그 땅을 고치셔서 낙원처럼 바꾸셨다. 알몰롱가가 통째로 바뀌었다. 중남기에서도 유명할 뿐만 아니라 이젠 세계가 주목하는 기적의 땅이 되었다.

과거 알몰롱가 논과 밭에 소출은 너무도 빈약했다. 고작해야 주 3대 트럭의 야채가 생산되었을 뿐이다. 땅을 고치시겠다는 하나님의 약속은 분명했다. 기적의 땅으로 변한 지금은 매일 50 트럭 가득히 레몰라차(빨간무, remolacha), 레뽀요(양배추, repollo), 사나오리아(당근, zanaoria) 등 다양한 야채가 생산된다. 과거 새끼 손가락 굵기 같았던 당근이 어른 팔뚝만 하게 출하된다. 당근 하나의 무게가 자그마치 6인치 길이에 4파운드가 나갈 정도로 거대해졌다. 평생 자동차를 본 적도 없던 거주민들이 자동차를 물쓰듯 쓰는 부자가 되었다. 자고 일어나면 한 뼘씩 자라는 풍성한 소산물을 실어 나를 트럭이 흔해졌다. 모든 차량에 붙어 있던 조악한 부적나부랭이는 떼어졌고 대신 하나님 말씀이 써 있게 되었다. 변화는 마을 구석구석으로 번져갔다.

작은 빈농에 36개의 술집(깐띠나, cantina)이 성업 중이어서 죄가 범람했다. 마약과 창녀들이 득실거리던 도시에 술집들이 자취를 감췄다. 기름진 땅에서 눈이 시리도록 풍성하게 자란 푸성귀를 소재로 전통 음식을 파는 상점으로 바뀌어졌다. 과거엔 알몰롱가에 4개의 감옥이 있었으나 지금은 모두 문을 닫았다. 들어올 죄수가 더 이상 생기지 않아서이다. 마지막으로 문을 닫은 감옥은 1988년에 예식장으로 새롭게 단장하여 문을 열었다. 감옥의 넓은 홀은 가난한 동네 처녀 총각들의 결혼식장으로 아름답게 활용되고 있다.

께찰테낭고의 작은 읍소재지 알몰롱가가 변했다. 그곳 거주민 13,000여명의 사람들 중 92%가 예수의 사람들로 변했다. 회심하여 독실한 크리스천이 되었다. 과테말라에서 1982년부터 시작된 선교의 열풍은 1,200만 마야 인디오 후예들의 고단한 영혼들을 살리고 척박한 땅을 변화시켜 중남미에서 가장 복음화된(45%) 기독교국가로 발돋음하고 있다. 어제나 오늘이나 언제나 변함없으신 하나님의 역사가 죽은 고목 같은 피폐한 심령들을 살리시고 엉겅퀴와 가시를 내던 광야 같은 땅들을 젖과 꿀이 흐르는 땅으로 변화시키신 것이다.

성령이여 다시 한 번 충만으로 임하셔서 알몰롱가 같은 기적들이 들불처럼 번지게 하소서!

둘이 하나 됨을 위하여

사랑이신 하나님은 한인과 라티노들이 낯선 미국땅에서 함께 진실된 모습으로 교제하며 살아가길 바라신다. 성경적인 참 교제의 의미는 서로가 함께 이기적이지 않은 사랑으로 진실하게 나누는 것을 의미한다. 예수를 구세주로 모신 영적인 가족인 우리는 하나님을 아버지로 모시고, 예수님을 큰 형님으로 삼고, 성령 하나님의 인자하신 사랑 아래 가족이 되었다. 그런 가족의 정을 가지고 서로 섬기고, 서로 희생적으로 베풀고, 서로 위로하는 것이 진정한 교제의 모습이다.

구약성경 에스겔서 37장 16-17절에 남왕국 유대와 북왕국 이스라엘이 통일 될 것에 대한 예언의 말씀이 있다.

"인자야 너는 막대기 하나를 취하여 그 위에 유다와 그 짝 이스라엘 자손이라 쓰고, 또 다른 막대기 하나를 취하여 그 위에 에브라임의 막대기 곧 요셉과 그 짝 이스라엘 온 족속이라 쓰고, 그 두 막대기들을 연합하여 하나가 되게 하라. 네 손에서 둘이 하나가 될 되리라."

앗시리아에 의해 망한 북왕국 이스라엘과 바벨론에 멸망한 남왕국 유다는 한 아버지의 자녀들이었지만 서로 시기하고 다투고 원수되었다. 그러나 하나님은 그 둘을 하나 되게 하셔서 다시 영적인 가족으로 삼으시고 서로 사랑하고, 서로 형제의 우애를 나누는 아름다운 교제가 회복되길 바라신다. 그렇게 화목해진 그 둘을 축복의 자녀로 맞이하시는 하나님은 약속의 땅에서 영원히 가족의 정을 함께 나누는 형제와 자매로 살게 하신다.

극동 아시아의 조용한 아침의 나라 대한민국에서 온 한국인이라는 막대기가 여기 있다. 그리고 여기 중앙아메리카 엘살바도르, 과떼말라, 니카라과, 온두라스, 멕시코, 콜롬비아, 에쿠아도르, 페루, 볼리비아, 아르헨티나에서 올라온 라티노라는 막대기도 있다. 한인과 라티노는 역사와 전통이 다르고, 언어와 문화가 다르다. 달라도 너무 다른 그 문화 차이 때문에 서로 시기하고 다투고 원수된다면 그리스도 예수 안에서 한 형제와 자매 되어 누릴 수 있는 영적, 육적, 사회적, 경제적인 큰 복과 유익을 잃게 된다.

도리어 서로 다른 차이를 존중하며, 서로를 귀하게 여기는 겸손함과 진지한 자세를 갖게 될 때 한·라티느 관계는 견고해지며 둘이 하나 됨의 풍성한 사랑을 경험하게 될 것이다. 미국에 사는 한·라티노 커뮤니티가 둘이 하나 되어 서로 견고하면서도 오랫동안 우정을 나누는 아름다운 연합체가 되기 위해선 몇 가지 선행조건이 있다.

첫째로, 긍휼과 자비와 겸손과 온유와 오래 참음으로 서로 소중하게 교제를 발전시켜야 한다(골로새서 3:12). 수직적인 높고 낮음의 관계가 아닌 수평적인 나눔이 더 소중하다. 둘째로, 예수님이 우리를 용납하신 것처럼 서로 용서해야 한다(골3:13). 불평을 살 만한 일에도 서로 용납하는 마음이 필요하다. 그리고 마지막으로, 사랑이란 띠로 서로를 견고하게 묶어야 한다(골3:14). 예수 안에 있는 참 평화가 둘이 하나되길 소망하는 한 · 라티노 모두에게 풍성하라.

제4장

청국장 뜨는 선교관

라티노식 갈비탕 (Sopa de Res)

워싱턴 D.C. 노스 웨스트 16가에서 메릴랜드 쪽으로 올라가는 길 양 옆에는 다양한 교파의 교회들이 즐비하다. 태국식 사찰이 있는가 하면 웅장한 스카티시박물관도 있다. 비스듬한 오르막길에 위치한 메디안공원에서는 내셔널 몰과 연방정부 건물로 촘촘한 시내가 한눈에 들어온다. 공원을 지나서 사거리에 서면 거대한 석조 건물이 떡 버티고 선 것을 보는데 유니테리안 처치와 고색창연한 내셔널 뱁티스트 처치를 만난다. 그 앞길이 중남미에서 올라온 라티노들이 즐겨 찾는 콜롬비아 로드요, 비스듬하게 이어진 마운트 플레즌 거리를 볼 수 있다.

콜롬비아 로드 초입엔 워싱턴 지역 도시빈민선교에 특별히 기여한 구세주교회(Church of the Savior) 고든 코스비 목사가 운영하는 선교센터가 있다. 센터 옆에는 역시 구세주교회에서 운영하는 포터스 하우스가 있고, 맞은 편에는 아담한 홈리스 쉘터가 노숙자들을 품는다.

작은 포터스 하우스에서는 코스비 목사가 저술한 책도 살 수 있다. 간단한 식사를 나누며 담소할 수 있고, 다양한 볼거리도 제공한다. 시내 곳곳에 도시 빈민들을 위한 합숙소, 술, 마약환자 치료소를 운영하는 구세주교회는 도시선교의 신선한 모델이다. 노숙자들이 오랜 가난을 털고 회복하도록 돕는 프로그램과 지도자 훈련을 꾸준하게 일궈 가는 선교 현장에는 미국에서 뿐만 아니라 전 세계에서 몰려든 봉사자들로 항상 분주하다.

10억 인도 인구 중 삼분의 일이 길거리에서 태어나 평생 한 번도 자기 소유의 집을 가져 보지 못한 채 길어서 살다 길에서 한많은 인생을 접는다. 인도 캘커타의 가난한 동네에 마더 테레사가 있었다면 미국 내에서도 홈리스 많기로 손꼽히는 워싱턴 D.C. 도시 빈민 지역에는 행동하는 영적 거장 고든 코스비 목사가 있다.

목요일 점심 때. 굿스푼의 남미 출신 삼총사가 오랫만에 콜롬비아 길에 들어선다. 알록달록한 손수건으로 머리를 질끈 매고, 길바닥을 쓸고 다녀도 아랑곳하지 않는 힙합 청바지에 누런 금붙이를 걸고 나름대로의 멋을 한껏 부린 라티노 청소년들이 즐겨 찾는 이곳은 D.C. 안에서도 유명한 라티노 거리다. 라티노가 주고객이어서인지 영어는 자취를 감춰 보이지 않고, 은행, 음식점, 옷가게, 금은방을 알리는 간판이 모두 스페인어로 쓰여 있다. 점심 때라 손님들로 분주한 뽈료 그랑해로(Pollo Granjero)의 최고 별미는 라티노식 갈비탕(Sopa de Res)이다.

살점이 넉넉한 쇠갈비를 넣고 유까(yucca), 차요떼(Chayote), 옥수수, 당근, 샐러리, 삐삐안(pipian, 멕시코 애호박)을 푸짐하게 넣어 걸쭉하게 끓여 낸 갈비탕이다. 짬뽕 그릇같은 대접에 찰찰 넘치도록 담아내는 국물맛이 일품이다. 푹신하게 익어 노인이 뜯기에도 어렵지 않은 갈비살을 말갛게 먹어치우고, 아직도 여유 있는 국물에 또르띨랴(tortilla) 두 장을 말아서 먹는다. 숟가락 놓기가 아쉬워서 입가심으로 치즈 뿌뿌사(pupusas) 한 조각을 냉큼 먹고 일어서려는데 미련이 남는다. 단풍 낙엽을 쓸어내리는 찬바람에 오돌오돌 떨고 선 이방인들을 위해 진한 국물맛 갈비탕을 한 번 끓여 내고 싶다.

브라질 무술 까뽀에이라(capoeira)

뉴욕의 센트럴 파크가 거대한 마천루 숲속에 있는 뉴요커들에게 휴식공간을 제공한다면, 남미 최대 도시 브라질 쌍 파울로에는 이비라뿌에라(Ibirapuera) 공원이 있다. 인구 이천만이 넘는 거대 도시에 자고 눈뜨면 시작되는 크고 작은 약 700만 대의 차량 행렬은 쉴새없이 배기 가스를 뿜어낸다. 가끔씩 오존 주의보를 발령할 정도로 시내 공기가 탁한데 최루탄 냄새처럼 매콤한 쌍 파울로 공기맛은 처음 방문한 자들의 머리를 아찔하기 한다.

모처럼 바람 부는 날은 빠울리스따들이 이 공원에 와서 숨통을 트곤 한다. 공원 입구에 들어서면 거대한 븐수가 흡사 시위대를 향해 물대포를 쏘아대는 것처럼 하늘 높이 그리고 더 멀리 물보라를 뿜어 올린다. 이비라뿌에라 공원에서 가끔씩 건장한 남녀들이 활 비슷하게 생긴 악기와 노래소리에 맞춰 브레이크 댄스 비슷한 역동적인 몸동작을 선보인다. 브라질 사회에서 최고의 인기와 사랑을 받고 있는 까뽀에이라다. 어찌 보면 무술같고, 춤같고, 게임 같은 까뽀에이라는 심신수양과 재미를 함께 갖춘 특이한 무술이다.

포르투갈어로 까뽀에이라(Capoeira)의 원래 의미는 '닭장'이란 뜻을 같고 있다. 두 수탉이 좁은 닭장 안에서 부리와 날카로운 발톱을 세우고 거세게 달라 붙어 싸우는 것에서 기인한다. 브라질은 17세기 초 아프리카 대륙에서 노예들을 끌여 들여 거대한 대륙을 개간한다. 목화, 사탕수수, 커피, 오렌지 농장을 가꾸기 위해 잡혀 온 흑인 노예들이 '로다(roda, 3 미터의 둥근 원) 안에서 고향 잃은 설움과 노역의 고달픔을 까뽀에이라를 통하 발산하였다.

사탕수수 농장에서 힘든 노동을 하던 흑인 노예들이 서로 싸우는 일이 빈번했다. 비싼 값을 쳐주고 노예상인들에게서 구매한 노예들이 다치거나 죽는 것을 싫어한 농장주들이 엄격하게 체벌하자 이를 피하기 위해 연주와 노래를 가미시킨 것이 까뽀에이라가 된 시초이다. 노예들은 언제 있을지 모를 노예 해방투쟁을 대비하기 위해 체력단련을 하고, 다른 한편으론 현실의 분을 삼키며 까뽀에이라에 심취한다.

브라질에서 가장 표준적인 까뽀에이라는 까뽀에이라 앙골라(Capoeira Angola)이다. 남자들은 하반신에 흰색 체육복 바지를 입고, 잘 발달된 근육질의 몸매가 우람하게 보이도록 상체는 아무것도 입지 않는다. 한국의 전통무예 태껸을 시연하는 것보다 더 천천히 두 사람의 뮬라토(Mulato, 백인과 흑인 혼혈)가 같은 방향으로 회전하되 주로 머리와 신체의 하부를 이용하여 힘 있게 기본동작을 표현한다. 헤드 스핀과 손동작, 발차기를 적절히 섞되 서로간의 신체적 접촉은 별로 없다. 둥글게 들러리 선 동료들은 악기소리에 맞춰 박수치며 까발라리아(Cavalaria)라는 아프리카 특유의 리드미칼한 노래를 부르며 흥을 돋군다.

본격적으로 기온이 영하로 떨어지고, 눈비가 발목을 적시는 거리 급식 현장은 바람조차 피하지 못한 채 엉거주춤 서서 진행한다. 도시빈민들이 추위에 언 손으로 음식 담은 접시를 받아들다 질질 흘리기가 다반사다. 바람을 가르는 구령소리와 함께 태권도 기본동작이라도 가르쳐서 도시빈민들의 추위를 털어내고 싶다.

브라질 뽀르 낄로(por quilo, por kilo)

　몇 알 남지 않은 잎새조차 마지막 떨구려는지 세찬 바람이 몰아치던 어제, 모처럼 워싱턴 D.C. 플로리다 마켓을 찾았다. 본격적으로 시작되는 겨울은 길거리에서 일자리를 구하려는 도시빈민들에겐 가장 힘들고 어려운 시기다. 무작정 길로 나와 하루종일 웅성거리며 서 있는 지루한 기다림은 중노동보다 차라리 더 힘들다. 작업화에 신어도 좋을 두툼한 양말 200켤레, 추운 날 푹 뒤집어써도 좋을 털모자 200개, 그리고 손이 크든지 작든지 상관없이 찰싹 들러붙는 요술 장갑 200켤레를 봉지에 싸서 돌아온 것은 저녁 무렵이었다. 토요일 거리급식과 추수감사절 당일(11월 24일, 목요일)에 도시빈민들에게 나눠 줄 몇 가지 방한용품을 구입하여 돌아오는데 벌써 마음이 포근해진다.

　쌀쌀해진 기온 탓에 점심 때가 지나자 길에 무수히 나와 섰던 라티노 일일 노동자들이 하나둘씩 집으로 향한다. 엘살바도르에서 올라온 로베르또와 호세는 새벽에 우유 탄 커피 한 잔에 비스켓 두어 개를 먹고 나와 거의 8시간 동안 애난데일 웬디스 앞에서 서성거렸지만 일자리를 잡지 못했다. 매번 패스트푸드를 파는 영업장 화장실을 드나드는 것도 주인 눈치가 보여 종일 아무것도 먹지 못한 채 서 있던 그들에게 반가운 한인이 다가섰다. 이삿짐이 단출해 보여 아침 나절에 라티노 형제 둘과 가볍게 시작한 일인데 막상 오후가 되도록 일이 줄지 않자 둘을 더 쓰려던 것이다. 노루꽁지 만한 오후 몇 시간의 일거리지만 자신들을 고용해 주고 시간당 품삯도 풍성히 쳐 준 천사같은 한인에게 감사하다며 마치 제집 물건처럼 정성껏 이사짐 정리를 돕는다.

브라질 쌍 파울로에선 뽀르 낄로(por quilo 혹은 por kilo)로 점심을 먹을 때가 많았다. 뽀르 낄로는 일종의 부페라고 할 수 있다. 보통의 부페가 갖가지 음식을 배 터지도록 먹고도 일정하게 정해진 요금만 내는 것과 달리, 브라질 부페의 일종인 뽀르낄로는 다양한 음식을 양껏 먹는다는 것은 같지만 자기가 먹고 싶은 음식을 골라 저울에 무게를 재서 무게만큼 돈을 낸다는 것이 다르다. 음식 가격도 1인당 얼마가 아닌 100g당 얼마 이렇게 값을 친다. 이 뽀르낄로는 주로 점심 시간에만 시행되는 제도인데 20여 가지의 신선한 야채 샐러드와 10여 가지의 맛있고 따뜻한 음식들이 '날 잡아 잡수' 하고 손을 기다린다. 인디오 문화와 포르투갈을 비롯한 서부 유럽의 문화, 아프리카 문화까지 두루섞인 다양함이 음식에도 배어 나오는지 이름도 낯설은 산해진미가 풍성하다.

특별히 노르웨이산 대구를 염장했다가 물에 오래 담가 짠기를 빼고 우유와 치즈 야채를 섞어 만들어 낸 바깔랴우는 얼마나 맛있던지 쫄깃쫄깃한 생선살에다 감칠맛 나는 소스는 별미 중에 별미다. 식사를 위해 사용하는 시간도 짧고, 먹고 싶은 것만 담아 온 터라 남기고 자시고 할 것이 없어 쓰레기 걱정도 않는다.

추수감사절 당일 거리급식을 워싱턴중앙장로교회 남선교회에서 준비 중이다. 가난한 라티노 이웃들이 몇 번 먹고도 남을 빠보(pavo, 터키)와 따뜻한 방한용품을 담아서 사랑으로 나누려고 한다. 하나님께서 날을 좋게 하시겠지….

브라질 팥빙수 아싸이(Zola Acai)

지구 최대의 삼림지대인 아마존(Amazon)은 지구에 산소를 공급하는 허파로 불려진다. 브라질의 북쪽에 위치해 있으며 브라질 국토의 18%를 차지하고 있다. 남한 크기의 30배에 해당하는 면적은 150만㎢가 넘는다. 남미 대륙 9개 나라에서 시작된 1,100여 개의 강들이 아마존강에 합류하여 대서양으로 접어들기까지 약 6,000km에 이르는 세계 최대의 강이다.

아마존은 세계 전체 담수의 5분의 1을 바다로 운반하고 있으며, 강 하구에서는 1초에 100억ℓ의 물을 방출하고 있다. 그 수량이 너무도 막대해 짠 바닷물을 해변으로부터 160km 바깥까지 밀어낸다. 적도 지역에 넓게 펼쳐진 아마존엔 태고적 신비가 있는 울창한 열대 정글이 있고, 그 아래 현대인이 상상할 수 없는 거대한 자원과 희귀한 것들이 산재해 있다. 한바탕 와당탕쿵탕 쏟아 부어 나무를 우지끈 부러뜨리곤 이내 멎는 '남자 비'와, 탄식하며 흐느끼듯 몇 시간이고 줄기차게 내리는 '여자 비'가 매일 하루 일과처럼 반복되며 신비한 생명을 잉태하는 곳이다.

아마존은 세계에서 가장 풍부하게 동식물 종류가 서식하고 있는 곳으로서, 많은 종류의 동물과 200만 종이 넘는 식물이 아직도 분류되지 않은 상태로 남아 있다. 현재까지 알려진 지구상의 모든 동식물종의 10분의 1이 아마존에 있으며, 8만 종의 곤충류, 1500여 종의 어류, 200종의 뱀, 8,600종의 세계 조류 가운데 거의 4분의 1이 이 곳에 살고 있는 것으로 추정된다.

수를 헤아릴 수 없는 많은 나무와 꽃과 풀들 속에서 인디오들은 약효능을 가지고 있는 유익한 실과들을 찾아내어 민간요법으로 사용했다. 과라나(Guarana), 아싸이(Acai), 아세롤라(Acerola) 등이다. 아싸이는 지구상에 존재하는 허구많은 실과 중 가장 영양만점 슈퍼 과일이라면 너무 호들갑을 떠는 것일까. 종려나무(palm tree) 줄기에 실한 포도송이처럼 주렁주렁 매달려 있는 아싸이엔 자연산 비타민 E와, 아미노산 그리고 세포파괴를 막아 주고 암세포와 대항하여 싸우는 안티옥시던트, 세포생성과 활발한 두뇌작용을 돕고 콜레스테롤까지 콘트롤하는 오메가 지방산은 빨간 포도보다 무려 10배나 많다.

쌍 파울로 아크리마썽 집 근처에 아싸이를 팥빙수처럼 갈아 파는 전문점이 있었다. 먹장포도빛을 내는 아싸이를 설얼은 상태에서 꺼내 과라나 씨앗과 설탕을 섞어 믹서기에 곱게 갈아 도자기 밥그릇에 담아내면 한여름에도 손을 대지 못할 정도로 차다. 특유의 향기와 맛과 짙은 색은 남국에서만 경험하는 호사스런 일이다. 기호에 따라 망고와 파파야, 오렌지 같은 과일 조각을 얹어 먹는 맛은 표현할 길 없고 상상할 수도 없다.

거대한 쌍 파울로 도시빈민 현장에서 일을 마치고 집에 돌아와 식구들과 저녁상을 물리면 서둘러 아싸이 집을 찾곤 했다. 아싸이 중독자처럼 한 그릇 비우고 나면 입안이 얼얼하고 입안은 어느새 채색되고 만다.

이민생활에 지친 한인들과 그 이웃으로 가까이에 살고 있는 가난한 라티노 도시빈민들에게 사랑과 정성으로 준비한 슈퍼 과일 아싸이를 한 그릇씩 안기고 싶다.

빼빼의 따말레스(Tamales)

　옥수수를 주식으로 하는 중남미인들은 따말(Tamal)을 정말 좋아한다. 따말을 먹어 보지 않고서 중남미를 안다고 말해선 안 된다. 따말을 만드는 방법은 의외로 간단하다. 걸쭉한 옥수수 가루에다 닭고기, 돼지고기, 계란 삶은 것, 그리고 양파와 올리브를 골고루 배합해서 옥수수 잎이나 짙푸른 바나나 잎새로 겉을 싸서 찜통에 쪄 먹는다.

　토마토와 매운 고추 소스로 간한 쫄깃한 치즈를 넣으면 ‘라하스’라고 하고, 초록 토마토 소스와 돼지고기로 속을 채운 것은 ‘베르데’라고 한다. 기호에 따라 매운 고추 소스와 닭고기를 넣으면 ‘몰레’가 되고, 건포도, 파인애플, 그리고 우유로 속을 채워 만든 것을 ‘둘쎄’ 따말이라고 한다.

　찜통에서 막쪄낸 따말을 꺼내서 옥수수, 바나나 겉껍질을 벗긴 후 어른 손뼘만 한 길다란 따말을 작은 스푼으로 떠먹는다. 따말에 잘 어울리는 음료는 ‘아똘레’다. 옥수수 녹말을 뜨거운 우유에 타고 과일즙이나 초콜릿, 캐러멜로 맛을 낸 ‘아똘레’와 곁들인 따말은 한마디로 ‘에스따 비엔’ (죽여준다).

　애난데일 거리급식소에 단골손님 중 하나인 빼빼 벨레사(Pepe Belleza, 35세)는 페루 리마에서 일 년 전에 올라왔다. 매일 노동시장을 찾는 그는 다른 라티노들과는 사뭇 다르다. 페루 리마에서 대학을 마치고 5식구를 두고 미국에 온 그는 잘생긴 외모에 단정하게 머리와 수염을 자르고 이왕이면 깨끗한 옷을 입고 노동시장에서 일거리를 기다린다. 빼빼가 선호하는 일은 페인트 헬퍼 일이다.

그런 빼빼가 언제부턴가 야외용 작은 아이스박스를 가지고 다니는 것을 본다. 추운 날씨에 집에서 준비한 점심과 따뜻한 커피를 넣고 다니는 도시락통인 줄만 알았다. 점심을 받아 든 빼빼 옆에서 얘기하다 넌지시 도시락통을 들여다 보았다. 30여 개가 넘는 따말이 색바랜 은박지에 쌓인 채 가지런히 놓여 있다. 매일 새벽 3시면 일어나 50개의 따말을 만들어 노동시장에 담아내 온다.

겨울 내내 일자리가 없어 변변히 식구들에게 생활비를 보내 주지 못해 걱정이 태산같다. 설상가상으로 네 아이의 엄마 역할만으로도 허리가 휘는데 집 떠난 가장 노릇까지 대신하던 아내 밀랴그로스(Millagros, 30세)가 교통사고로 병원에 누워 있다. 아내가 가장 힘들 때 곁에 함께 있지 못하는 자신이 무심하지만 궁여지책을 찾기 시작했다. 따말을 만들어 노동시장에서 틈틈히 생활비를 버는 빼빼의 모습에서 건강한 책임감을 본다. 벌써 반나절이 지났는데도 팔리지 않은 따말이 작은 아이스통에 빼곡하다.

가정과 아내를 소중히 사랑하는 빼빼의 따말이 오늘은 남김없이 다 팔려 짙게 드리웠던 수심을 거둬 갔으면 좋겠다.

브라질 슈하스까리아(Churrascaria)

페어팩스 로빈슨 하이스쿨 12학년에 다니는 요셉은 7살 때 충남 공주에서 남미 선교지로 부모와 함께 떠났다. 백제의 도읍지였던 공주시 중동국민학교를 갓 입학하자마자 남미로 향하여 10년을 보냈고 네 번째 나라인 미국땅에 4년째 살고 있다.

적도 바로 위 타는 듯한 열대기후와 석유가 많은 남미 베네수엘라
를 시작으로 사면이 육지로 둘러쌓여 있는 파라과이 아득한 인디오
마을에서 그리고 미국 오기 전엔 축구와 삼바 까르나발의 열정이
살아 숨쉬는 브라질에서 청소년기의 대부분을 보냈다.

5월이면 만 스무 살이 되는 요셉이 아직까지 시니어 마지막 학기
를 다니는 이유는 남미에서 올라와 6개월의 학제 차이가 있었고 이
왕이면 영어 습득의 기회를 더 갖고자 일부러 학년을 낮췄기 때문
이다. 한국을 떠날 때 7살 개구장이 소년이었던 그가 이젠 코언저리
에 새까만 수염이 자리잡힌 의젓한 젊은이로 성장했다. 부모 따라
선교지를 전전하며 경험해야 했던 언어단 해도 4개다.

가정에서 부모와 의사소통에 어려움 없는 한국어, 베네수엘라와
파라과이에서 배운 스페인어, 사춘기가 시작할 무렵 브라질에서 배
운 포르투갈어, 그리고 미국 내에서도 수준 있는 공립학교 시설 아
래서 4년째 습득 중인 영어는 선교사 자녀로 자라며 겪었던 많은
어려움을 보상하듯 하나님이 주신 소중한 자산이 된다.

쇠고기든 돼지고기든 닥치는 대로 육류를 좋아하는 요셉은 브라
질 쌍 파울로 슈하스까리아(브라질식 바비큐 전문점)에서 먹던 삐
깡냐를 그리며 입맛을 다신다. 육질이 부드러우면서 고소한 쇠고기
가 많기로는 아르헨티나, 브라질, 파라과이를 꼽는다. 끝도 없이 펼
쳐진 광활한 대초원 빰빠에서 스트레스 없이 마음껏 목초를 먹고
자란 1년 미만의 소를 잡아 굵은 돌소든을 뿌려 구워 낸 슈하스꼬
(아르헨티나에선 아사도)는 군침을 돌게 한다.

해마와 화려한 색상의 열대어, 기묘한 산호초가 가득한 수족관이
명물인 넓고 화려한 안젤리까 슈하스까리아는 5달러를 주면 갈 수

있다. 소를 도축할 때 노란 기름으로 두툼하게 쌓여 있는 어른 주먹
만 한 살덩어리 삐깡냐를 발라내는데 최고의 맛을 자랑한다. 삐깡냐
에 알료(마늘)를 양념에서 굵은 소금을 발라 에우깔립또 나무 숯불에
살살 돌려가며 구워 내는 맛은 둘이 먹다 둘 다 죽어도 모를 맛이다.

어디 그뿐이랴. 까우쵸(목동) 복장으로 단장한 잘생긴 브라질 보
이들이 30여 종의 부위별 고기를 불에 구워 커다란 쇠꼬챙이에 꿰
어 식탁마다 다니며 썰어 주는데 귀찮을 정도로 갖다 안긴다. 열대
야채와 더불어 정신없이 먹다 보면 복어배처럼 빵빵하게 불룩해진
다. 식탁 위에 모래시계처럼 생긴 나무토막을 빨간색으로 돌려 놓
아야 슈하스꼬 서브가 중단된다.

마지막 입가심으로 아마존의 인디오들이 먹는다는 향긋한 과라나
에 얇게 썬 오렌지가 빈민선교에 지친 심신을 개운하게 한다.

베네수엘라 아레빠스(Arepas)

고대 그리이스인들에게 제우스같은 신이 아메리카 인디오들에게
있다. 훈 후나푸(Hun Hunaphu)라고 불리는 옥수수신(maize
God)이다. 젊은 남성같은 힘과 머리는 항상 옥수수 잎을 연상케 하
는 상징체로 장식된다. 인디오들은 훈 후나푸가 이 세계를 창조했
고 옥수수의 생산을 주관한다고 생각한다. 구약성경은 하나님이 흙
으로 사람을 만드시고 그 코에 생기를 불어 넣으셨다고 인간창조의
기원을 말하지만 인디오들은 슈무카네(Xmucane)라는 늙고 현명한
여신이 옥수수가루를 반죽하여 만들었다고 생각한다. 옥수수 알갱

이를 아홉 번 갈아 만든 가루에 물을 넣고 반죽하여 네 개의 인간 형상을 만든다. 신기하게도 이 네 개의 옥수수 인간은 말할 줄 알았고 생산도 했으며 더 중요한 것은 신을 경배할 줄 알고 신에게 희생을 바칠 줄 알았다. 이렇듯 삶과 신앙에 중요한 옥수수는 인디오들의 주식이다.

라틴 아메리카의 주요 전통음식이 옥수수를 주재료로 만들어진다. 쿠바(Cuba)의 뻬까딜료(Picadillo), 엘살바도르의 뿌뿌사(Pupusas), 파라과이 찌빠(chipa), 베네수엘라 아레빠도 역시 옥수수가루로 만든다. 베네수엘라 쪽빛 카리브해 한쪽에 모시조개가 많이 나는 이게로떼(Hygelotte) 지역이 있다. 베네솔라노(Venesolano, 베네수엘라인)들은 조개를 별로 선호하지 않는지 어린애 주먹만 한 조개며 소라가 유난히 많은 곳이다. 도시 빈민선교에 지칠 때면 가끔씩 찾았던 곳인데 버스정류장에서 처음 먹었던 아레빠의 맛을 지울 수 없다.

전통음식 아레빠는 옥수수가루에 소금과 하얀 치즈를 섞어 물로 반죽하여 노릇노릇하게 구워 낸 것인데 바삭바삭한 맛이 일품이다. 아레빠 레서피는 의외로 간단하다. 반죽한 옥수수가루를 오리알 만하게 떼어 내서 손으로 둥그렇게 다듬고 잘 다진 장조림용 쇠고기에다 갖은 양념한 것을 넣고 버무린다. 손바닥으로 얇게 편 아레빠를 중간불에서 5분 가량 구워 낸다. 기호에 따라 볼로냐 치즈, 닭살코기, 빨미또 등을 넣어 톡쏘는 뻬멘타(칠리소스)를 발라 먹으면 앉은 자리에서 대여섯 개는 쉽게 치운다.

애난데일 라티노 인력시장에서 펼치고 있는 거리급식에서 초로의 니카라과 오순절교회 목사를 만났다. 허름한 노동자들 틈에 끼여 배식을 받는 환갑 정도의 라티노 목사는 니카라과 한 시골교회 목사로 60여 명의 성도를 섬기던 터였다. 미국에 온 지 2개월째인 그가 땀에 절어 노동을 하는 이유는 교회 음양기기를 구입하기 위해서다. 가난한 시골교회 형편으로는 도저히 꿈꿀 수 없자 힘에 부치는 노동을 마다하지 않고 국경을 넘어온 것이다. 젊은이들 틈바구니에 끼여 두 달간 노동을 했으나 정작 기계를 구입할 돈은 모으지 못했다. 식구들과 목양하던 60여 명의 성도들을 남겨 두고 얼마나 더 미국에 남아 노동할지 그는 모른다. 요즘같아선 땡볕에 서서 하루종일 일을 구하지만 일 주일에 고작 이틀밖에 일하지 못한다. 경찰의 단속이 두려우면서도 어쩔 수 없이 길거리에 나와 품을 파는 라티노들에게 나눠 주는 음식과 물은 곧 생명을 건내는 것과 같다.

알로 쁘레지덴떼(Alo Presidente)

매 일요일 베네수엘라 국영 TV 방송에 출연하여 국민들과 열린 대화를 나누는 우고 차베스 대통령은 가난한 백성들의 열렬한 환영을 받는다. '알로 쁘레지덴떼'(안녕하세요 ! 대통령) 프로그램에서 차베스는 군출신이라 투박하지만 명료한 화술로 베네솔라노들의 허구 많은 요구와 견해들을 듣고 대답한다.

1954년 바리나스 주 사바네타에서 태어난 차베스의 가계엔 아메리카 몽골계 인디오 원주민의 피, 아프리카 흑인, 그리고 스페인의 피가 골고루 섞여 흐른다. 군사학교를 거쳐 시몬 볼리바르 대학에서 정치학을 공부하고, 중남미 인디오 문명과 역사, 유럽의 역사와 문화를 구슬 꿰듯이 꿰고 있는 차베스는 해박한 지식을 소유한 정치가다.

공수부대 중령 출신으로 까를로스 페레스(Carlos Perez) 대통령 경호실에 있던 우고 차베스(Hugo Rafael Chavez Frias)가 쿠데타를 시도하다 불발로 그쳐 감옥 신세를 진 것이 1992년이다. 까라까스 시내의 미라플로레스 대통령궁과 국방부 건물, 군사공항과 역사 박물관을 점령한 다음 해외 출장에서 돌아오는 페레스 대통령을 체포하려던 것이 당초 계획이었다.

동료들의 더러운 배신과 섣부른 실수가 쿠데타의 결정적 실패 요인이 되어 야레(Yare) 감옥에서 2년간 영어의 몸으로 있게 되었다. 1994년 라파엘 칼데라 대통령에 의하여 풀려난 차베스는 빈곤퇴치, 문맹퇴치 슬로건 뿐만 아니라 위대한 볼리바리안(Bolivarian) 주의를 표방하여 오랜 학정에 시달려 피폐해진 민중의 마음을 사서 1999년 마침내 53대 대통령에 등극한다.

예전의 양원제를 바꿔 일원 국회로 만들고 헌법을 개정하는 등 집권 3년간의 초강경, 초특급, 과격한 개혁이 뒤통수를 맞아 주춤했던 때가 2002년. 온갖 부와 명예를 독점한 채 대를 물려가며 나눠 먹던 중상류 기득권층과 루카스 로메로(Lucas Romero)군 총사령관의 강력한 반대에 직면해서 47일간 오르키아(Orchia)섬에 유배 당했다가 다시 권좌에 복귀한 풍운아다.

19세기 초, 대(對) 스페인 독립전정을 주도해 베네수엘라뿐 아니라 콜롬비아, 에쿠아도르, 페루 등 남미 북부지역의 독립을 이끌어낸 시몬 볼리바르(Simon Bolivar)를 흠모하는 차베스가 권좌에 오르면서 맨 먼저 시도한 것은 국명을 '베네수엘라 볼리바르 공화국'

으로 개명하고 국기조차 새롭게 만든 것이다. 가운데 파랑색 줄무늬에 세븐 스타가 아치형으로 그려졌던 예전 국기에 시몬 볼리바르를 상징하는 여덟 번째 별을 그려 넣었다.

시몬 볼리바르의 판아메리카주의 철학과 페루 독재자 후안 알바라도와 사회주의 및 공산주의 지도자들의 이념에서 영감을 얻어 구상한 것이 '볼리바리안주의'인데 이는 중남미 통합이 꿈이다.

강력한 반미 전도사격인 차베스의 설득력 있는 역설과 고유가 시대에 베네수엘라 오일 달러의 힘은 중남미 33개국에 걸쳐 비슷한 역사적 상흔이 있는 주변국가들의 강력한 동조를 얻고 있다. 곪어 부스럼을 내고 있는 차베스의 행동 하나하나가 미 공화당 정치가들의 눈엔 밉살스럽게 비쳐진다. 미국의 뒷마당처럼 불려지는 중남미 대륙에서 '반미 좌파연대 결성'에 혼신의 힘을 쏟으며 미국을 타격하는 그가 환생한 히틀러처럼 취급되는 것은 이런 이유 때문이다. 피델 카스트로의 아들, 체 게바라의 적통, 시몬 볼리바르의 이상을 실천할 수 있는 자로 부상한 차베스의 소망대로 될 지는 두고 볼 일이다. 탈도 많고 사연도 많은 민초들의 현대판 신문고 구실을 하는 '알로 쁘레지덴떼'가 포플리즘의 일환으로 악용되지 않길 바란다.

하나님이 성도에게 주신 기도의 손은 '알로 쎄뇰 디오스(안녕 하세요 ! 하나님)'가 된다. 언제고 무릎 꿇고 마음을 열면 작은 신음조차 외면치 않으시고 들으시는 하나님이 생각하는 것보다 더 크고 비밀한 해결책을 갖고 곁에 서신다.

에드원과 아나의 플라멩꼬(Flamenco)

　스페인어로 소금과 소스라는 뜻이 합하져 만들어진 쌀사(Salsa) 춤은 푸에르또리꼬인들이 발전시킨 리듬댄스다. 탱고(tango)는 남미 아르헨티나 부에노스아이레스 보까 지역에서 시작된 춤이다. 쌀사와 탱고, 삼바가 중남미에서 시작된 춤이라면 플라맹꼬(El Flamenco)는 스페인 거주 집시들에 의해 시작된 민속음악이다. 춤의 형태는 탭댄스와 비슷하고 통기타의 연주에 따라 혼을 쏙 빼놓을 듯한 음악과 춤은 집시들의 한과 정열이 함께 뒤섞여 있다.

　인도 북부지방에 살던 집시(Gypsy)들이 외침을 피해 이집트와 체코슬로바키아 등지로 흩어졌다. 일부 집시들은 스페인 남부 안달루시아(Andalucia)에 정착하였다. 집시들은 집단으로 거주하며 정처없이 떠돌아 다니는 한과 아픔을 노래와 춤으로 녹여낸다. 허름한 땅굴에 숨어 몰래 불렀던 집시의 노래 '깐떼호도'는 온몸의 뒤틀림과 피를 토할 듯한 절규로 이어진다. 한 많은 하소연과 넋두리가 기타의 '또께혼도'와 일치될 때 극치를 이룬다.

　플라맹꼬의 어원은 아랍어인 "flelag, 능부" "mengu 도망자, 피난민"에서 기인하는데 18세기 안달루시아의 집시를 지칭하는 단어로 쓰이기 시작한다. 플라맹꼬의 연주는 클래식 기타와 캐스터네츠, 손뼉(palmas)과 발 구르기의 장단에 맞추어 숨이 멎을 듯한 역동적인 춤과 노래로 이어진다. 화려하고 즉흥적이며 기교적인 집시들만의 독특한 음악을 만들어 내는데 아랍문화와 가톨릭, 유대문화 등이 배합된다.

　버지니아 알렉산드리아 올드 다운타운에 들어서면 킹 스트리트를 만난다. 유럽풍의 좁은 길 양옆에 가로수들은 벌써 성탄트리 반짝이 등을 예쁘게 얹고 있다. 화요일, 목요일 저녁 두 차례에 걸쳐 플라맹꼬 춤과 음악을 연주하는 라스 따빠스(Las Tapas, 뚜껑들)라는 이름을 가진 스페인식 식당이 있다. 입구는 그리 넓어 보이지 않았는데 이층으로 된 식당은 스페인풍으로 꾸며져 근사한 모습을 갖추고 이국적인 풍취를 찾는 이들을 맞이한다.

화요일 저녁 9시. 식당 한쪽에 허리높이 만큼 나무 합판을 대서 만들어 놓은 무대에 의자 세 개가 놓였다. 적당하게 기른 꽁지 머리를 뒤로 정갈하게 묶고 마이크를 단 통기타를 신들린 듯이 연주하는 남자 모레노. 쥐색 콤비아래 와이셔츠의 단추를 풀고 넥타이를 길게 늘어뜨린 퍼머 머리의 에드윈이 나란히 앉아 박수와 발구르기로 분위기를 띄운다.

검은 색 블라우스 상의, 몸에 착 달라 붙는 치마를 길게 늘여 입은 아나가 빠르고 강한 반주에 맞춰 플라맹꼬에 심취한다. 때로 약하고, 강하게, 때로 빠르고, 느리게 온 몸을 뒤틀며 춤으로 쏟아 내는 무언의 메시지는 식당 내부에 이미 차고 넘친다. 살짝 징을 대어 신은 하이힐이 분주하게 두들겨 대는 탭댄스 소리는 이미 벌려 놓은 식탁에 손길을 멎게 한 지 오래다.

에드윈이 아나의 뒤를 이어 무대에 선다. 이번엔 아나가 모레노의 오묘한 기타 반주에 박수를 더해 구색을 맞춘다. 아나의 플라맹꼬가 여성 특유의 부드러우면서도 섬세함이 깃들어 있다면, 에드윈에게선 스케일이 크고 강함을 본다. 전신에 땀을 흠뻑 묻히고서야 춤도 음악도 멈췄다. 플라맹꼬를 보고 쿵닥거리던 가슴이 진정되기까진 몇 분을 더 기다려야 했다.

끈기 없는 안남미로 지은 밥에다 조개, 홍합, 랍스터, 오징어, 문어 등 여러 해물들을 올리브 기름에 볶아 내온 스페인식 해물 잡탕밥 빠에야(Paella)를 어떻게 먹었는지 모른다. 내년 한ㆍ라티노 축구대회 때 아나와 에드윈을 초청해서 이민생활에 지친 한인들을 위로하고 싶다. 플라맹꼬 공연을 보고 일어서는데 현기증 같은 어지러움이 남는다.

엘살바도르 뿌뿌사(Pupusas)

엘 살바도르식 부침개인 뿌뿌사는 소박한 음식이다. 김치 깍두기와 불고기가 외국인에게 잘 알려진 한국 음식인 것처럼 뿌뿌사는 라티노들과 외국인에게 잘 알려진 엘 살바도르 대중적인 음식이다. 중미 인근 나라 온두라스에서도 뿌뿌사의 인기는 대단하다. 옥수수를 곱게 갈아 물로 반죽을 하여 오리알 만하게 떼어 내고 손으로 주물럭거려 동그랗게 만든다. 그 사이에 꼐소(queso, 치즈), 치차론 꼰 꼐소(chicharon con queso) 까르네 데 바까(Carne de vaca, 소고기 다진 것), 돼지고기(Carne de Cerdo) 박피, 뽈료(pollo, 닭고기) 등을 양념해서 넣는다.

손맛을 내기 위해 호떡 굽듯이 손바닥으로 납작하게 펴서 불판에 기름을 살짝 둘러 노랗게 구워 낸다. 뿌뿌사는 서양 요리처럼 화려하지 않으나 담백한 맛이 있다. 걸칙한 옥수수 반죽에 넣는 내용물에 따라 12가지 다양한 종류의 뿌뿌사를 만들어 가족과 이웃들이 함께 모여 간단한 소스에 찍어 먹는다. 뿌뿌사와 함께 곁들이면 좋

은 음료는 잉카 콜라다. 엷은 노란색을 띤 잉카 콜라는 라티노가 선
호하는 음료다. 뿐만 아니라 엘살바도르의 세계적으로 유명한 특산
품 커피를 엷게 타서 아메리칸식으로 준비하여 불판에서 금방 꺼낸
따끈한 뿌뿌사와 함께 마시면 진한 커피향과 함께 잘 어울리는 음
식이 된다.

뿌뿌사를 취향에 따라 골고루 맛 보다 보면 식사량이 적은 사람이
라도 앉은 자리에서 대여섯 개는 코끼리 비스킷 먹듯 순식간에 먹
게된다. 워싱턴 D.C. 북서가 콜롬비아 로드 주변에 중미에서 올라
온 라티노들의 집단 거주지역에는 정통 뿌뿌세리아(pupuserias,
뿌뿌사 전문 레스토랑)가 많다. 애난데일 한인촌에서 가까운 곳으
로는 콜롬비아 파이크길로 가다가 리스버스 파이크를 만나는 길어
귀에 죽 늘어선 전문점들이 있다.

눈부시도록 찬란했던 신록이 예쁘게 꽃단장을 하는 요즘 가족끼
리 가볍게 맛 찾아 나들이해서 다녀옴직하다. 손끝에 전해 오는 뿌
뿌사의 따뜻한 온기가 아침 저녁으로 제법 서늘해진 초가을에 제격
인 듯 싶다. 아코디언 반주에 맞춰 부드럽게 화음을 갖춘 구성진 라
티노식 뽕짝 음악이 들려오면 방금 꺼내 온 뿌뿌사 두어 개에 낯선
잉카콜라 한 잔을 마셔 보라. 금새 센트로 아메리카 엘살바도르의
특색 있는 이방 문화가 혀끝에 전달된다.

미국에 살면서도 여지껏 익숙해 있는 한국음식을 잠시 뒤로 미뤄
놓고 도시빈민으로 우리 곁에 있는 라티노들의 소박한 음식을 대하
며 저들을 오래 사랑할 수 있도록 기도한다.

잡탕 볶음밥 잠발라야 (Jambalaya)

인력시장이 서는 애난데일은 이른 아침부터 각지에서 몰려드는 중남미 출신 라티노들의 인종 전시장이 된다. 그들 중 대부분은 과테말라, 니카라과, 온두라스, 엘 살바도르 출신이며 가끔씩 약간의 멕시카노, 콜롬비아노, 페루아노, 볼리비아노들이 섞일 때가 있다. 최근들어 인력시장 주변을 순찰하는 경찰의 단속이 빈번해지고, 일거리가 줄어들면서 매일매일의 거리의 삶이 점점 힘에 겹기만 하다. 거리급식 단골 손님 중 일부는 허리케인 '아이반'으로 인해 큰 피해를 입은 플로리다로 원정 일자리를 구하러 갔다며 며칠째 보이지 않는다. 벌써 '한솥밥 먹는 사이'가 되어선지 안 보이면 서운하고 걱정이 앞선다.

굿스푼 가족과 라티노 가족간의 밥상을 앞에 두고 형제와 이웃처럼 서로 축복하는 만남이 된 지 벌써 반년의 시간이 지났다. 피 묻은 그리스도의 복음과 사랑의 나눔을 통하여 국가와 민족을 초월한 깊은 유대감이 어지간히 단단하게 묶여진 듯하다.

끈적한 가족애가 중시되며 어머니의 파워가 비교적 센 한인들처럼 라티노 아메리카, 이탈리아, 스페인, 미국 남부 문화권을 들여다 보면 격식을 차리지 않고 온가족이 나눠 먹는 '한솥음식'이 심심찮게 눈에 띤다. 스페인식 해물볶음밥 '파에야(paella), 브라질 훼이조아다(Feijoada), 이탈리아 '카치아토레', 그리고 뉴올리언즈의 케이준(Cajun) 음식인 검보(Gumbo)와 잠발라야(Jambalaya) 등이다.

거리급식을 돕는 자원봉사자 C 자매는 동·서양 요리를 두루 섭

렵한 매력적인 요리사다. 지난 4월 거리급식이 시작되면서 참여한 그는 매번의 음식에 최선을 다한다. 마치 왕의 수라를 맡은 수라간 대장금처럼 갖가지 재료를 정성껏 씻고 다듬어 미련없이 사용한다. 좋은 재료를 풍성히 사용하여 갖은 정성으로 사랑과 영양이 듬뿍 담긴 음식을 만들어 가난한 도시빈민들을 대접해서인지 매번의 급식줄은 점점 길다랗게 늘어만 간다.

그가 지난 월요일 급식으로 만든 것은 '잠발라야' 다. 잠발라야는 케이준식 잡탕 볶음밥인데 라티노들이 유난히 좋아하는 음식이다. 이른 아침부터 잠발라야를 만드는 굿스푼 사무실은 호떡집 불난 것처럼 떠들석하다. 등줄기에 땀이 흥건하게 배도록 지지고 볶는 손놀림이 분주하다. 양파, 피망을 얕은 불에 볶고, 팬에 기름을 둘러 바짝 마른 태국고추를 녹인다. 준비된 야채와 익힌 닭고기, 햄, 핫소시지, 홍합, 치즈를 막 김이 오른 쌀밥에 넣고 버무린 후 매콤한 고추기름을 간간히 뿌려 상을 차려 내면 보기에도 먹음직스런 잠발라야가 된다.

오늘 라티노들은 매운 맛좀 봤을 거다. 시장기가 있던 터에 보기 좋게 준비된 잠발라야를 흡사 걸신들린 것처럼 연신 비워 내던 노동자들이 그제서야 매운기를 느끼는지 혀를 내두른다.

스산한 가을 바람에 여전히 도시빈민으로 남아 있을 저들 마음 한 구석을 위로의 성령님께서 따뜻한 불로 지펴주시길 기도한다. 잠발라야 먹고 인력시장으로 돌아서는 그들 위에 주의 축복이 가득하길 기원한다. 구수하게 지은 한솥밥을 나누는 사랑이 깊어가는 가을처럼 더 깊어지길 간절히 기대해 본다.

짜꼬(Chaco, 푸른 지옥)

남미(Sur America)에 있는 14개의 나라는 거의 다 바다와 인접해 있다. 콜롬비아, 에쿠아도르, 페루, 칠레는 태평양과 마주하고 있고, 베네수엘라, 뜨리니다드또바고, 가이아나, 수리남, 프렌치가이아나 등은 카리브해와 마주하고 있으며, 브라질, 우루과이, 아르헨티나는 대서양과 마주하고 있다.

그 중 한국의 충청북도같이 사면이 육지로 둘러 쌓여있어 천혜의 해운 운송 혜택을 받지 못하는 두 나라가 있는데 볼리비아와 파라과이다. 그나마 파라과이는 볼리비아보다는 숨통이 트인 나라다. 국토 중심부를 관통하는 리오 빠라나(Rio Parana)가 있기 때문이다.

리오 빠라나강은 브라질 광활한 대륙에서 시작되어 대륙 구석구석을 누비다 파라과이 수도 아순시온 근처를 통과한다. 태초의 신비가 숨어 있는 지구 최대의 아마존강과는 비교할 수 없지만 리오 빠라나는 넓고 깊어서 파라과이 무역의 동맥처럼 사용되다가 아르헨티나 브에노스아이레스(좋은 공기라는 뜻) 앞 대서양으로 빨려 들어간다.

과거 브라질, 아르헨티나, 볼리비아 등 주변 국가와의 영토전쟁으로 큰 홍역을 치룬 파라과이는 아직도 전체 인구 중 남녀 성비가 불균형이다. 강대국들과의 전쟁에서 국토를 지키려는 젊은 파라과조(파라과이인)들이 숱하게 산화한 후유증을 아직도 앓고 있다. 그런 이유로 자연스런 폴리가미(일부다처제) 결혼 구도가 남아 있다.

파라과이는 농업, 목축업 위주의 1차 산업 국가이다. 리오 빠라나를 경계로 남쪽은 비옥한 땅으로 흙빛이 검붉다. 빨간 황토길 사이로 일본인 농장에서 심은 콩과 사탕수수, 목화, 과수원밭이 끝도 없이 펼쳐져 있다. 강 북쪽의 상황은 남쪽과 전혀 다르다. 이른바 푸른 지옥이라 불리는 짜꼬(Chaco) 지역이다. 빠라나 강을 가로지르는 뿌엔떼 레만소 다리를 지나자마자 펼쳐지는 강북은 척박하기 그지없다. 농업용지를 확보하려고 들이대는 커다란 마쩨떼(정글 자르는 칼)를 튕겨 버리는 키 작은 가시나무들과 억센 검불더미들이 고작인 그곳에 두툼한 청바지를 뚫고 피를 빠는 흡혈 곤충들만 가득하다.

왕짜증 날씨 파라과이. 11월부터 이듬해 3월까지는 불가마 더위가 계속된다. 밤에도 쉴 줄 모르는 더위는 섭씨 40도 근처에서 놀고 있고 한낮의 체감온도는 섭씨 60도를 육박한다. 푸른 지옥 짜꼬에는 아직도 신석기 시대적인 남루한 삶을 살고 있는 가난한 인디오 지역이 많다. 마까, 찌리빠, 랭구아 아메리카 인디오 부족들이 거주하는 그곳은 가난이 덕지덕지 내려 앉아 있다. 볕을 피할만 한 변변한 가옥을 지을 수 없는 인디오들은 나뭇잎으로 얽기 설기 지은 처마 밑 땅바닥에 눕는다. 식수로 사용할 우물이 없어 간신히 고인 빗물을 사용하고 구황식물을 심을 농지가 없어 여전히 멧돼지를 잡고 방울뱀을 잡아 푼돈을 받는다. 쎈뜨로 시장에 앉아 조악한 인디언 아르떼사니아(기념품)를 팔아 식량과 바꾸며 연명하고 있다.

인디오들은 거반 폐결핵을 앓고 있다. 인디오 나이 사십이면 벌써 파파 노인이 된다. 푸른 지옥에서 보낸 험난한 세월 때문인지 머리엔 된서리가 내렸고 다 달아나버린 치아 사이로 신음 같은 소리가 새어 나온다. '따남' (질긴 목숨이여 안녕!).

차요떼(chayote) 담그기

중남미 열대 원시적 햇볕은 수를 헤아릴 수 없이 많은 과실을 영 글게 한다. 그 종류의 다양함은 일일기 이름을 외우기도 어렵거니 와 좌판에 벌려 놓은 그 풍성함에 도대체 벌린 입을 오무리지 못할 때가 많다.

중남미엔 일주일에 한 번씩 지역마다 요일을 달리해서 노점상이 선다. 장똘뱅이들은 나무로 짠 임시 좌판과 저마다 특색 있는 물품 을 실고 일 년 내내 트럭을 몰고 다니며 장을 세운다. 동트기 전 첫 새벽부터 부산하게 장이서고 오후 2시면 파장이다. 장 입구에는 눈 이 시리도록 짙은 초록의 야채 좌판이 쫙 깔리고, 다음에는 때깔 좋 은 과일 좌판이, 그리고 어름 위에 올라탄 채 아직 눈을 떳다 감았 다 하는 매끄런 생선들이 즐비하고, 장 끝부분에는 갓 도축한 것으 로 믿고 싶은 육류들이 피를 뚝뚝 떨구며 부위별로 잘려져 손님을 받는다.

미스 유니버스에 최다 미인을 배출했다는 베네수엘라 까라까스 선교지에 도착했을 때 처음 맡은 냄새가 파슬리 냄새였다. 월남 국 수집에서 쌀국수를 시키면 주방에서 막 내오기 직전 짙은 초록색의 채소 썬 것을 뿌려서 내오는데 그게 파슬리다. 파슬리 냄새가 얼마 나 강렬한지 아직 쌀국수와 친하지 않은 분도 주위에 있다. 미국생 활에 지쳐 남미 선교지에 대한 아련한 향수가 봄날 아지랭이처럼 슬그머니 피어오를 때면 코끝에 감도는 파슬리 냄새를 그리워한다.

멕시코가 원산지인 차요떼는 척 보기에 잘생긴 목탁처럼 생겼는데 어른 주먹만 하게 자라 건강한 녹색을 띄그 있다. 칼로 힘 안 들이고 잘라내면 하얀 속살을 드러내고 작은 씨가 놓였다. 맛과 향취가 궁금하다. 특별히 달지도 않고, 시지도, 향취가 강하지도 않다. 사각사각 부드럽게 깨물리는 편안한 맛인데 영양소로는 비타민 C, 셀룰로스와 철분 등이 골고루 담겨 있는 낯선 과일이다. 싱싱한 오이와 무우 그리고 호박을 적당히 섞어 놓은 중간 맛이라고 표현하면 어떨까.

진간장 2, 식초 2, 설탕 1 비율로 잘 배합해서 끓인 후 잘라낸 차요떼에 붓고 사이사이를 할로뻬노 멕시코 고추를 꼭지 따서 함께 채우면 맛있는 간장조림이 된다. 자연을 먹고 싶을 땐 무우처럼 채를 썰어서 비빔밥 한 켠에 넣어도 잘 어울린다.

며칠 전 메릴랜드 제섭에서 커다란 청과상을 하는 이 집사가 꼬스따리까(Costarica)에서 출하된 차요떼 70박스를 준다고 해서 걱정이 앞섰다. 우선은 쌓아 둘 공간 때문이었고, 운반할 차량이 마땅치 않았고, 거리급식 때마다 담빡 담아다가 시원한 후식으로 나눠 줄 수 있는 과일이 아니었기 때문이다.

선교관에 내려진 차요테 형제들이 무려 1,300개. 애난데일 거리급식 후 푸드뱅크 봉지에 담아 라티노 형제들에게 나눠 줬지만 크게 반응이 좋지 않다. 급식 프로그램을 책임진 채 권사의 손길이 바빠진다. 남국의 햇볕을 듬뿍 받고 자란 차요떼를 김장 담그듯 쟁여 놓는다. 얼마 후엔 도시빈민들의 밥상에 절묘한 맛으로 놓여지리라.

청국장 뜨는 선교관

파라과이 아순시온에서 침대 버스를 타고 거대한 대륙을 횡단하여 브라질 쌍 파울로 도시빈민 선교지에 도착한 것은 26시간이 지난 다음이다. 가끔씩 브라질 교민으로 있다 파라과이에 온 한인교포들은 "브라질 쌍 파울로, 리오 데 자네이로 치안이 말이 아니다. 시계, 목걸이, 반지 등은 일체 삼가고, 애 손목은 한없이 꼭 잡고 다녀야 한다."고 귀뜀해 준다.

장시간의 버스 요동 때문에 얼간이가 된 상태로 쌍 파울로 정류장에 내릴 때도 같은 충고를 버스에 있던 두 명의 브라질 사복경찰에게 들었다. "얼마나 무시무시한 도시기에 경찰조차 조심하라."나, 불안한 마음 한구석에 슬그머니 불량한 호기심도 함께 일어났다.

뇌리에 남아 있는 쌍 파울로의 첫 냄새는 코끝을 톡 쏘는 매케한 아황산가스다. 인구 2,200만이 사는 번잡한 도시 쌍 파울로는 사람도 많지만 660만대가 넘는 차량에서 뿜어져 나오는 스모그 때문에 골치 아플 때가 많다. 그곳에 커피 냄새와 오렌지 향기와 구릿하지만 고소한 치즈 냄새가 없었다면 삭막함은 말로 할 수 없다.

대도시 쌍 파울로에는 약 5만 명의 한인들이 사는데 거반 대부분이 봉제업과 연관된 사업을 하며 봉헤찌로와 브라스에 밀집되어 살고 있다. 한인 봉제상가가 즐비한 봉헤찌로에는 간단히 요기할 수 있는 까페테리아가 모퉁이마다 있다. 진한 원두 커피를 막 갈아서 급히 내린 까페 익스프레소와 약간 구릿한 치즈 향내가 나는 뻉지께죠(치즈빵)는 특별한 남국의 먹거리이다.

채 권사가 선교관의 안살림을 맡고 난 다음부터 굿스푼 선교관에는 구수한 된장국 냄새가 자주 비친다. 급식하고 남은 밥을 노릇하게 누릉지로 만들어 폭 끓여 낸 밥에다 굵은 멸치로 다시를 내고 막된장을 푼 다음 감자 두어 개, 시들시들한 피망까지 뚝뚝 잘라 넣고 끓여 낸 점심이 좋다. 식당처럼 화려한 반찬은 없어도 먹고 나면 뒤가 편한 이유는 화학 조미료 대신 천연 조미료를 써서 소박한 맛을 낸 채 권사의 배려 때문이다.

며칠 전 똘똘하게 생긴 메주콩이 선교관에 들여졌다. 실하게 생긴 콩을 보는 채 권사의 눈길이 예사롭지 않다. 아파트나 타운하우스에선 좀처럼 청국장을 숙성시키기도 어렵고, 더욱이 한바탕 끓이기엔 냄새 때문에 곤욕을 치뤄야 하는데 인가와 뚝 떨어진 선교관에서 한국스런 별미를 만들 기회가 왔기 때문이다.

따끈한 아랫목에 솜이불로 뒤집어 씌어 푹신하게 익은 메주콩을 몇 날이고 몸조리시킬 만한 곳이 미국에 있나. 전기 오븐을 250도로 맞춰 놓고 콩을 씻어 앉힌다. 진득하니 뜸을 들인 후 명주 실타래처럼 끈끈한 실을 쭉쭉 뽑아내길 기다리는 갑갑한 마음에 오븐을 열어보고 만져 보기를 몇 번. 찐득하게 잘 숙성된 청국장을 플라스틱 절구에 놓고 손아귀가 아프도록 찧는다. 곱게 찧어 낸 청국장을 떠서 김치와 감자, 양파, 대파, 피망까지 썰어 넣고 뽀글뽀글 끓여 낸다. 냄새는 얄궂지만 맛은 깊다. 모양과 크기가 다른 여러 병들에 담겨진 청국장은 벌써 분주히 비닐 봉투에 담겨진다. 청국장이 익어갈 때부터 주고 싶은 사람이 죽 머리에 그려진다. 요건 담아서 정수 주고, 저건 담아서 최 집사 주고, 그리고 이건 조 집사꺼….

사랑의 웃음소리가 끊이지 않는 굿스푼 선교관에 청국장 냄새까지 정겹다.

축구에 열광하는 라티노

중남미 출신의 라티노들은 축구를 사랑한다. 축구를 어찌나 좋아하는지 축구가 신앙인 것처럼 느껴질 때가 많다. 도대체 축구가 뭐길래 사랑하다 못해 광적인 애착을 보이는지 궁금하다. 축구의 발상지 영국에서도 처음엔 돼지 오줌보에 바람을 넣어 축구공 대신으로 사용했다. 탄력 좋은 소 엉덩이 가죽으로 정오각형 12개와 정육각형 20개를 연결하여 직경 68.6-71.3cm, 무게 338-420g으로 된 것은 1947년 이후였다.

축구는 의외성이 많은 경기다. FIFA 랭킹 끄트머리를 차지하던 만년 약팀이 강력한 우승후보의 발목을 잡아 나꿔채는 그 의외성 때문에 사람들은 더 열광한다. 지난 7월 초 작은 월드컵으로 불려지는 유로 챔피언스컵에도 그 의외성은 나타났다. 유럽 축구의 변방에 불과하던 약체 그리스(35위)가 프랑스(2위), 체코(11위)를 우승 제물로 삼고, 강력한 우승후보였던 무적함대 포르투갈마저 이기고 우승할 줄은 아무도 몰랐다.

'앙리 들로네' 컵을 들고 감격해 하는 시민들은 아테네 시내를 형형색색으로 수놓은 축포 속에 밤샘 축하를 벌였고, 수 많은 차들의 축하 경적소리와 함께 승리에 도취된 시민들은 "이젠 브라질 나와라"고 소리를 높이며 거리를 누볐다고 한다.

수요일 점심, 애난데일 거리급식에서 만난 라티노들은 50여 명. 무더위에 지치고 7월 들어 부쩍 단속이 심한 경찰을 피해 다니는 그들에게 페루 리마에서 온 티모테오(34세) 형제와 함께 시편 1편을 읽어 주었다. 두려워하는 그들을 위해 기도를 하고 위로의 메시지

도 전한다. 허겁지겁 받아 든 음식을 넘기는 라티노에게 복음 다음
으로 전해지는 흥미진진한 얘기는 축구 얘기다.

유럽컵스 못지않은 열기로 한참 중남미를 들뜨게 하고 있는 '꼬
빠 데 아메리카(Copa de America 2004)'는 고대 잉카문명의 나
라 페루에서 준결승전을 치루었다. 브라질이 멕시코를 4:0으로, 그
리고 아르헨티나가 콜롬비아를 3:0으로 이겼다며 전문가 같은 해설
을 덧붙였다.

축구 얘기로 눈이 반짝반짝한 온두라스 출신의 알렉스(40세)는
지난 2002년 '꼬빠 데 문도(Copa de Mundo, World Cup)'에서
개최국 한국이 4위에 오른 사실을 자기만 아는 사실처럼 소개했다.
가까운 시일 내 깐차(Cancha, 축구장)에서 자기들과 한인들이 한
판 붙자고 한다. 잠깐이지만 묵직하게 누르던 모든 생활의 염려와
체류신분의·어려움이 축구 얘기에 묻혀 사라지는 시간이다. 당장이
라도 땀에 절은 작업복 벗어 부치고 운동장으로 달려갈듯 한 그들
이 다시 아스팔트 열기가 후끈한 인력시장으로 되돌아 간다.

'2002'년 한일 월드컵 공식구였던 피버노바(Fevernova)는 둥글
다. 열정을 의미하는 피버(fever)와 별을 뜻하는 노바(nova)의 합성
어 의미처럼 지혜롭고 다정다감한 한인과 정열적인 라티노들이 함
께 어울려 평화지기가 되길 염원한다.

한인교포의 사랑과 정이 가까운 이웃으로 있는 도시빈민 라티노
들에게 많이 전달되어 피버노버 축구공처럼 둥글둥글한 그런 사랑
을 나누고 싶다.

파라과이 다도 (제르바 마떼, Yerba Mate)

아나콘다 구렁이가 징그럽게 꿈틀거리는 것처럼 남미 광활한 평원을 구비구비 흐르다 아르헨티나 브에노스 아이레스 앞으로 빠져나와 대서양에 닿는 리오 데 라 쁠라따(Rio de La Plata) 강이 있다. 말만 강이지 실제로는 바다 같은 넓이와 깊은 수심으로 수십 개의 컨테이너를 싣고 내륙의 나라 파라과이로 오갈 수 있는데, 강 유역에 이웃한 네 나라는 문화와 역사가 비슷한 닮은 꼴이다.

몽골계 인디오들의 소박하지만 오랜 역사를 자랑하는 원주민 문화와 스페인 정복자들이 가지고 들어와 300년 넘게 접목시킨 유럽의 문화, 그리고 사탕수수, 면화, 커피와 오렌지 농장을 일구기 위해 아프리카에서 노예로 끌고 온 모레노(아프리카 흑인) 문화가 남미대륙에 녹아 있다.

북미 자유무역 시장인 나프타(NAFTA)와 비교하기엔 아직 역부족이지만 남미 자유무역 시장 메르꼬 수르(MERCO Sur)에 가입한 인근의 브라질, 아르헨티나, 파라과이, 우르과이 네 나라에는 세월을 거슬러가는 특이한 다도 문화가 있다.

18세기 남미 대륙을 석권하려던 스페인과 포르투갈의 이권전쟁 탓에 빠라나 강 유역 삼림에서 평화롭게 살던 과라니 인디오들은 거의 멸절위기까지 맞았고, 재난 이후에는 실제로 유명무실한 종족이 되고 말았다.

과라니 인디오들은 자연에서 나는 약초와 풀에 대해 상당한 식견을 갖춰 그들만의 특별한 마떼 문화를 만들었다. 녹차잎을 말려 잘게 부순 후 남미에선 개똥처럼 흔한 소 뿔을 잘라 밑둥을 막아 마떼를 넣고 따뜻한 물을 부어 놓는다. 통 가운데 은으로 무늬를 낸 봄비쟈(Bombilla)라는 빨대를 움직이지 않고 살짝 빨아대면 차 가루는 걸러지고 쓰고 떫은 마떼 씻은 물이 쏙 올라온다.

마떼에는 카페인과 비슷한 마떼이나(mateina)가 있어 머리를 맑게 하고, 이뇨작용을 돕고 변비에도 탁월하다. 더군다나 식욕을 억제해서 체중조절을 돕고 신체를 유익케 하는 효능이 많다. 점심으로 어른 손바닥만 한 쇠고기 밀라네사를 폼나게 칼질해서 먹고, 흙 냄새 가시지 않은 상추와 양파, 방울 토마토를 썰어 올리브 기름으로 윤기 낸 엔살라다를 먹고 나면 희한하게도 마떼가 제격이다. 기름기를 싹 걷어 내는 듯한 깔끔한 뒷맛이 별다방의 스타벅스 커피가 안 부럽다.

팜파 넓은 목초지에서 양을 모는 가우쵸(Gaucho, 목동) 예닐곱 명이 죽치고 앉아서 여름엔 시원한 냉수를 마떼 통에 담고, 겨울엔 따끈한 물을 담아 두세 번 봄빌랴를 쭉 빨아대며 세월아 네월아 한담을 즐긴다. 마떼는 술잔처럼 좌중에 순서대로 돌아가고 잠깐씩 돌아가는 틈새에서 나누는 일상의 얘기는 모든 시름을 잊게 한다.

처음엔 인디오 문화라고 얕보던 유럽의 정복자들이 서서히 마떼 맛에 녹아들더니 이젠 대도시 아순시온의 말쑥한 신사들에게서 조차 익숙한 다도 문화가 되어 버렸다. 알싸한 마떼가 그리운 것은 곁에 있는 라티노 친구들 때문이리라.

브라질 훼이조아다 (Feijoada)

세계 5위의 광활한 영토를 갖고 있는 브라질은 남미 대륙의 절반

이상을 차지한다. 포르투갈의 카브랄이 1500년에 발견했고 1822년 포르투갈로부터 독립했다. 16세기에는 넓은 사탕수수밭에 노동력이 부족하자 아프리카 세네갈, 가봉, 모잠비크 등지에서 흑인을 노예로 데려옴으로써 유럽과 아프리카, 남기 인디오의 문화가 복잡한 혼혈과정을 통해 융화되었다.

자연천국인 브라질 광대한 영토는 베네수엘라, 페루, 볼리비아, 파라과이, 아르헨티나 등 인접한 11개의 나라들과 국경을 이루고 있고, 열대, 온대, 아열대 등 다양한 기후대가 펼쳐져 과일과 야채, 특산물이 수를 헤아릴 수 없을 정도다.

광활한 국토만큼이나 다양한 인종과 문화를 갖고 있는 브라질에서 최고의 전통 음식은 단연 '훼이조아다' 이다. 브라질식 돼지고기 스튜라고 할 수 있는 훼이조아다는 훼이정이라는 검은 콩에 돼지고기와 소시지, 마늘 등을 가미하여 만들어 난 아프리카 흑인음식이다.

인구 2,200만 명으로 세계 3대 대도시로 손꼽히는 쌍 파울로는 세계 각처에서 몰려든 사람들로 흡사 인종 전시장 같은 곳이다. 한인들의 봉제공장이 즐비한 브라스 지역 인근 식당은 전통음식인 훼이조아다를 찾는 사람들로 문전성시를 이룬다. 훼이조아다는 원래 흑인노예들이 백인들이 먹다 버린 허드렛고기(돼지꼬리, 귀, 족발, 혀)를 검정콩과 함께 큰 솥에 끓여 매일처럼 먹던 것이지만, 지금은 브라질 전 국민의 사랑 받는 전통 음식으로 정착되었다.

이틀 전부터 검은 콩을 물에 담가 잘 불려 놓고, 불려진 검정콩을 월계수 잎, 양파, 마늘 등을 넣고 하루 좋일 푹신하게 끓인다. 거기에다 까르네 쩨까(소금에 절인 고기), 링귀싸, 돼지 족발, 혀, 귀, 꼬리, 햄과 소시지를 적당히 넣고 육류가 흐믈흐믈해질 정도로 다시 끓인다. 별도로 소금을 간하지 않아도 은근한 짠 맛이 까르네 쎄까에서 나오고 전체적으로 반질반질한 음식이 되어가면 굵은 대파를 썰어 넣는다. 마지막 손질은 마늘이다. 프라이팬에 기름을 끓이다가 마늘을 노릇노릇하게 튀긴 다음 훼이조아다에 넣는다. 아직까지형체가 남아 있는 콩은 포크로 이긴 후 질그릇 탕기에 뜨끈하게 담아 낸다. 끈기 없이 지어진 쌀밥에 얹어도 좋고, 만디오까 가루에버무려 땀을 질질 흘리며 먹은 점심은 늦은 저녁까지 든든하다.

훼이조아다와 잘 어울리는 음료는 브라질판 소주라고 불리는 까차까(Cachaca)이다. 사탕수수를 발효시켜 만든 것으로 증류수처럼맑고 투명한데 알코올 돗수는 장난이 아니다. 여기에다 라임과 설탕, 얼음을 넣어 칵테일을 만들면 '까이삐링냐'가 된다.

훼이조아다는 열심히 일한 친구들이 함께 어울려 먹는 맛이 더 일품이다. 브라질에서 매주 수요일, 토요일은 훼이조아다의 날이다. 신세진 사람이 큰 부담 없이 한 번 쏠 수 있는 음식이다. 흑인 노예들의 슬픈 얘기가 걸칙한 훼이조아다와 함께 뚝배기에 담겨 남국에서의 애환을 잠시나마 잊게 한다. 신록의 향연이 눈부신 봄날 훼이조아다 생각에 침이 꿀꺽 넘어간다.

작은 베네치아

볼리바르 베네수엘라 공화국(Replica Bolivariana de Venezuela)은 남아메리카의 국가이다. 독립영웅 시몬 볼리바르(Simon Bolivar)의 주도로 1821년 스페인으로부터 독립한 베네수엘라는 북쪽으로 대서양과 카리브 해를 마주하고 있으며 동쪽으로 가이아나(Guayana), 남쪽으로 브라질, 서쪽으로 콜롬비아와 국경을 접하고 있다. 베네수엘라는 "작은 베네치아"라는 뜻이다. 투명한 햇살에 초록이 도리어 검게 보이는 베네수엘라 선교지에서의 15년 전 기억은 입안에 군침이 돌게 하는 아레빠스에 대한 추억으로 시작된다.

걸칙하게 찧어 낸 옥수수 가루를 물로 반죽하여 쇠 장조림 고기를 찢어 매콤하게 양념을 해서 작은 호떡처럼 구워 만든 아레빠스(arepas)와 진한 커피 한 잔으로 아침을 때우고 입가심으로 노랗게 익어 분홍색 속살을 드러낸 빠빠야(papaya)에다 상큼한 레몬즙을 짜서 숟가락으로 퍼먹는 아침은 베네수엘라 기억을 새롭게 한다.

해발 1,000m의 분지에 큼지막한 산자락으로 둘러 쌓인 수도 까라까스에선 강한 바람이 불어야 좋은 날이다. 노후 차량에서 시커먼 죽음의 개스가 굴뚝의 연기처럼 배출되는데도 아무도 대수롭지 않게 생각한다. 높은 산자락에 막혀 공기 유통이 원활하지 않고 노후 차량에 대한 적절한 조치가 적어서 눈이 따끔거릴 정도로 대기 중 아황산개스가 심한 데도 까딱하지 않는다. 작은 베네치아에선 물보다 기름이 흔하다. 실제로 베네수엘라 대부분의 지역에서는 물 속에 다량의 석회가 섞여 있어 수도물을 직접 먹지 못하고 가라앉혀서 사용하는데, 수도 까라까스에선 마시는 미네랄 생수를 비싼 값을 주고 배달해서 먹는다. 물보다 기름값이 더 싼 지구상 유일한 나라 베네수엘라는 다른 여타의 남미 국가들과는 달리 오래되고 큼지막한 미국산 자동차들이 행렬을 이룬다.

콜롬비아 국경 근처에 마라까이보(Maracaibo) 유전 지역에 770

억 배럴이 매장되어 있고, 최근 오리노꼬(Orinoco) 지역에서 발견된 중질류가 IEA에서 원유로 인정하여 유전의 규모가 3,000억 배럴, 도합 3,770억 배럴로 사우디아라비아의 매장량(2,700억 배럴)보다 많아 세계 제일의 산유국가가 되었다. 매일 50만 배럴을 생산하는 세계 5대 석유 수출 국가이기도 하다.

1999년부터 베네수엘라를 통치하고 있는 우고 차베스(Hugo Chavez)는 대통령 경호를 담당하던 육군 중령 출신으로 쿠데타에 성공하여 권좌를 차지했다. 쿠바의 피델 까스뜨로 국가 평의회 의장과 볼리비아의 인디오 출신 에보 모랄레스 대통령과 함께 '반미 허리케인'의 3대 주요 인물이며 자원 국유화를 부르짖는 삼각축으로 부상하고 있다. 차베스 대통령은 지난 3월 말 미라플로레스(miraflores) 대통령궁에서 원유를 포함한 모든 에너지 광물 등 천연자원에 대하여 국유화를 선언했다. 그는 "미국과 친미정권의 제국주의자로부터 자국의 에너지와 자원을 해방시킨 3월 31일은 자원주권의 독립일이자 역사적인 날"로 선포하면서 "우리의 주권은 협상의 대상도 아니며 논쟁의 대상도 될 수가 없음"을 천명했다. 이전까지 베네수엘라 내 모든 에너지 및 광물을 캐내고 수출하던 다국적 기업과 맺은 계약은 4월 1일부로 무효화되며 생산과 수출에 최고의 권한을 갖고 있는 베네수엘라 정부를 통해 지분을 할당받는 방식으로 관리하게 된다.

베네수엘라의 주권을 침해하는 국가에 대해선 수출량을 삭감하거나 공급을 중단하고, 베네수엘라와 전략적 동맹을 이루는 나라에게 우선권을 부여하겠다고 선언한 것이다. 기존에 설비투자와 기득권을 누리던 미국을 비롯한 브라질, 스페인, 프랑스, 네덜란드 등 다국적 기업들이 차베스의 무모한 자원 국유화 선언에 원천무효하고 주장하면서 반발하자 모든 거래를 중단하고 강제 추방을 운운하며 으름장을 놓고 있다. 원유 국유화로 생산량, 가격 등의 모든 결정권을 차베스 정부가 장악하겠다는 의도다. 세계 최대 산유국가 중 하나인 베네수엘라에선 휘발유가 물보다 싸다. 세계적으로 고유가가 지속되면서 각국에서 치솟는 연료값으로 비상이 걸렸지만 베네수엘라에서는 '딴 나라' 얘기일 뿐이다.

워싱턴 일원에선 최근 개솔린 값이 올라 옥탄가 87에 해당하는 레귤러 개솔린 값이 갤런당 3달러 대를 넘나들어 50달러 이상 넣어줘야 흡족해 하지만 베네수엘라에선 갤론당 12센트면 충분하다. 그야말로 기름값이 똥값인 셈이다. 기름먹는 공룡같은 커다란 SUV 차량에 기분 좋게 개솔린을 채워도 5달러 정도면 뒤집어 쓰고도 남는다. 고유가로 서민들의 주머니가 점점 가벼워져서인지 산유국가에서 태어나 물쓰듯 개솔린을 쓰는 베네솔라노들의 호사가 부럽다.

독지가들이 기울여 주는 사랑으로 구제와 선교를 꾸려 가는 비영리단체가 연중 가장 심각한 재정 압박을 받는 때는 연초부터 4월까지다. 세금보고가 끝나고 텍스 리턴이 오기 전까지가 힘들다. 게다가 금년처럼 개스값이 널뛰듯 뛰고 나면 그 여파는 더 크다. 후원자들의 마음까지 얼어 붙는지 예전같지 않을 때가 많다.

우리로 착한 일을 시작케 하시고 꾸준한 사랑으로 늘 함께 하셨던 하나님이 넉넉하게 하셔서 구제와 사랑의 나눔이 조금도 위축되지 않길 소망한다. 가난한 도시빈민들에게 사랑을 여름 소나기처럼 쏟아 붓고 싶다.

"하나님이 능히 모든 은혜를 너희에게 넘치게 하시나니 이는 너

희로 모든 일에 항상 모든 것이 넉넉하여 모든 착한 일을 넘치게 하
게 하려 하심이라."(고후9:8)

쌍 파울로는 조폭과 전쟁 중

1992년 10월 2일, 중남미 최대 교도소로 불려지는 브라질 쌍 파
울로의 까란디루(Carandiru) 교도소 안뜰에선 재소자들의 축제인
축구대회가 열리고 있었다. 본래 4,000명을 수용해도 버거운데,
7,000명의 비슷한 또래의 젊은 죄수들이 수용되자 콩나물 시루처
럼 터져나갈 듯한 문제들이 끊이지 않는다. 헥터 바벤코 감독의 영
화 "까란디루"는 중남미 최대 경제도시 쌍 파울로의 어둡고 그늘진
단면을 유감없이 화면을 통해 소개하고 있다.

각종 범죄자들이 나름대로의 수감된 이유를 가지고 지루한 일상
속에서 무법천지를 이루는 쌍 파울로의 교도소는 그 이후에도 가끔
씩 불타고 동료 수감자에 의해 인질로 잡힌 재소자들이 사소한 요
구사항의 미끼로 살해되어 지붕에서 던져지곤 했다. 감옥 내 동성
애로 에이즈환자가 점점 수를 더하고, 감방 안에서 버젓이 크랙이
밀매되어 통용되고, 사제 흉기류, 각종 총기들, 심지어 수류탄과 휘
발유까지 동원될 수 있는 감옥엔 잔인한 위계질서만이 존재한다.

까란디루에 재소자 축구대회가 있던 날, 두 개의 거대한 수용소
동을 중심으로 자연스럽게 재소자들이 반으로 나눠지자 라이벌전
경기로 교도소는 떠나갈 듯이 함성으로 가득했다. 축구장 뒤편 세
탁장엔 죄수들의 이불 호청과 옷가지들이 나무에 걸린 연처럼 어지

러웠다. 직사광선이 좋은 건조대 자리를 서로 차지하려는 사소한 일로 죄수들끼리 싸움이 붙였다. 축구경기로 가뜩이나 패가 갈려 흥분이 고조된 상태에서 다툼은 생사를 가름하는 피의 전쟁으로 번져 나갔다. 침대 밑에 감춰 놓았던 흉기들이 손에 들려지자 가슴속에 숨겨져 있던 야수같은 본성이 번뜩였다. 금방까지 동료였던 재소자들이 피에 굶주린 야수처럼 서로 찌르며 살육의 축제에 광분했다. 경찰 기동대가 들이닥쳐 과격 재소자들을 무자비하게 진압했다. 흉기를 던지고 백기들어 항복을 표시하던 재소자에게 겨냥한 진압군의 조준사격은 111명의 꽃 같은 젊은이들을 사지로 몰아 넣었다. 시체에서 강같이 흐른 피가 까란c루 열악한 감옥을 구비 돌아 선지처럼 흘러내렸다.

지난 5월 12일. 쌍파울에서 가장 흉악한 조폭조직 '제1도시군 사령부'(PCC, Primeiro Comando da Capital)는 쌍 파울로 시내 경찰과 관공서를 상대로 전쟁을 선포했다. 두목 마르꼴라 (Marcola, 본명 마르꼬스 윌리안스 헤트바 까마초)는 유유히 감옥에서 휴대폰으로 조폭들의 반란을 지휘했다. 7일 동안 남미의 자존심이었던 거대도시 쌍 파울로와 인근도시들을 공포로 몰아넣더니 156명을 살해하고서야 소강상태를 맞이했다. 경찰과 교도관이 41명, 감옥 내 재소자가 18명, 시민이 4명. 경찰에 의해 살해된 PCC 조폭이 93명, 그리고 불에 타서 흉물스런 폐가로 전락한 교도소들, 고철로 변한 수백 대의 버스와 무수한 부상자들을 양산하고서야 가까스로 진정이 되었다. 폭동의 표면적인 이유는 깜뽀 그란데 (Campo Grande) 교도소에 수감되어 있는 PCC 두목 마르꼴라와 두목급 7명을 탈주가 불가능한 더 엄격한 교도소로 옮긴 것에 대한 불만 때문이다.

조폭들의 감정을 자극한 실제 이유는, 6월에 시작될 월드컵 축구 경기 때 편안히 경기를 즐길 수 있는 TV 6대와 시청권을 거부한 것에 분노를 표출한 것이다. 수백 명의 소중한 목숨이 살상당한 것의 이유치고는 너무 허탈하다. 까란디루 교도소 내 축구열기가 재소자들간의 전쟁으로 비화되질 않나, 축구를 신앙처럼 숭상하는 축구교 광신도 마르꼴라의 뜨거운 피가 애꿎은 사람들의 운명을 바꿔 놓고 말았다. 5월 27일. 한인과 라티노들의 축구 축제가 첸틸리 포플라 트리 파크에서 있다. 사냥꾼들이 먹이감을 표적몰이하며 광기를 발하는 시간이 아니라 우정이란 둥그런 공을 함께 굴리며 어울어지는 시간이길 소망한다.

피가 뜨거운 라티노들과 축구를 사랑하는 한인들이 화목하여 함께 뒹구는 축제의 시간이길 바란다.

"쏠로 레 삐도 아 디오스"

어쿠스틱 기타와 하모니카 연주만으로 아르헨티나 팬들을 열광시키는 국민적인 가수 레온 히에꼬(Leon Gieco)의 "쏠로 레 삐도 아 디오스"(Solo le pido a Dios, 신에게 구하는 한 가지)의 가사는 소박하지만 의미심장한 영혼의 소망이 담겨 있다.

"신에게 오직 바라기는 고통에 둔감한 사람이 되지 않기를, 이룬 것 없이 삭막한 죽음과 홀로 공허하게 마주치지 않기를, 불의에 둔

감한 사람이 되지 않기를, 사람들의 가련한 순수함을 짓밟는 전쟁
에 둔감한 사람이 되지 않기를….”

"Solo le pido a Dios, que el dolor no me sea indiferente,
que la reseca muerte no me encuentre vacio y solo sin
haber hecho lo suficiente....”

　1951년 아르헨티나 산따페 작은 시골 마을에서 태어난 레온 히에
꼬의 본명은 라울 알베르또 안또니오 히에꼬다. 피델 까스뜨로와
함께 쿠바 혁명을 성공적으로 이끈 '체 게바라'(Che Guebara) 역
시 같은 산따페 출신이다. 히에꼬의 아버지는 지독한 알코올 중독
자로 그의 어린 시절은 가난이 늘 그림자처럼 쫓아다녔다. 7살 어린
나이에 정육점에서 일해야 간신히 풀칠을 할 정도였으니….

　가난이 싫어 무작정 부에노스아이레스로 상경한 히에꼬 속에 뭍
영혼을 터치할만 한 아티스트의 자질이 있던 걸 자각한 시기는 22
세 되던 해였다. 그가 작곡하던 때 아르헨티나 군부독재 정권은 베
아글레 섬을 서로 차지하려고 칠레와 전쟁을 벌였고, 1982년에는
영국과 말비나스 전쟁을 벌이며 악명을 떨치던 때였다.

　아르헨티나 현대사에 암울하기 그지 없었던 시기에 군사정부에
대항하듯 "쏠로 레 삐도 아 디오스"는 민중의 노래가 되어 아르헨티
나 전국 방방곡곡에 안데스 바람처럼 퍼져 나갔다. 남극 근처의 최
남단 '우수아이아(Ushuaia)'에서부터 최북단 볼리비아 국경의 '라
끼아까' 까지 눌린 자들의 참담한 마음을 신에게 하소연하듯 메아리
쳤다.

　불체자의 단속과 멕시코 국경 경비 강화를 골자로 한 하원의 센센

브레너(HR-4437) 법안과 상원의 복합적 이민법안이 서로 의견 충돌을 벌이는 요즘. 라티노 도시빈민들이 당장 겪고 있는 어려움은 심각하다. 경기가 전반적으로 침체된 데다가 불체자를 고용한 업소를 단속한다는 불안한 소문 때문에 거리에 나왔지만 여러 날 동안 일거리를 잡지 못한 노동자가 즐비하다. 니카라과가 고향인 알레한드로(39세)는 고향에 있는 아내가 자궁암 말기로 당장 수술 받지 않으면 생명이 위독하다는 의사의 급한 전갈을 받았지만 어쩔 수 없어 고개를 떨구고 한숨만 내쉬고 있다.

폴스 처치에 살면서 남편 없이 다섯 남매를 양육하는 과테말라 출신의 미란다(37세)는 2년 전 여섯 식구를 두고 행방불명 된 남편이 원망스럽다. 산 입에 당장 거미줄 칠 수 없어 닥치는 대로 일거리를 찾지만 힘겨워 입술이 바작바작 탄다. 버지니아에 온 지 일주일 된 볼리비아 꼬차밤바 출신의 디에고 구띠에레스(24세)는 주방위군이 배치되어 어느 때보다 더 살벌한 국경을 넘느라 '꼬요떼' 마피아에 평소보다 오천 달러가 많은 만이천 불을 지불해야 했다.

콜롬비아 깔리에서 온 꺽다리 아저씨 바이론 아랑가(53세)는 일거리를 달라며 애써 표정을 감추는데 눈물만 없었지 울고 있었다. 에디슨 소사는 여러 종류의 한인신문을 들고 와서 자기를 써 줄 한인을 소개해 달라고 애걸복걸한다. 저들이 전능하신 하나님께 호소하는 한결 같은 소원은 이렇다.

'...배고픔에서 자유할 수 있도록...'

스스럼없이 거리급식소를 가득히 채운 이방 나그네의 몸에서 땀에 쩔은 체취가 배어난다. 삶이 힘들어 상한 영혼들이 부르는 "쏠로 레 삐도 아 디오스"가 귓가에서 어지럽게 맴돈다.

사랑이 어색한 사람들

1523년 데알바라도가 이끄는 160명의 기사와 300명의 병사들은 과테말라, 온두라스에 펼쳐졌던 마야(Maya) 문명의 한복판 끼체족(Quiche)의 우따뜰란에서 왕족들을 유인하여 불태웠다. 인디오들에겐 낙인을 찍어 노예로 팔아버렸다. 스페인의 신대륙 정복 역사 중 가장 잔인하기로 악명 높은 마야 인디오 제국 말살 정책은 이렇게 펼쳐졌다. 스페인이 중남미 신대륙을 정복할 당시 선주민의 전체 인구가 약 9천만 명을 선회했는데, 정복 후 150년이 지나면서 350만 명으로 급속히 감소했다. 선주민 마야 인디오들에 대한 스페인 정복자들의 잔혹행위는 500년이 지난 지금까지도 큰 변화 없이 이어져 오고 있다. 선주민이 50%를 차지하고 있는 과테말라는 아직도 10%도 되지 않는 백인이 지배층을 형성하고 있다. 개혁을 허용하지 않으며 강압적 수단으로 지배구조를 유지해 왔다. 그런 내적 모순이 원인이 되어 1996년까지 40년간 내전의 소용돌이에 휘말렸다. '데알바라도의 망령'에 헤어나오지 못한 과테말라엔, 그로 인해 20만 명의 선주민들이 목숨을 잃었고, 45,000명이 실종되었으며, 440개의 인디오 마을이 파괴되었다.

과테말라 마야 끼체족(Quiche) 인디오 출신인 리고베르따 멘추 뚬(Rigoberta Menchu Tum)은 가난한 인디오의 딸로 태어나 어려서부터 교육도 제대로 받지 못한 채 성장했다. 멘추는 20살이 되기까지 스페인어를 배우지 못했다. 손바닥만 한 농지에서 식구들을 위해 옥수수와 콩, 커피 등을 재배하는 일부터 먼저 배워야 했다. 1978년 7월부터 82년까지 과테말라를 통치하던 육군대장 출신의 로메오 루카스 가르시아 장군의 독재 시절. 인디오 소녀의 파란만장한 삶에는 사랑하는 가족과 이웃들이 반정부 투쟁의 이유로 고통당하며 무참하게 죽어갔던 슬픔 상처가 고스란히 남아 있다. 멘추의 오빠는 16세 때 과테말라 보안군에 잡혀가 심한 고문을 받고 화형당했다. 그의 어머니는 1980년 군인들에게 끌려가 심한 고문과 함께 윤간까지 당하고, 처형되어 밀림에 유기되었다. 같은 해, 멘추의 아버지 비센떼 멘추는 과테말라 시티 주재 스페인 대사관에서 농민연합위원회를 이끌고 반정부 투쟁을 벌이다 난입한 군인에 의해 37명 전원이 불에 타 죽었다.

부모 형제를 일찍 여읜 슬픔, 사랑하던 이웃이 갑자기 행방불명되어 혼란스럽던 참담한 세월을 탓하지 않고 소외된 자들의 인권을 위해 과감히 헌신한 리고베르따 멘추 툼. 중남미 참혹한 현실을 고발한 치열한 삶, 반권력, 인디오의 사회적 복권과 인종. 문화간의 화합을 위한 노력을 인정받아 1992년 노벨 평화상을 수상했다. 장마비가 시원스럽게 내리던 독립기념일 연휴에 과테말라 출신 라티노 도시빈민들은 더 외롭다.

하릴없이 애난데일 길가에 까맣게 나와 있지만 데려가는 사람도, 불러 주는 사람도 없다. 집에서 우두커니 앉아 시간을 죽일 수는 없는 일. 혹시 있을지도 모를 한 가닥 노동 기회를 찾아 길에 앉았지만 종일 허탕만 친다.

월요일 거리급식은 양고기로 카레 라이스를 만들고, 뜨거운 버터에 감자를 굴려 반찬을 만들어 푸짐히 점심상을 차려 낸다. 시름에 젖어 찾아 온 낯선 나그네들은 묵묵히 밥숟갈을 옮길 뿐, 웃고 떠드는 이도 없다. 정복자들로부터 짓밟히고, 착취받고 빼앗긴 아픈 기

억만 있지, 사랑 받았던 기억이 없기에, 대가 없이 나눠지는 사랑이
어색하다. 그것도 피부색이 다르고 언어가 다른 한인들의 사랑을
받는다니 생소하기 그지없다. 사랑이 어색하여 어쩔 줄 모르는 저
들이 더 정겹다.

무더위 잡는 멕시코 요리 화히타(Fajita)

　숨이 끊어질 듯 이어지는 강렬한 탱고 음악과 광할한 팜파의 나라
아르헨티나. 서울에서 지구 뒤편 아득한 나라까지는 이십여 시간
비행기로 날아가야 닿는다. 인천에서 애틀란타로, 다시 브라질 쌍
파울로, 마지막 아르헨티나 영공을 지날 때쯤 되면 아무리 인내심
많고 점잖은 사람이라도 온몸이 저려서 주리를 틀 수밖에 없다. 땅
냄새가 코 끝에 아련히 그리워질 때 파김치가 되어서야 간신히 도
착하는 먼 곳이다.

　수도 부에노스 아이레스 바하 플로레스 지역에 한인타운이 있다.
일명 백구촌으로 불리는 한인타운에 한인들이 삶의 뿌리를 내리며
모여 살기 시작한 것이 40여 년 전이다. 백구라 부르는 이유는 지
금은 없어졌지만 그 앞으로 109번 버스 종착점이 있었다. 그곳에
정착한 한인들은 조국에 남겨 두고 온 정을 떼야 했고, 새로운 기회
의 땅에서 정 붙이며 살려고 무던히 많은 땀과 회한의 눈물을 흘려
야 했다. 콧대 높고 배타심이 강한 서구 유럽 출신 백인이 전체 인
구의 81% 이상을 차지하는 아르헨티노들이 제일 혐오하는 인종이
집시(gypsy)다. 다음으론 불행하게도 꼬레아노(한인)를 꼽는데 주

저하지 않는다.

한국의 80년대 초 같은 촌스럽고 낡은 듯한 백구촌 주변엔 한인들에게 일자리를 구하는 아르헨티나 인근 국가 출신의 파라과조, 볼리비아노, 페루아노 혼혈(메스티조)들도 많다. 중동계 아랍인, 중국인, 일본인도 수만 명씩 살고 있는데, 허구 많은 인종 중 유독 한인들을 꼬집어 싫어하는 이유가 뭘까? 첫째가 아르헨티나의 막후 실력자 유대인에게 밉보인 것과, 개를 식구처럼 여기는 아르헨티노들이 끔찍히 싫어하는 보신탕을 삼복더위에 질펀하게 끓여 들이킨 까닭이다.

부에노스 아이레스 중심가에 위치한 온세(once, 11의 의미) 시장. 위성도시를 연결하는 기차역이 있어 번화하기가 서울의 남대문시장 같은 곳이다. 의류 봉제업의 대부분을 유대인들이 주무르고 있었는데 그 아성에 겁없이 달려드는 한인들이 고왔을 리가 없다. 눈썰미 있고, 손 솜씨와 순발력이 탁월한 한인들의 공략에 혼쭐이 나서 물러 앉은 유대인들의 눈에 비친 한인의 모습은 흡사 점령군 같았고, 점차 적대시하기 시작했다.

요즘 같은 삼복 더위가 맹위를 떨치던 어느 날. 한국식으로 멍멍이를 때려 잡고, 불에 끄슬려 된장을 발라 맛있게 끓여 먹었는데, 몬도가네식 살견 장면을 고스란히 사진으로 찍어 주요 미디어에 특종기사로 올려 아르헨티나를 발칵 뒤집어 놓았다. 그 이후 한인들이 당한 수모는 말로 표현하기 어려울 지경이었다.

삼복 더위에 스테미너를 보강하고 상큼한 맛으로 기를 보강해 줄 멕시코 요리 화이타가 있다. 검은 콩에 올리브 기름을 넣고 양파, 마늘, 베이컨이 어울려 흐물흐물해질 정도로 푹 삶아 프리홀레스

(frijoles)를 먼저 만들어 놓는다. 다음은 프라이 라이스. 씻은 쌀을 냄비에 넣고 올리브유와 양파를 더해 달달 볶는다. 노랗게 양파가 익어갈 때쯤 토마토, 마늘, 칠리 파우더를 넣고 물을 자작하게 만들어 뜨거운 불에서 끓여낸다. 마지막으로 만들 것이 구아까몰레와 쌀사이다. 자연에서 부드럽게 익은 아보까도(avocado)의 껍질을 발라 놓는다. 양파, 쎄라노 칠리, 씰란트로(cilantro) 잎사귀, 라임, 토마토를 잘게 다듬어 배합을 하고 소금, 후추로 간을 해서 버무려 놓은 것이 구아까몰레(guacamole)다. 토마토, 양파, 할로뻬뇨 고추, 씰란트로를 잘게 썰어 소금으로 간을 한 것이 쌀사 소스다. 접시 한 켠에 따끈하게 김이 오른 멕시코식 프라이 라이스를 두고, 이어 프리홀레스를 푸짐이 덮어 담는다. 구아까몰레와 쌀사를 얹어 쓱싹 비벼 한 입 넣으면 맛과 영양이 아름답게 조화를 이룬다. 더위에 지쳐 나른한 날 보신탕이거니 생각하고 화이타 한 그릇 풍성히 나눠 봄직하다.

멕시코 내장탕, 몬동고(Mondongo)

  영양실조로 몸이 전체적으로 부실한 뻬드로 가르시아(Pedro Garcia, 31세)는 멕시코 오아하까(Oaxaca Mexico) 출신이다. 라티노에게서 흔하지 않은 매부리코가 유난히 크게 자리 잡은 얼굴에 구릿빛 피부에 코밑 수염이 까맣다. 실제 나이보다 훨씬 더 조숙하게 보이지만 그는 아직 상고머리 총각이다.

  뻬드로의 마음이 요즘 무척 심란하다. 8년을 사귀고 결혼까지 약

속한 고향의 애인 메리쎄라 플로레스(Mericela Florez)에게 다른
남자가 생겼다. 조금만 더 참고 기다리면 결혼 자금을 마련하여 고
향에서 자그마한 식당을 차려 오붓하게 살려니 했었다. 사랑했던
여인에게서 청천벽력 같은 마지막 인사의 말 '짜오'(Chao, 안녕)를
듣고야 말았다. "이제 그만 헤어지자"는 마지막 말을 듣고 수화기
를 놓을 땐 아찔했다. 남의 여자가 되어 "다시 만날 수 없고, 잊기
위해 서로 노력하자"던 여인의 매몰찬 마지막 말이 비수처럼 마음
에 박혔다. 술에 쩔어 살다 보면 잊혀질까? 며칠 동안 코가 삐뚤어
지도록 술독에 빠져 살았다. 몸은 물 먹은 솜처럼 자꾸 가라앉고 헛
것이 보였지만 그럴수록 정신은 더욱 또렷해졌다. 그리고 허구 많
았던 일들이 새록새록 기억나 주책없이 눈물을 떨구었다. 여름날
소나기처럼 후두둑 떨어지는 굵은 눈물 방울에 그리움이 녹아 내렸다.

　가까스로 정신을 차린 뻬드로가 노동시장에 후줄근한 모습으로
나와 섰다. 돈도 없고 입맛도 없어 종일 배를 곯은 그가 굿스푼에
들러 허겁지겁 국에다 빵을 말아 단숨에 들이켰다. 울다 지쳐 어쩔
수 없이 다시 일어난 뻬드로는 다른 깍쟁이 멕시카노 동료와는 사
뭇 다르다. 천진스런 웃음이 있고 무엇이든 부탁하는 말에 거부없
이 최선을 다해 도울 줄 아는 인간미 있는 형제다.

　일자리 가질 확률이 점점 떨어지는 오후 3시 애난데일 노동시장.
거리 노동자들은 반듯하게 서 있을 기력을 소진했는지 바닥에 주저
앉아 열중 쉬어 상태다. 남이야 보든 말든 '날 잡아 잡수' 하고 들어
눕고만 싶다. 상처 입은 멕시코 시골 총각이 스털링에 새롭게 오픈
한 '굿스푼 좋은가게' 에 싣고 갈 물건을 옮겨 준다며 따라 나선다.
고향의 맛 몬동고를 먹고 나면 기운을 차릴래나. 재활용품을 가득

실은 차 속에서 군침 도는 몬동고 얘기로 잠시 헤어짐의 아픔을 삭히는 뻬드로.

몬동고(Mondongo)는 얼큰한 멕시코식 내장탕이다. 소 뱃살 (Panza, 빤사), 양, 곱창을 말갛게 씻어 온갖 양념으로 버무려 국을 끓인 멕시코 전통 음식이다. 내장의 기름을 제거하고 밀가루와 소금을 뿌려 바락바락 주물러 씻은 다음 흐르는 물에 여러 번 헹군다. 양도 같은 방법으로 씻고 끓는 물에 데친 다음 숟가락으로 껍질을 벗겨낸다. 찌그러진 양은 그릇에 손질한 뱃살과 양곱창을 담고 파, 마늘, 생강, 토마토, 달고 신맛 나는 오렌지와 오레가노를 넣고 푹 끓여낸다. 고소한 기름기가 둘러 있는 몬동고에다 매운 아바나 소스(Chile Habanero, 칠레 아바네로)를 넣고, 기호에 따라 레몬즙을 뿌려 먹으면 슬픔을 떨구어낼 만큼 맛있다. 무더위에 지쳐 잃어버린 입맛을 돋구는 데도 제격이다. 세상에서 가장 슬픈 일이 사랑하는 사람에게 버림 받고 쓸쓸히 혼자 남는 일이다. 그리움과 서러움이 복바쳐 오를 때 몬동고에 갓 지은 백반 한 그릇 푸짐하게 말아 맛있게 삼켜보라.

코가 석자나 빠진 뻬드로가 다시 일어설 수 있도록 구수하고 얼큰한 몬동고를 요리해서 위로하고 싶다. 슬픔을 털어내고 다 함께 몬동고(차차차).

오르차타 같은 고소한 사랑

매나사스 초입에 스페인어로 '하얀 집'이란 뜻의 '까사 블랑까

(Casa Blanca)' 라티노 전문 음식점이 있다. 매나사스 라티노 커뮤니티에선 인기 짱으로 일찌감치 지역 명소로 자리잡은 터다. 예전엔 청기와를 얹은 일식집으로 스시 전문점이었는데 지금은 중남미 라티노들이 문전성시를 이룬다. 하얀 집의 주인은 웃을 때마다 소녀 같은 볼우물이 깊게 패이는 이경주 씨다.

젊은 시절 탁구로 체력을 다져서인지 건강 미인인 이씨는 적극적인 성품과 밝고 경쾌한 웃음으로 라티노 고객들을 편안하게 맞이한다. 주변엔 라티노 주방장이 라티노를 상대로 전문 음식을 파는 '엘 따꼬'(El Taco)를 비롯한 많은 음식점이 있지만 '까사 블랑까' 만큼 사랑 받지 못한다. 맛깔스런 멕시코와 중미 음식, 라티노라고 괄시하지 않는 따뜻한 섬김, 그리고 향수에 젖은 나그네의 속 마음을 속속들이 읽고 준비한 세심한 정성이 저들을 들끓게 한 요인이 되었다.

주말 저녁엔 고향을 떠나온 라티노들이 소금기 허옇게 서렸던 작업복을 벗고 모처럼 멋진 예복으로 갈아 입고 나들이 하는 날이다. 가우초(Gaucho, 목동) 모자까지 폼나게 눌러 쓰고 라티노들의 만남의 장소 '까사 블랑카'로 삼삼오오 몰려든다. 늦은 밤에는 중남미에서 한참 뜨고 있는 유명 보칼 그룹(Vocalista)들이 초청되어 문화 공연장으로 탈바꿈한다. 자지러질듯한 어코디언 소리에 맞춰 리드미컬하게 메렝게(Melengue)를 추며 플로어를 선회하는 다정한 모습에서 건전한 놀이 마당의 즐거움을 볼 수 있다. 까사 블랑까에선 화히타 믹스따와 오르차따가 일품이다. 소고기 로미또(Lomito 안심), 닭 가슴살, 대하를 토마토, 양파, 마늘에 볶아 만든 화히타 믹스따(Fajita Mixta)에다, 신선한 양상치와 씰란뜨로, 치즈 가루를 덮은 프리홀레스로 이른 저녁을 먹은 다음 후식으로 내온 오르차타(Horchata de Arroz Conquistador) 맛은 유난히 고소하다.

본래 이슬람 문화권에서 온 오르차따는 각종 곡물을 갈아 후루룩 마시는 진한 베이지색 음료다. 멕시코 기숫가루(Rice Milk)로 불기에 손색이 없는 구수한 서민 음료 오르차따는 아침 햇살처럼 건강에도 좋다. 쌀을 두 시간 정도 물에 불렸다가 곱게 갈아 쌀가루를 만든다. 각종 맥아(Chufas)와 바닐라(Vainilla), 계피(Canela), 코코아(Cacao), 코코넛(Coco), 마라녕(Maranon), 아요떼(Ayote, 호박) 가루를 넣고, 설탕을 푸짐하게 넣은 후 잘게 간 어름을 띄어 놓으면 향긋한 오르차따가 완성된다.

라티노라면 남녀노소 누구든지 좋아하는 오르차따처럼, 까사 블랑까의 주인은 사람과의 만남을 소중히 여긴다. 나그네 되었다고 괄시하지 않는다. 가난하다고 허접스럽게 대하지 않는다. 병든 자의 절박한 아픔을 함께 나누는데 인색하지 않다.

무에서 유를 창조하시는 하나님의 풍성하신 손길을 경험한 하얀 집 주인은 자신의 주인이 주님이신 것을 고백한다. 자기에게 부여하신 풍성한 것들은 이웃을 향해 흘러가도록 맡겨 두신 축복의 통로라고 생각한다. 사람을 살리고, 격려하고 북돋는 나눔의 통로로 사용됨이 도리어 감사해서 조용히 눈물 짓는다. 하얀 집에 오르차따 같은 고소한 사랑이 가득하다. 그런 사랑 때문에 사람이 밀물처럼 넘쳐난다.

아랑후에스의 협주곡
(concierto de aranjuez)

스페인 수도 마드리드 남쪽 47Km에 위치한 부르봉 왕가의 여름 별장 아랑후에스는 타호(tajo) 강 주변에 장엄한 그림같이 펼쳐져 있다. 건조한 불모지인 중앙 스페인의 고원에서 오아시스를 형성하여 세운 아랑후에스는 아름다운 초목으로 둘러 쌓여 있고 지중해 특유의 밝고 쾌적한 날씨를 자랑한다. 단풍으로 붉게 채색된 아랑후에스를 처음 보았을 때 아름다움과 장엄함에 숨이 멎을 뻔했다. 아랑후에스 궁전은 프랑스 베르사이유 궁전을 모델로 삼아 스페인의 영웅스런 펠리페 2세 왕이 건축가 후안 데 에레라(Juan de Herrera)에게 지시하여 1516년 건축을 시작하였고, 200년 가까이 정성을 기울여 까를로스 3세 때 완성되었다.

옛 영화의 화려한 무대였던 아랑후에스를 스페인 민속음악에서 빼놓을 수 없는 기타를 통해 그려낸 호아킨 로드리고(Joaquin Rodrigo, 1902-1999)는 불행하게도 시각장애인이다. 스페인 발렌시아 세군토에서 태어난 호아킨 로드리고는 4살 때 지독한 디프테이아를 앓고 난 후 시력을 잃었다. 비록 색채의 세계와 단절되었지만 그의 음악의 세계는 점점 더 섬세해지고 풍성해진다. 음악에 대한 비상한 정열로 1927년 파리로 옮겨 폴 뒤카에게서 사사했고, 스페인 출신 작곡가인 팔랴의 음악에 감동을 받았다. 1936년부터 3년 간의 참혹한 내전을 치룬 조국 스페인에 1939년 돌아와 민중 속으로 깊이 침투하는 신고전주의적 음악 양식을 펼쳐갔다. 로드리고는 아랑후에스 협주곡 외에도 어느 신사를 위한 환상곡(Fantasia para un Gentilhombre), 세레나데 협주곡(Harp Concierto de Serenata) 등을 작곡했다. 그가 작곡한 아랑후에스의 협주곡은 마드리드 왕립 음악원의 거장급 기타리스트 레히노 사인스 데 라 마사를 통해 1940년 바르셀로나에서 처음 선보였다.

네빌 마리너경이 지휘하는 성 마틴 아카데미 오케스트라와 나르시오 예뻬스(Narcio Yepes)의 12줄 기타의 아름다운 조화로 빚어내는 서정 강한 선율은 가을날 산들바람 같다. 로드리고가 20세기의 가장 유명한 협주곡 중 하나인 아랑후에스의 협주곡을 쓸 때 그의 조국 스페인은 내란의 광풍에 깊은 상채기를 입었다. 뿐만 아니라 로드리고의 평생 반려자이며 음악 인생의 안내자였던 아내 빅토리아 카르미가 유산으로 생명이 위독했다.

제 2악장 아다지오는 아랑후에스 협주곡에서 가장 구슬픈 멜로디로 사랑하는 연인들의 마음을 적신다. 마치 전능하신 하나님께 헌정하는 듯한 아다지오에는, 조국의 옛 영화를 회복하게 해 달라고 꺼져가는 아내의 생명을 살려 달라고 흐느끼는 기도같은 염원을 기타와 잉글리쉬 호른과 바순의 애수어린 대화로 애절하게 이어간다. 당대의 최고 클래식 기타 연주가로 추앙받는 앙헬 로메로의 기타 연주도 수준급이지만 신들린 듯이 현란하게 12현을 짚어가는 나르시오 예뻬의 기타연주는 골짜기 사이 깊은 산울림처럼 심금을 울린다.

애난데일 거리급식소는 유난히 겨울 바람이 더 드세다. 양지바른 쪽에 급식을 나르는 카고 밴으로 담벼락을 쳐보지만 거칠 게 없다는 듯이 몰아치는 삭풍은 펼쳐 놓은 급식도구들을 쥐고 흔든다. 배고파서 몰려든 도시빈민들과 봉사자들은 바람 앞에 고스란히 노출된 억새풀이 되어야 한다. 냉기 서린 주차장 바닥에 쭈그리고 앉아

황급히 밥 숟가락을 입으로 옮기는 빈민들 곁에 서면 바람이 아랑
후에스의 아다지오보다 더 큰 흐느낌으로 연주한다.